ヨーロッパ人権裁判所の判例

ヨーロッパ人権裁判所の判例

初川　満　訳著

信山社

序 と し て

1　第2次大戦後、人権の尊重及びその保護は、国連の目的の1つとなった。国連が1948年12月10日に**世界人権宣言**を採択したのは、その決意の表われと言えよう。

　そして、「世界人権宣言中に述べられた権利の幾つかのものを集団的に実施するための最初の行動をとる」(ヨーロッパ人権条約前文)ために、ヨーロッパを統一するための大戦後最初の試みの1つとして創設された**ヨーロッパ審議会**において、**ヨーロッパ人権条約**が起草され*、1950年11月4日ローマにおいて署名された。同条約は、ヨーロッパ審議会の22の加盟国が批准**した1953年9月3日に発効し、現在その締結国は旧東欧にまで広がり、40ヶ国を超えている。

　　*　ヨーロッパ人権条約は、共産主義に対する防波堤として、つまり西ヨーロッパ諸国の価値観を体現するものとして作られた。そしてこれは、第2次大戦における人権侵害に対する反動でもあった。
　　**　アルファベット順に国名をあげる。
　　オーストリア、ベルギー、キプロス、デンマーク、西ドイツ、フランス、ギリシャ、アイスランド、アイルランド、イタリア、リヒテンシュタイン、ルクセンブルク、マルタ、オランダ、ノルウェー、ポルトガル、サンマリノ、スペイン、スウェーデン、スイス、トルコ、英国

2　ヨーロッパ人権条約が目的とするところは、ヨーロッパ審議会の枠の中で、世界人権宣言に宣言された原則の幾つかを**拘束力を有する合意**として規定し、同時にこれらの原則の遵守を監視することであった。な

序として

お、本条約は主に市民的及び政治的権利を規定するものであり＊、その意味では経済的、社会的及び文化的権利も含む世界人権宣言よりも狭い。

本条約の締約国は、その管轄内にあるすべての者（国籍に関係なく）に対し、本条約に規定する権利や自由を絶対的かつ即時的に保障しなくてはならない。そして、この権利や自由を規定した条項の解釈、適用及び実施のために、常設のヨーロッパ人権委員会と同裁判所が、**ストラスブルグ**（フランス）に置かれていた。＊＊

* とはいえ、経済的、社会的及び文化的権利の分野にも入り込んではいる。例えば、財産権及び教育権の保護（第1議定書1条、2条）。また、例えば、強制労働からの自由（4条）、家族生活の尊重を受ける権利（8条）及び結社の自由（11条）では、いわゆる自由権と社会権という2つの権利のカタログ間に若干重なっている。これは、これら2つの権利は決して整然と区分することはできないということによる。
** 1994年5月11日署名、1998年11月1日発効の第11議定書により人権委員会と同裁判所という2層システムは廃止され、現在は単一の常設裁判所が置かれている。

3　確かに、ヨーロッパ人権条約は、ヨーロッパ審議会加盟国中の批准国のみを拘束するにすぎない。とはいえ、いわば国内法体系における国内裁判所のごとき権能を有するヨーロッパ人権委員会及び同裁判所を置いているし、既にこれらによる本条約の解釈や適用についての、豊富な判例に基づく法体系というべきものが存在してもいる。そして、これは、少なくとも40余国の締約国には、国境を越えてのいわば統一的ヨーロッパ基準により、人権保護を実行し担保するものとして受け入れられている。

それのみならず、ヨーロッパ人権条約が、一般国際人権条約として最

も伝統がある上に、人間の権利中個人の権利に重点を置く市民的及び政治的権利は、歴史的に明らかにヨーロッパにおいて発達した概念であり、その意味ではきわめてヨーロッパ的価値観の濃いものであるから、ストラスブルグ機関により行われてきた適用や解釈は、世界的に多大な影響力をもつものとして受けとめられてきた。

4　ヨーロッパ人権条約は、実体規定として、第1節に、2条から18条に亘り保障する個々の権利や自由を規定している。また、批准国を拘束する幾つかの議定書（第1、第4、第6及び第7議定書）により保障された権利を、付け加えている。

実施システムとしては、第2節以下に規定されているが、これらを修正する幾つかの議定書が存在している（第2、第3、第5、第8及び第11議定書）。

第11議定書の発効に伴い、人権委員会と同裁判所は単一の人権裁判所に統一されたため、実施手続はかなり変更された。とはいえ、本書で扱う判例は改正前の手続によるものであるから、以下に改正前の人権委員会及び同裁判所について簡単な説明をしておくこととする。

なお、同議定書は、本条約の実体条項も申立て受理基準も何ら変えなかったから、これらについては何ら影響はない。

(1)　**ヨーロッパ人権委員会** (European Commisson of Human Rights)

締約国は、他の締約国の本条約の規定違反の申立てを、人権委員会に行うことができる。また、本条約に定める権利や自由を締約国に侵害されたと主張する個人又は団体からの申立ての受理も、この権限を人権委員会に認めると宣言した締約国に対しては行うことができる。

人権委員会は、申立てを審理し、決定や友好的解決を行うことができる。そして、これらについて関係国、閣僚委員会及びヨーロッパ審議会

序として

事務総長に報告を送付する。その上、締約国と同様に、事件をヨーロッパ人権裁判所に付託することができる。

なお、人権委員会は、閣僚委員会により選出された締約国数と同数の委員で構成される。

(2) **ヨーロッパ人権裁判所**（European Court of Human Rights）

人権裁判所に訴えることができるのは、人権委員会、国民が権利を侵害されたと主張する締約国、委員会に事件を付託した締約国及び苦情を申立てられた締約国のみであり、個人の出訴権は認められていない。

訴えには人権裁判所の管轄権を締約国が認めると宣言することが必要であり、また、委員会の友好的解決のための努力が失敗した後でなくてはならない。

人権裁判所の判決は最終的なものであり、締約国はその決定に従うことを約束する。よって、各締約国は、人権裁判所の判決内容に沿うよう国内での法解釈や行政判断を整える義務があり、場合によっては法律を変えることが求められることもある。

なお、人権裁判所は、ヨーロッパ審議会の協議総会により選出され、審議会加盟国と同数の裁判官により構成される。

5　本書においては、ヨーロッパ人権条約機関である**人権委員会及び同裁判所の判例**を扱っている。

ただし、ここで行ったのは逐条訳ではなく、判例の理解のために、記載の順序を変えたり、複数箇所における記述を整理したり、場合によっては省略したりしたこと、また、記述の順序や段落などは必ずしも判決原文には従わず、筆者の判断によって行ったことを、前もってお断りしておきたい。とはいえ、あくまでも判例の正確な紹介が主な目的の1つ

序として

であるから、判決原文に述べられている以外のものを何ら付け加えていないことは、いうまでもない。

　ヨーロッパ人権条約における主な権利や自由についての〔主な判例12〕については、【事実】、【両当事者（申立人及び政府）の主張】、【人権委員会の意見】、【人権裁判所の判断】（「個別意見」がある場合は、それも）という順に、何が争点となっているのか、いかなる主張がなされているのか、いかなる判断がなされたかを、できるだけ詳しく記した。また、これに付け加えて、〔関連判例〕として、〔13判例〕を短く記しておいた。

　なお、各判例の初めに記した文献を主に利用したが、それのみならず例えば、欧州審議会のサイト（http://www.echr.coe.int/）も利用した。

　6　本書は、人権保護の国際的水準の追求を行うためにヨーロッパ人権条約に規定された人権を中心に自由権の分析を行った『国際人権法概論』（信山社，1994）を、ふまえている。そのため、本書で扱った判例は、重要な権利や自由であって新たな判例がない場合にはそれ以前の判例も幾つか扱いはしたが、主に1996年から5年間のものを扱った。

　ヨーロッパ人権条約における重要判例を本書において詳しく紹介したのは、ヨーロッパ人権裁判所判例の研究が我が国の人権保護に少しでも貢献すればと望むが故であるが、それのみならず、ヨーロッパにおける人権訴訟の争点の理解が、ヨーロッパ社会のリーガル・マインドを理解する一助となればと考えたことにもよる。

　本書が、人権保障に関心のある研究者、実務家のみならず学生諸君に広く読まれ、国際社会における法的思考に思いを馳せるきっかけとなれば、これに優るものはない。

2002年4月　　　　　　　　　　　　　　　　　　　　初川　満

ヨーロッパ人権条約に関する**資料の略**

A. → Publication of the European Convention on Human Rights, Series A.
B. → Publication of the European Convention on Human Rights, Series B.
D&R. → Decisions and Reports.
J&D. → Judgments and Decisions.
Yearbook → Yearbook of the European Convention on Human Rights.
B.H.R.C. → Butterworths Human Rights Cases (London, Butterworths).

目　次

(なお、主判例はゴシック)

1 犠牲者とは〔25条〕 …………………………………… *3*

　① **クラス事件** ……………………………………… (3)
　　　—— **Klass and Others v. F.R.G.** ——
　② **ボウマン事件** …………………………………… (29)
　　　—— **Bowman v. U.K.** ——

2 国内的救済原則〔26条〕 ……………………………… *35*

　③ **アクソイ事件** …………………………………… (35)
　　　—— **Aksoy v. Turkey** ——
　④ **アクディヴァル事件** …………………………… (59)
　　　—— **Akdivar and Others v. Turkey** ——

3 拷問等の禁止〔3条〕 ………………………………… *65*

　⑤ **ゾーリング事件** ………………………………… (65)
　　　—— **Soering v. U.K.** ——
　⑥ **チャハル事件** …………………………………… (111)
　　　—— **Chahal and others v. U.K.** ——
　⑦ **ディー対英国事件** ……………………………… (143)
　　　—— **D. v. U.K.** ——
　⑧ **エイ対英国事件** ………………………………… (153)
　　　—— **A. v. U.K.** ——

目　次

4　逮捕抑留の条件〔5条〕……………………………………*161*

　⑨　マァーリ事件 ……………………………………… (161)
　　　── **Murray v. U.K.** ──
　⑩　アーツ事件………………………………………… (185)
　　　── Aerts v. Belgium ──

5　公正な裁判を受ける権利〔6条〕………………………*191*

　⑪　ヴァンクルヌ事件 ………………………………… (191)
　　　── **van Mechelen and others v. The Netherlands.** ──
　⑫　ダード事件………………………………………… (221)
　　　── Daud v. Portugal ──

6　プライヴァシーの権利〔8条〕…………………………*233*

　⑬　ダジェン事件 ……………………………………… (233)
　　　── **Dudgeon v. U.K.** ──
　⑭　エムエス事件 ……………………………………… (257)
　　　── MS v. Sweden ──
　⑮　ボタ事件…………………………………………… (267)
　　　── Botta v. Italy ──

7　宗教の自由〔9条〕………………………………………*275*

　⑯　マヌサキス事件 …………………………………… (275)
　　　── **Manoussakis and others v. Greece** ──
　⑰　ラリシス事件 ……………………………………… (299)
　　　── Larissis and others v. Greece ──

目　次

8　表現の自由〔10条〕……………………………………………*311*

　　⑱　ザ・サンディ・タイムズ事件……………………………(311)
　　　　——The Sunday Times v. U.K.——
　　⑲　ゲ　ラ　事　件……………………………………………(349)
　　　　——Guerra v. Italy——

9　結社の自由〔11条〕……………………………………………*363*

　　⑳　シディロプロス事件………………………………………(363)
　　　　——Sidiropoulos and Others v. Greece——
　　㉑　シーグルヨンソン事件……………………………………(383)
　　　　——Sigurjónsson v. Iceland——
　　㉒　ヤング，ジェームズ及びウェヴスター事件……(405)
　　　　——Young, James and Webster v. U.K.——
　　㉓　レクヴェーニ事件…………………………………………(409)
　　　　——Rekvényi v. Hungary——

10　非　差　別〔14条〕……………………………………………*421*

　　㉔　ベルギー警察全国労働組合事件…………………(421)
　　　　——National Union of Belgian Police v. Belgium——
　　㉕　ペトロヴィッチ事件………………………………………(449)
　　　　——Petrovic v. Austria——

xiii

事件名目次
(五十音順)

事件番号

アクソイ事件〔5条、13条、15条、26条〕……………③……35
　——緊急事態における拷問に関しての、救済措置を尽した
　　かが争点——

アクディヴァル事件〔26条〕………………………………④……59
　——緊急事態における国家政策による権利侵害事件におい
　　て、救済措置を尽したかが争点——

アーツ事件〔5条〕……………………………………………⑩……185
　——精神障害者の合法的な抑留が争点——

ヴァンクルヌ事件〔6条〕……………………………………⑪……191
　——匿名の証人による証拠は、公正な裁判への権利を充た
　　すかが争点——

エイ対英国事件〔3条〕………………………………………⑧……153
　——養父による懲罰が、非人道的あるいは品位を傷つける
　　ものといえるかが争点——

エムエス事件〔8条〕…………………………………………⑭……257
　——医療記録を社会保障局に洩らしたことは、プライヴァ
　　シーの権利の侵害かが争点——

クラス事件〔8条、25条〕……………………………………①……3
　——郵便や通信の規制は、プライヴァシーの権利の侵害か

事件名目次

　　　　　　が争点 ——

ゲラ事件〔8条、10条〕……………………………………⑲…*349*
　　　—— 環境汚染情報を当局が知らせなかったことは、情報を
　　　受ける権利の侵害かが争点 ——

ザ・サンディ・タイムズ事件〔10条〕……………………⑱…*311*
　　　—— 裁判所で係争中の事件についての新聞記事を、裁判所
　　　侮辱として発行差止めすることは、表現の自由の侵害か
　　　が争点 ——

シーグルヨンソン事件〔11条〕……………………………㉑…*383*
　　　—— 結社の自由には、消極的権利〔結社に加入しない又は
　　　脱退する権利〕も含むかが争点 ——

シディロプロス事件〔11条〕………………………………⑳…*363*
　　　—— 結社を結成する権利が争点 ——

ゾーリング事件〔3条、6条、13条〕………………………⑤…*65*
　　　—— 犯罪者の米国への引渡しは、死刑囚の処遇との関係で
　　　違法かが争点 ——

ダジェン事件〔8条、14条〕………………………………⑬…*233*
　　　—— 男性同性愛行為への処遇は、私生活の尊重を受ける権
　　　利の侵害かが争点 ——

ダード事件〔6条〕…………………………………………⑫…*221*
　　　—— 不適切な弁護士は、公正な裁判を受ける権利に反する
　　　かが争点 ——

チャハル事件〔3条、5条、13条〕…………………………⑥…*111*
　　　—— 国家安全を根拠としての国外追放の合法性が争点 ——

ディー対英国事件〔3条〕…………………………………⑦…*143*

事件名目次

　　――AIDS 患者である犯罪者の本国送還は、非人道的取扱
　　　いかが争点――

ペトロヴィッチ事件〔8条、14条〕……………………㉕…449
　　――父親に育児休暇手当を支払わないことは差別かが争点――

ベルギー警察全国労働組合事件〔11条、14条、26条〕……㉔…421
　　――労働組合の協議参加権に条件を付すことは、差別的取
　　　扱いかが争点――

ボウマン事件〔10条、25条〕……………………………②…31
　　――召喚状が期間を超えて出されたことを理由として無罪
　　　になった者は「犠牲者か」が争点――

ボタ事件〔8条〕……………………………………………⑮…267
　　――私生活の尊重を受ける権利は、障害者がリゾート地を
　　　利用できるようにする国家の義務を生じさせるかが争点
　　　――

マァーリ事件〔5条〕………………………………………⑨…161
　　――テロ犯罪に関し、「合理的な疑い」が争点――

マヌサキス事件〔9条、26条〕……………………………⑯…275
　　――ギリシャ正教以外の宗教の礼拝所に対する大臣の許可
　　　条件は宗教の自由の侵害かが争点――

ヤング，ジェームズ及びウェヴスター事件〔11条〕……㉒…405
　　――クローズド・ショップの組合への加入拒否による解雇
　　　は、結社の自由への侵害かが争点――

ラリシス事件〔7条、9条〕………………………………⑰…299
　　――改宗の勧誘を処罰することは宗教の自由の侵害かが争
　　　点――

xvii

事件名目次

レクヴェーニ事件〔10条、11条〕……………………㉓…*409*
　　──警察官の政治活動の自由が争点──

条文順目次

[3条]：ゾーリング事件⑤ (65)　　チャハル事件⑥ (111)
　　　　ディー対英国事件⑦ (143)　　エイ対英国事件⑧ (153)

[5条]：アクソイ事件③ (35)　　チャハル事件⑥ (111)
　　　　マァーリ事件⑨ (161)　　アーツ事件⑩ (185)

[6条]：チャハル事件⑥ (111)　　ヴァンクルヌ事件⑪ (191)　　ダ
　　　　ート事件⑫ (221)

[7条]：ラリシス事件⑰ (299)

[8条]：クラス事件① (3)　　ダジェン事件⑬ (223)　　エムエス
　　　　事件⑭ (257)　　ボタ事件⑮ (267)　　ゲラ事件⑲ (349)
　　　　ペトロヴィッチ事件㉕ (449)

[9条]：マヌサキス事件⑯ (275)　　ラリシス事件⑰ (299)

[10条]：ボウマン事件② (31)　　ザ・サンディ・タイムズ事件⑱
　　　　(311)　　ゲラ事件⑲ (349)

[11条]：シディロプロス事件⑳ (363)　　シーグルヨンソン事件㉑
　　　　(383)　　ヤング，ジェームス及びウェヴスター事件㉒ (405)

[13条]：アクソイ事件③ (35)　　ゾーリング事件⑤ (65)
　　　　チャハル事件⑥ (111)

条文順目次

〔14条〕：ダジェン事件⑬ (233)　　ベルギー警察全国労働組合事件
　　　　㉔ (421)　　ペトロヴィッチ事件㉕ (449)

〔15条〕：アクソイ事件③ (35)

〔25条〕：クラス事件① (3)　　ボウマン事件② (31)

〔26条〕：アクソイ事件③ (35)　　アクディヴァル事件④ (59)
　　　　マヌサキス事件⑯ (275)　　ベルギー警察全国労働組合事件
　　　　㉔ (421)

人権及び基本的自由の保護のための条約〔抄〕
（ヨーロッパ人権条約）

署名　1950年11月4日
効力発生　1953年9月3日

第3条（拷問の禁止）　何人も、拷問又は非人道的な若しくは品位を傷つける取扱い若しくは刑罰を受けない。

第5条（自由及び安全についての権利）　1　すべての者は、身体の自由及び安全についての権利を有する。何人も、次の場合において、かつ、法律で定める手続に基づく場合を除くほか、その自由を奪われない。
(a) 権限のある裁判所による有罪判決の後の人の合法的な抑留
(b) 裁判所の合法的な命令に従わないための又は法律で定めるいずれかの義務の履行を確保するための人の合法的な逮捕又は抑留
(c) 犯罪を行ったとする合理的な疑いに基づき権限のある法的機関に連れて行くために行う又は犯罪の実行若しくは犯罪実行後の逃亡を防ぐために必要だと合理的に考えられる場合に行う人の合法的な逮捕又は抑留
(d) 教育上の監督のための合法的な命令による未成年者の抑留又は権限のある法的機関に連れて行くための未成年者の合法的な抑留
(e) 伝染病の蔓延を防止するための人の合法的な抑留並びに精神異常者、アルコール中毒者若しくは麻薬中毒者又は浮浪者の合法的な抑留
(f) 不正規に入国するのを防ぐための人の合法的な逮捕若しくは抑留又は退去強制若しくは犯罪人引渡しのため手続がとられている人の合法的な逮捕若しくは抑留

2　逮捕される者は、速やかに、自己の理解する言語で、逮捕の理由及び自己に対する被疑事実を告げられる。

3　本条1(c)の規定に基づいて逮捕又は抑留された者は、裁判官又は司法

人権及び基本的自由の保護のための条約（ヨーロッパ人権条約）〔抄〕

権を行使することが法律によって認められている他の官憲の面前に速やかに連れて行かれるものとし、合理的な期間内に裁判を受ける権利又は裁判までの間釈放される権利を有する。釈放に当たっては、裁判所への出頭が保障されることを条件とすることができる。
4　逮捕又は抑留によって自由を奪われた者は、裁判所がその抑留が合法的であるかどうかを迅速に決定するように及び、その抑留が合法的でない場合には、その釈放を命ずるように、手続をとる権利を有する。
5　この条の規定に違反して逮捕され又は抑留された者は、賠償を受ける権利を有する。

第6条（公正な裁判を受ける権利）　1　すべての者は、その民事上の権利及び義務の決定又は刑事上の罪の決定のため、法律で設置された、独立の、かつ、公平な裁判所による合理的な期間内の公正な公開審理を受ける権利を有する。判決は、公開で言い渡される。ただし、報道機関及び公衆に対しては、民主的社会における道徳、公の秩序若しくは国の安全のため、また、少年の利益若しくは当事者の私生活の保護のため必要な場合において又はその公開が司法の利益を害することとなる特別な状況において裁判所が真に必要があると認める限度で、裁判の全部又は一部を公開しないことができる。
2　刑事上の罪に問われているすべての者は、法律に基づいて有罪とされるまでは、無罪と推定される。
3　刑事上の罪に問われているすべての者は、最小限次の権利を有する。
 (a) 速やかにその理解する言語でかつ詳細にその罪の性質及び理由を告げられること。
 (b) 防御の準備のために十分な時間及び便益を与えられること。
 (c) 直接に又は自ら選任する弁護人を通じて、防御すること。弁護人に対する十分な支払手段を有しないときは、司法の利益のために必要な場合には無料で弁護人を付されること。

人権及び基本的自由の保護のための条約（ヨーロッパ人権条約）〔抄〕

(d) 自己に不利な証人を尋問し又はこれに対し尋問させること並びに自己に不利な証人と同じ条件で自己のための証人の出席及びこれに対する尋問を求めること。
(e) 裁判所において使用される言語を理解し又は話すことができない場合には、無料で通訳の援助を受けること。

第7条（法律なくして処罰なし） 1 何人も、実行の時に国内法又は国際法により犯罪を構成しなかった作為又は不作為を理由として有罪とされることはない。何人も、犯罪が行われた時に適用されていた刑罰よりも重い刑罰を科されない。
2 本条は、文明諸国の認める法の一般原則により実行の時に犯罪とされていた作為又は不作為を理由として裁判しかつ処罰することを妨げるものではない。

第8条（私生活及び家族生活の尊重についての権利） 1 すべての者は、その私的及び家族生活、住居及び通信の尊重を受ける権利を有する。
2 この権利の行使については、法律に基づき、かつ、国の安全、公共の安全若しくは国の経済的福利のため、また、無秩序若しくは犯罪の防止のため、健康若しくは道徳の保護のため、又は他の者の権利及び自由の保護のため民主的社会において必要なもの以外のいかなる公の機関による干渉もあってはならない。

第9条（思想、良心及び宗教の自由） 1 すべての者は、思想、良心及び宗教の自由についての権利を有する。この権利には、自己の宗教又は信念を変更する自由並びに、単独で又は他の者と共同して及び公に又は私的に、礼拝、教導、行事及び儀式によってその宗教又は信念を表明する自由を含む。
2 宗教又は信念を表明する自由については、法律で定める制限であって公共の安全のため又は公の秩序、健康若しくは道徳の保護のため又は他

人権及び基本的自由の保護のための条約（ヨーロッパ人権条約）〔抄〕

の者の権利及び自由の保護のために民主的社会において必要なもののみを課す。

第10条（表現の自由）　1　すべての者は、表現の自由についての権利を有する。この権利には、公の機関による干渉を受けることなく、かつ、国境とのかかわりなく、意見を持つ自由並びに情報及び考えを受け及び伝える自由を含む。本条は、国が放送、テレビ又は映画の諸企業の許可制を要求することを妨げるものではない。

2　1の自由の行使については、義務及び責任を伴い、法律によって定められた手続、条件、制限又は刑罰であって、国の安全、領土保全若しくは公共の安全のため、無秩序若しくは犯罪の防止のため、健康若しくは道徳の保護のため、他の者の信用若しくは権利の保護のため、秘密に受けた情報の暴露を防止するため、又は、司法機関の権威及び公平さを維持するため民主的社会において必要なものを課することができる。

第11条（集会及び結社の自由）　1　すべての者は、平和的な集会の自由及び結社の自由についての権利を有する。この権利には、自己の利益の保護のために労働組合を結成し及びこれに加入する権利を含む。

2　1の権利の行使については、法律で定める制限であって国の安全若しくは公共の安全のため、無秩序若しくは犯罪の防止のため、健康若しくは道徳の保護のため、又は他の者の権利及び自由の保護のため民主的社会において必要なもの以外のいかなる制限も課してはならない。本条の規定は、国の軍隊、警察又は行政機関の構成員による1の権利の行使に対して合法的な制限を課することを妨げるものではない。

第13条（効果的救済についての権利）　この条約に定める権利及び自由を侵害された者は、公的資格で行動する者によりその侵害が行われた場合にも、国の機関の前において効果的な救済措置を受ける。

第14条（差別の禁止）　この条約に定める権利及び自由の享受は、性、人

人権及び基本的自由の保護のための条約（ヨーロッパ人権条約）〔抄〕

種、皮膚の色、言語、宗教、政治的意見その他の意見、国民的若しくは社会的出身、少数民族への所属、財産、出生又は他の地位等によるいかなる差別もなしに、保障される。

第15条（権利の停止） 1　戦争その他の国民の生存を脅かす公の緊急事態の場合には、いずれの締約国も、事態の緊急性が真に必要とする限度において、この条約に基づく義務を離脱する措置をとることができる。ただし、その措置は、当該締約国が国際法に基づき負う他の義務に抵触してはならない。

2　1の規定は、**第2条**（合法的な戦闘行為から生ずる死亡の場合を除く。）、**第3条**、**第4条1**及び**第7条**の規定からのいかなる離脱も認めるものではない。

3　離脱の措置をとる権利を行使する締約国は、とった措置及びその理由を欧州審議会事務総長に十分に通知する。締約国はまた、その措置が終了し、かつ、条約の諸規定が再び完全に履行されているとき、欧州審議会事務総長にその旨通知する。

第25条（個人の申立権） 1　委員会は、この条約に定める権利が締約国の一によって侵害されたと主張する自然人、非政府団体又は個人の集団から欧州審議会事務総長に宛てた申立てを受理することができる。ただし、苦情を申し立てられた締約国が、この申立てを受理する委員会の権限を認めることを宣言している場合に限る。この宣言を行った締約国は、この権利の効果的な行使を決して妨げないことを約束する

2　1の宣言は、特定の期間を付して行うことができる。

3　宣言は、欧州審議会事務総長に寄託するものとし、同事務総長は、その写しを締約国に送付し、かつ、公表する。

4　委員会は、1から3に基づいて行われた宣言により少なくとも6締約国が拘束されるときにのみ、この条で定める権限を行使する。

人権及び基本的自由の保護のための条約（ヨーロッパ人権条約）〔抄〕

第26条（国内的救済原則） 委員会は、一般的に認められた国際法の原則に従ってすべての国内的な救済措置が尽くされた後で、かつ、最終的な決定がなされた日から6箇月の期間内にのみ、事案を取り扱うことができる。

※ 但し、25条及び26条は、1994年5月11日署名、1998年11月1日発効の第11議定書により、委員会と裁判所を統合した常設の人権裁判所が新設されたことにより、以下のように改正された。

第34条（個人の申立） 裁判所は、締約国の一による条約又は議定書に定める権利の侵害の被害者であると主張する自然人、非政府団体又は集団からの申立てを受理することができる。締約国は、この権利の効果的な行使を決して妨げないことを約束する。

第35条（受理可能性の基準） 1　裁判所は、一般的に認められた国際法の原則に従ってすべての国内的な救済措置が尽くされた後で、かつ、最終的な決定がなされた日から6箇月の期間内にのみ、事案を取り扱うことができる。

ヨーロッパ人権裁判所の判例

① クラス事件

1-1　犠牲者とは(1)〔25条〕

> ① **クラス事件**
> ——**Klass and Others v. F.R.G.** (Application No. 5029/71)——
>
> Decision of the Commission of 18, Dec., 1974,　Yearbook, Vol. 17 (1974) 178
> Judgment of the Court of 6, Sept., 1978,　A. 28.

【事　実】

(1) 法律家である申立人（裁判官、検事、弁護士計5人）は、ドイツ基本法（憲法に相当…筆者注）10条2項及びこの条項に基づき制定された「郵便及び通信の秘密の規制に関する1968年8月13日の法律」（「G 10」と呼ぶ）は、本条約に反するとして申立てを行った。

(2) 人権委員会に申立てる前に、申立人は連邦憲法裁判所に訴えたが、1970年12月15日判決において憲法裁判所は、以下のように述べた。

　『G 10』の1条5項5号は、通告が規制目的を危険に曝すことなく行える時ですら、当該対象者に通告することを抜かしている限りにおいて、基本法10条2項2段に反し無効である。

1-1　犠牲者とは(1)〔25条〕

また、憲法裁判所への申立て権に関しては、ある法律に対し憲法上の申立てを行うことができるためには、申立人は、単に実施措置がではなくその法律自体が自分の基本的権利への直接かつ即時の違反を構成すると、主張しなくてはならない。しかるに本件では、申立人自身の陳述によると、申立人の基本的権利が侵害されるであろう場合は行政の一部の行為によってであるにすぎないから、こうした条件は満たされない。しかしながら、申立人は権利への干渉を通告されていないから、いかなる実行的措置を争うこともできない。そういう場合には、実行的措置に対する憲法上の申立てが他の理由で不可能な場合には、その法律自体に対し憲法上の申立てを行う権利がなくてはならない。

(3)　予備的措置として、申立人は、憲法裁判所へ、監視措置の対象となっていると訴えはしたが、『G 10』が現実に適用されていたかどうかは知らなかった。

　この点につき、政府は、憲法裁判所において以下の宣言を行った。

　「いかなる時においても、基本法10条により制定された法律により規定された監視措置は、申立人たちに対し命じられたことも実施されたこともない。また、申立人が、他人に向けられた監視措置に間接的に巻き込まれたという疑いも存在しない――少なくとも、申立人の特定を許すようななんらかのやり方によっては――。結局、申立人が、誤って監視の対象となったという疑いも存在しない――例えば、電話番号を誤ることにより――。なぜならば、そういった場合には、対象となる人は監視

① クラス事件

措置を通告されるから。」

(関連国内法及び実務)

(4) 第2次大戦後、ドイツにおける郵便・通信の監視は、占領軍により行われた。1949年5月24日のドイツ基本法によろうと、また、1949年9月20日の連邦共和国の創設によろうと、この状況は変わらず、これは1955年の占領体制の終了後においてすら続いた。

　3ヶ国（米、英、仏）と連邦共和国間の関係に関する1952年5月26日の条約5条2項──1954年10月23日パリ議定書により修正された──は、3ヶ国が一時的に「連邦共和国に駐留する軍隊の安全保障に関する、今まで3ヶ国が保持していたもしくは行使していた諸権利」を保留することを明記した。同条項により、これらの権利は、「適切なドイツの機関が、公共の安全及び秩序への重大な妨害を処理する能力を含む、これらの国の軍隊の安全を守るために効果的な行動を採ることを可能とするようなドイツ国内法によって、似たような権限を獲得した時」消滅することとなる。

(5) 政府は、1967年6月13日緊急立法の一部として、主に基本法10条2項を修正しようとする法案と、──修正された10条2項を根拠に──郵便と通信の秘密への権利を規制する意図をもつ2つの法案を、上程した。これら2法は、各々6月24日と8月13日に制定された。

(6) 当初基本法10条は、制定法に拠った場合のみ規制が命ぜられ得るという但書で、郵便及び電信の秘密を保証していた。

1-1　犠牲者とは(1)〔25条〕

　これは、1968年6月24日の法律により修正された。これは、以下のように規定している。

　① 郵便及び電話の秘密は、不可侵である。

　② 規制は、制定法に拠ってのみ命ぜられ得る。そうした規制が、自由な民主的憲法秩序又は国の存在や安全を守るためのものであるところでは、当該対象者は規制を通告されず、裁判所による法的救済は、人民により選ばれた代表により指名された政府機関や補助機関による精査のシステムに、置き代えられる。

(7) この上記の修正された10条2項2段により企図された解決策を採るために、『G 10』は、1条1項で、権限ある当局がその項に規定される規制を課すであろう事例、つまり郵便を開封し検査し、電文を読み、通話を傍聴し録音する、ということを詳細に記している。従って、この条項は、こうした機関に、「自由な民主的憲法秩序」、「連邦またはラント(Land)の存亡または安全」、共和国領土に駐留する「連合国の軍隊の安全」、そして、「ベルリンに駐留する3ヶ国のいずれかの軍隊」の安全を脅かす、「差し迫った危険」に対し、これらを守るために行動する権限を与える。

(8) 『G 10』1条2項によると、これらの措置は、ある者が、国家の平和または安全に対する(同条同項1号1番)、民主的秩序に対する(同2番)、外界の安全に対する(同3番)、同盟軍の安全に対する(同5番)犯罪というような、刑法上処罰される幾つかの犯罪行為を、計画したり、犯したり、犯している、という疑いについての現実の徴候が存在するところでのみ、採用

① クラス事件

され得る。

　また、同項は、1項に規定される監視は、他の方法による事実の立証は、成功の見込みがないかかなり困難である場合のみ許容される、と述べている。傍聴は、「明白な事実を根拠として、容疑者または容疑者のために通信を受けまたは行うと推測される他の者、または容疑者が使用すると推測される他の電話」をのみ、カバーし得る（2号）。

(9) 『G 10』1条4項には、監視措置のための申請は、連邦及びランドの憲法を守るための諸機関、軍安全保障局、連邦情報機関のどれか1つの長又は代理人によってのみ行われ得ると規定する。そうした措置は、理由を附した申請書に対し、管轄内の事件についてはランドの最高機関、または首相によりその目的のため権限を付与された連邦大臣（内務大臣又は国防大臣）のいずれかにより、命令される。これら大臣は、その権能の範囲内において、措置の申請に対する決定を自ら行わなくてはならない（1条5項1号及び2号）。

　なお、これら大臣は、少なくとも6ヶ月に1度は、『G 10』の申請について、5人の国会議員より構成される『議会委員会』に報告しなくてはならない（『G 10』1条9項(1)及び連邦議会手続規則12項）。

　命じられた措置は、必要条件が存在しなくなったか、またはそうした措置自体がもはや必要なくなるや否や、即座に中止されなくてはならない（1条7項2号）。措置は、最大3ヶ月効力を保ち、新たな申請によってのみ更新され得る（1条5項3号）。

1-1　犠牲者とは(1)〔25条〕

⑽　1条5項5号によって、該当者が己れに影響を与える規制を告げられることはない。しかし、1970年12月15日の連邦憲法裁判所判決以来、権限を有する当局は、規制の目的を危険に曝すことなく通告を行うことが出来るようになるや否や、その者に告げなくてはならない。そのため、関係大臣は、職権により、措置が中止されるやいなや、あるいは必要ならばその後一定の間隔を置いて、該当者が通告されなければならないかどうかを検討する。大臣は、『G10』に基づき申請を監督する目的で設立された委員会（以後、『G10委員会』と呼ぶ）に対し、その承認を得るため自分の決定を付託する。この『G10委員会』は、該当者に監督措置の対象となっていることを告げるよう、大臣に命令することができる。

⑾　命じられた措置の実施は、司法機関の資格を有する公務員により監督される（1条7項1号）。この公務員は、得られた情報が、この情報の使用は法律（『G10』）に適合するか否か、また、監督措置の目的に関連するか否かを決定するため、審理する。そして、これら条件を満たした情報のみを権限を有する機関に渡し、集められた他のいかなる情報も破棄する。なお、得られた情報や書類は、他の目的のために用いることはできず、求められた目的を達成するのに必要でなくなるや否や、破棄されなくてはならない（1条7項3号、4号）。

⑿　『G10委員会』は、職権により、または自分が監視されていると信ずる者よりの申立てにより、そうした措置の合法性及び必要性の双方を決定する。もし『G10委員会』が、措置は不法であるとか不要であると宣言したならば、大臣は、即座に

① クラス事件

終了させなくてはならない（1条9項2号）。

(13) 『G10』1条9項5号によると、「規制措置の命令及び実施に関し、裁判所における法的救済は存在しない。」

本法律は、緊急立法の一部として導入されたものであり、明白な権力分立を遵守するために、行為者が決定に対する責任を保持しなくてはならない。その結果、本法は、決定権を連邦の大臣やランドの最高機関に与えている。こうした理由から、該当者は、命じられた規制措置を裁判所により審理してもらう機会は奪われている。他方、法の支配に基づく行政の憲法的原則は、市民の権利への行政府による干渉に対し、独立した監督を求めている。従って、基本法10条を修正した法律に依拠して、この法律は、議会の委員会への定期的報告とこの委員会により任命される監督委員会による規制措置の命令の監督を、規定している。

(14) 監視措置の命令や実施を争うため裁判所に訴えることは、以上のように除外されてはいるが、なおそれでも、『G10』による監視下にあると信ずる人には、憲法上の救済を求める方法がある。

政府提供の情報によると、『G10委員会』に申立てたが成功しなかった人は、憲法裁判所へ申立てる権利を有している。憲法裁判所は、訴えを実証する証拠を引用できていないという理由により、申立てを却下するかもしれない。しかしまた、当該政府に対し、情報の提供もしくは個人の訴えを立証できる書類の提出を求めるかもしれない。たとえ求められた情報は秘密だとしても、政府にはそうした要求に答える義務がある。しかる

1-1 犠牲者とは(1)〔25条〕

後に、得られた情報や記録が用いることができるかどうかを決めるのは、憲法裁判所である。

　もっとも、政府代理人は、この救済手段はまったく稀にしか採られないと認めたが。

⒂　もしも、措置が中止された後、監視下にあったことを通告されたとき、権利への干渉に対し幾つかの法的救済が可能となる。政府提供の情報によると、個人は以下の手段を採ることができる。

　① 宣言の形式で、『G 10』の適用の合法性及び命じられた監視措置の法的適合性を、行政裁判所により審理する。

　② もしも権利が害されているならば、民事の損害賠償の訴えを起こす。

　③ 記録の破棄又は原状回復の訴えを起こす。

　④ これらの救済措置のいずれも成功しない場合、連邦憲法裁判所に、基本法違反が存在するか否かについての裁定を求めた申立てを行う。

⒃　『G 10』2条はまた、電話及び電信による通信の監視措置を正当化する2条項を挿入することにより、刑事訴訟法を修正した。

　刑訴法100条(a)によると、幾つかの条件下で、特に当条項に挙げられている幾つかの重大犯罪を犯したとかあるいは犯そうと試みたとの疑いを抱く明白な事実が存在するときは、監視の措置を採ることができる。

　100条(b)によると、こうした措置は、裁判所によってのみ、また最長3ヶ月間までのみ、命令され得る。そしてこれらは、

① クラス事件

更新でき得る。緊急時には、検察庁により決定でき得るが、効力を維持するには、30日以内に裁判所により追認されなければならない。

　該当者は、捜査目的を危険に陥れることなく通知がなされ得るようになるや否や、彼等に対して採られた措置を告げられる（刑事訴訟法101条1項）。

　しかし、これらの条項は、本件では争点ではない。

⒄　人権委員会に対し、1971年6月11日に申立てられた。

【申立人主張】

（人権委員会における主張）

⒅　基本法10条2項及び『G10』の条項は、申立人に対し採られた措置をその後に通告することを当局に義務づけることなく、郵便及び電話を監視する権限を当局に与え、また、そうした措置に対し通常の裁判所へ訴えを起こせる可能性を除外しているから、本条約6条、8条及び13条に違反する。

⒆　郵便や電話による通信に対する幾つかの干渉は、犯罪の防止とか国家や民主的秩序の保護のために必要であることは認める。しかしながら、該当者はいかなる場合においても、少なくともそれに対し採られた措置をその後に知らされなくてはならないし、また、通常の裁判所に訴えることができなくてはならない。なぜならば、さもなくば本条約8条1項により保証される権利は、まったく廃止されてしまうからである。

⒇　また、比例の原則が侵害されていると考える。なぜならば、無関係の不確定数の人々が監視措置の対象とされかねないか

1-1　犠牲者とは(1)〔25条〕

ら、こうしたことが発生することを許す制定法は、本条約8条によってカバーされない。

(21)　もしも国家が市民の思想を監視し始めたら、個人の人権が侵害されるであろうことは疑いもない。それ故に、人権委員会は、監視に関し、人権が侵害されるに至ることなくどこまで進められ得るかを、言い渡さなくてはならない。優先権は、個人の私生活を保護することに与えられなくてはならない。

(22)　本条約25条1項によると、訴えられている侵害の犠牲者のみが申立てを行い得る。しかし申立人は、例えば、本人自身が監視の対象となっている依頼人の法律代理人である場合、秘密の監視の対象であるか、あるいはあったかもしれない。しかるに、秘密の監視の対象である者は、彼らに対し採られた措置について、常に通告されるとは限らない。事件のこのような特殊性から言うと、申立人は、25条の目的とする犠牲者と考えられなくてはならない。

（人権裁判所における補足主張）

(23)　争われている立法は、特に該当者が監視措置を告げられず、かつ、そうした措置が終了するときに裁判所に訴えることができないから、本条約8条に違反している。

【政府主張】

（人権委員会における主張）

(24)　申立人は、明らかに監視により得た情報にのみ、関心を示している。そしてこの点については、いかなる意図からも、連

① クラス事件

邦憲法裁判所において既に彼等は成功している。申立人の不平の申立ては、憲法裁判所の判決により求められたから、ほとんどの事例において、安全のため必要である限りはそうした情報は除外されなくてはならないという制限的留保に従ってではあるが、その後得た情報を提供するという運用がなされているから、ほとんどもはや問題は存在しない。また、制定法の条項は、規制措置の命令及び実施に関する訴えを除外しているだけだから、その後得た情報に関し裁判所に訴えることは可能である。

⑳　本条約8条2項による権利への干渉は、法律による場合のみ可能であるが、ドイツにはそのような制定法が存在する。

㉖　8条2項を履行することが、規制を含む監視には必要である。

　ここに、干渉は、脅かされている危険に比例していなくてはならないということは、必要性の概念から出てくる。そして『G 10』により、盲目的又は無差別的にではなく、重要な法益が脅かされていると思わせることが現実に存在してのみ干渉を含む監視を行うことができるのだから、この条件は満たされる。

　8条2項はまた、民主的社会についての言及を含んでいる。収集された情報は、たとえば個人の政治信条を明らかにしようとするといった、性質を異にする目的のために用いられてはならない。

　そうしたことから、『G 10』は、本条約8条2項の要件に適合している。

1-1　犠牲者とは(1)〔25条〕

(27) 該当者への通告の義務については、国家の安全という利益と通告される個人の利益との間に、衡量がなされなくてはならない。基本法は、人間性の純粋に個人主義的概念を取り入れたのではなく、むしろ社会における個人という概念を取り入れている。それは、個人は権利と同じく義務を有するということを意味する。それは、個人に何らかの責任を課す権利を国家に与える。本件では、国家及びその安全を守るために、幾つかの場合においては、該当者は通信がモニターされていると後においても通告されないという比較的軽微な不利益を、個人に対して課すものである。

　もしも申立人の要求が満たされなくてはならないとすれば、既に実行に移されている措置についての情報に対する要求のためだけに、重要で永続的な安全というものが単純に無視されなくてはならなくなるであろう。この事実からいって、これらの措置を無効とすることは問題外であり、せいぜい裁判所の宣言を求めさすことができるにすぎない。そして、個人のそうした宣言を得ることによる利益と、国家の存在を脅かす行動から効果的に保護されることによる共同体の利益の間に衡量を行うならば、共同体の利益に優先権が与えられるべきである。

(28) 『G10』の条項は、容疑者と接触するであろういくつかの職業、例えば、法律家、聖職者、及び医者の監視を行うためのものであり、また、これは耐えがたい程の負担をかけるものではない。その上、修正法は、連邦憲法裁判所の要求する以上のものであり、法律家は、本人が容疑者の場合のみ監視されるにすぎないと明確に規定していることを、指摘しておかなければな

① クラス事件

(人権裁判所における補足主張)

(29) 申立人は、本条約25条1項の意味における「犠牲者」とは見做すことはできない。なぜならば、申立人は、自己の権利の、たとえ潜在的であるにしろ、個別的侵害を立証したとは主張していないのであり、むしろ監視の対象となることの純粋に仮定的な可能性を根拠に、本条約に照らして争われている立法の一般的かつ抽象的な審理を求めている。

【人権委員会意見】

(30) 当委員会は、25条に関し以下のように認定した。
訴えられている違反の犠牲者のみが、申立てを行い得る。しかしながら申立人は、例えば、自身が監視の対象である依頼人の法律上の代理人である時に、秘密の監視の対象であるか又はあったかもしれない。しかるに、こうした監視の対象となっている人は、常に自分に対し採られた措置をその後知らされるとは限らないとされいる。事件のこうした特殊性からいって、申立人は25条の目的にかなう犠牲者と考えられなくてはならない。

(31) 申立ては、27条2項により根拠不充分として不受理とされるか否かという問題に関し、本件は、本条約の適用にとり一般的利益ともなる法律や事実に関する複雑な問題を引き起こしている、と認定する。両当事者により提起された情報及び議論の予備的な審理を行って、当委員会は、これらの問題に答えるた

1-1 犠牲者とは(1)〔25条〕

めには、本案の審理によらなくてはならないと考える。それ故に、本申立ては、本条約27条2項の言うところの根拠不十分と見做されるべきではなく、また、他に不受理を宣言すべき根拠もない。

　よって、本申立ては、受理する。

【人権裁判所判決】

〔25条1項違反について〕

(32)　25条は、個人による申立ては現実に申立ての違反により影響されていることを訴えなくてはならない、ということを要求している。

　個人に、本条約の解釈について、国民訴権（actio popularis）といった類いのものを起こさせるものではない。また、個人に、ある法律が本条約に反していると単に感じたことを理由として、抽象的にその法律に対し訴えを起こすことを許さない。原則として、個人の申立人が、ある法律の単なる存在が条約上の権利を侵害していると訴えることでは十分ではない。その法律が、申立人に損害を与えて適用されたにちがいないということが、必要である。

(33)　個人からの人権委員会への申立てを扱う25条は、本条約に述べられている権利及び自由の履行のための仕組みの要石の1つである。何らかの行為により害されたと考え、本条約の違反を訴える個人にとって、他の受理要件を満たしていれば人権委員会に訴えを起こせる可能性を、この仕組みは含んでいる。

　ここでの手続きにおいて重んじられる問題点は、対象となっ

① クラス事件

ている措置の秘密性のために、特に自分に影響を与えているいかなる具体的措置も指摘できないという理由により、個人は人権委員会へ申立てを行う機会を奪われるべきか、ということである。これについての当裁判所の見解は、本条約の実効性というものには、そうした状況下で人権委員会に訴えることのできる何らかの可能性というものを含んでいる、というものである。もしそうでないならば、条約を履行する仕組みの効率というものは、著しく弱められるであろう。本条約の手続規定は、条約及びその機関は個人を守るために設立されたという事実故に、個人の申立てシステムを効果あるようするために役立つような方法で、適用されなくてはならない。

それ故に、当裁判所は、個人は一定の条件下では、秘密の措置が現実に適用されたと訴えなくてはならないというわけではなく、秘密の措置の又は秘密の措置を許す立法の単なる存在により引き起こされる侵害の犠牲者である、との訴えを認める。そこでの関連条件は、侵害されているとして訴えられた条約上の権利、対象となる措置の、秘密性そして申立人とこれら措置間の関係に従って、各々決定されなくてはならない。

(34) こうした点を考慮すると、訴えられている特定の立法のために、申立人は、本条約8条――8条は、本件では中心的争点を生じさせる条項である――の違反の、25条にいう意味での犠牲者であると訴えることができる。

(35) 当裁判所は、国家が秘密裡に監視を行うところでは、その監視の存在は監視下にある人々には知られることなく、それ故監視が問題とされることもなく続く、という点を指摘する。つ

1-1　犠牲者とは(1)〔25条〕

まり、8条はかなり有名無実化されてしまうであろう。そうした状況下では、個人はこうしたことに気づくことなく、それ故に国内レベルでもまた本条約上の機関においても救済措置を得ることはできなくて、8条に反した方法で扱われたりまた与えられた権利を奪われたりさえもすることが、可能となろう。

　当裁判所は、本条約に保証されている権利を享受することの保証が、例えば該当者が、その侵害に気づくことなく置かれているという事実により奪われ得ることは、受け入れられない。秘密の監視により潜在的に影響を受けた人々が人権委員会へ訴える権利は、25条から引き出されるべきであろう。さもなくば、8条は無効にされる危険があるから。

(36)　本件の特別の事実から、当裁判所は、争われている立法は、前述の連邦憲法裁判所判決に示された状況下における、何らかの機密漏洩もしくはそれに続く通告のいずれかがない限りは、ドイツ連邦共和国の全ての人々が、潜在的に郵便や電話を永遠に知ることなくモニターされ得るという監視システムを制定するものだと認める。その範囲では、争われている立法は、ドイツの郵便及び通信サービスの全ての使用者及び潜在的使用者に、直接に影響を与える。その上、この監視の威嚇は、それ自体郵便及び通信サービスを通じての自由な意思伝達を規制し、それがため全ての使用者及び潜在的使用者に対し、8条に保証されている権利の直接の干渉となる、と主張し得る。

(37)　以上から、当裁判所は、申立人は、具体的な監視措置の対象となっているということを申立てに際し主張することができなかったはいえ、本条約の「違反の犠牲者であると主張」する

① クラス事件

権利がある、と結論する。

〔8条違反について〕

(38) 基本法10条2項によると、郵便及び通信の秘密に対する規制は、制定法に従ってのみ命じられ得る。『G10』1条1項は、幾つかの機関に、郵便物を開封し調べること、電報を読むこと、そして電話での会話をモニターし録音することを許している（前述(7)、(8)参照）。従って、当裁判所によるヨーロッパ人権条約8条に基づく審理は、そうした措置の許可にのみ限られ、例えば刑事手続法を履行しての秘密の監視にはひろげない（前述(16)参照）。

(39) まず決定すべきは、既述のような監視措置を認めるここで争われている立法は、本条約8条1項によって申立人に保証されている権利の行使に対する干渉を構成するか否か、また、そうであるとすればいかなる点においてか、という点である。

電話での会話は、8条1項には特別には述べられてはいないが、そうした会話は、本条項に言及されている「私生活」及び「通信」の概念によりカバーされると、人権委員会同様当裁判所も考える。その報告書の中で人権委員会は、ドイツの立法により規定されている秘密の監視は、本条約8条1項に規定されている権利の行使への干渉となる、との意見を表明している。しかるに、同委員会に対してもまた当裁判所に対しても、ドイツ政府はこの点を争わなかった。

明らかに、許可されたいかなる監視措置といえども、ある個人に適用されるや否や、私生活及び家族生活並びに通信の尊重

1-1　犠牲者とは(1)〔25条〕

を受ける個人の権利の行使への、公機関による干渉という結果となろう。その上、その立法自体の存在そのものが、その法律が適用され得る人々全てに対する、監視の威嚇ということを含んでいる。この威嚇は、必然的に、郵便及び電信の使用者間の通信の自由を直撃し、それによって、申立人の私生活及び家族生活並びに通信の尊重を受ける権利の行使への、「公機関による干渉」を構成する。

　当裁判所は、争われている立法、そしてその結果そこで許されている措置が、住居の尊重を受ける権利の行使に対する干渉も含み得るという点を、除外しはしない。しかし、現手続においては、この点について決定する必要はないと考える。

(40)　本件において8条に関し生ずる主な争点は、認定された干渉は、本条2項の文面から正当化されるか否かである。この条項は、本条約に保証されている権利に対する例外を規定しているのであるから、厳密に解釈されるべきである。警察国家を思わせる市民の秘密の監視権限は、民主的制度を守るためにまさに必要である限りにおいてのみ、本条約によって許容できる。

(41)　8条に違反しない「干渉」であるためには、まず「法律に基づく」ものでなくてはならない。この要件は、本件では、「干渉」は連邦憲法裁判所1970年12月15日判決により修正された法律を含む議会を通った法律によるから、満たされる。

(42)　そこで、他の8条2項に規定される要件が満たされていたか否かを判定することが、残っている。政府及び人権委員会によると、争われている立法により許された干渉は、「国の安全のため」及び／または「無秩序又は犯罪の防止のため」に、

① クラス事件

「民主的社会において必要な」ものであった。また、当裁判所に対し政府は、この干渉は、加えるに「公共の安全及び他の者の権利及び自由の保護のため」に正当化される、と述べている。

(43) 『G10』は、規制的措置が課せられるだろう目的を詳細に規定し、かつそれにより限定している。それは、「自由な民主的憲法秩序」、「連邦またはランドの存在や安全」、共和国の領土に駐留している「同盟軍の安全」または「ベルリンに駐留している3ヶ国のいずれかの軍隊」の安全、を脅やかす「差し迫った危険」を防ぐために、責任ある機関は、前述の((7)(8)参照)規制を許可する、と規定している。

(44) 当裁判所は、政府及び人権委員会と見解を共にし、『G10』の目的は、実際に8条2項により国の安全を守り、及び／又は無秩序又は犯罪を防止することであると認める。こうした状況下では、政府により引用されているそれ以外の目的がまた関連するか否かは、決定する必要はないと考える。

他方、前述の目的を達成するために非難されている立法により規定される手段が、あらゆる面からみて、民主的社会において必要なものといえる範囲に留まっているかどうかを、確かめなくてはならない。

(45) 申立人は、監視について幅広い権限を規定しているドイツの法律に反対してはいない。申立人は、そうした権限、そして8条1項に保証されている権利に対するその結果として生ずる侵害を、民主的国家を守るために必要な防禦手段であると認めている。しかしながら申立人は、社会が全体主義へとごくわず

1-1 犠牲者とは(1)〔25条〕

かとはいえ陥いっていかないよう保証するために、8条2項は、そうした権限に、民主的社会において尊重されなくてはならない一定の限界を規定していると、考えている。こうした見解では、争われている立法は、乱用のおそれに対する適切な安全策が欠けている。

(46) 当裁判所は、8条により与えられている保護の範囲を評価するに際し、2つの重要な事実を特記せざるを得ない。第1に、スパイ行為の手段の、それに相応じ監視手段の、技術的進歩である。第2には、近年のヨーロッパにおけるテロリズムの進展である。

　今日民主的社会は、高度に洗練されたスパイ行為とかテロ行為によって脅やかされている。その結果として、国家は、そうした脅威に効果的に対処するために、管轄内において行われる破壊的要因に対し、秘かな監視を行うことが可能でなくてはなるまい。それ故に、当裁判所としては、郵便や電信に対し秘かな監視を行う権限を与える何らかの立法の存在は、例外的な条件の下では、国の安全及び／または無秩序又は犯罪の防止のために、民主的社会において必要であるということを、認めざるを得ない。

(47) 監視システムの作動条件の決定に関しては、国内立法機関が一定の裁量権を有している。疑いもなく、当裁判所は、何がこの分野における最良の政策であろうかという点に関するいかなる評価も、国家当局に代わって行うものではない。

　とはいえ、このことは、締約国には、管轄下にある人々を秘かな監視の下に置く無制限の裁量権というものがある、という

① クラス事件

ことを意味するわけではない。そうした法律は、民主主義を守るという口実で、民主主義を弱めいや破壊さえしかねない、という危険性に気づいている当裁判所は、締約国は、スパイ行為とかテロ行為との闘いという名目によって、適当と考えるいかなる措置であれ採用し得るということはできないと断言する。

(48) 当裁判所は、いかなる監視システムが採られようとも、乱用に対する適切かつ効果的な保証が存在することに、納得させられなくてはならない。この評価は、相対的性質のものにすぎない。それは、事件の性質、可能な措置の範囲及び期間、そうした措置を命ずる必要がある根拠、そうした措置を許可し、実行し、監督する権限を有する機関、そして国内法に規定される救済措置の疑い、という事件のおかれたあらゆる事情次第である。

(49) 『G10』によると、一連の制限的な条件は、監視措置が課される前に満たされなくてはならない。それ故に、許された制限措置は、ある者が、幾つかの重大な犯罪行為を計画しているか、犯しているかまたは犯した疑いの、現実の徴候が存在する事例に限られる。措置は、他の方法により確定された事実では成功の見込みがないかかなり困難である場合にのみ、命じられ得る。そのような場合でも、監視は、特定の容疑者または容疑者と「接触する者」と思われる者のみをカバーし得る。その結果、いわゆる調査のためのまたは一般的な監視というものは、この立法では認められない。

　監視は、理由を附した文書による申請によってのみ与えられ、そうした申請は、幾つかの機関の長又はその代理人によっ

1-1　犠牲者とは(1)〔25条〕

てのみ行われ得る。その上、決定は、首相によりそのための権限を与えられた連邦大臣またはふさわしい場合にはランドの最高機関によって、行われなくてはならない（前述(9)参照）。従って、この法律によると、措置が、でたらめに、不規則に、または十分かつ適切な考慮なく、命ぜられることがないよう保証することを意図した、行為手続が存在する。

(50)　『G 10』はまた、監視措置の実施及びそれによって得られた情報に関し、厳格な条件を規定している。当該措置は、最大3ヶ月有効であり、新たな申請によってのみ更新され得る。措置は、必要条件が存在しなくなったかまたは措置自体がもはや不要となるや否や、即座に中止されなくてはならない。それにより得られた知識や記録は、他の目的のために用いることはできず、また、記録は、求められた目的を達成するのに不要となるや否や、破棄されなくてはならない（前述(9)、(11)参照）。

　措置の実施に関しては、最初の監督は、司法当局における資格を有する者により行われる。この者は、この法律に基づいて用いられ得かつこの措置の目的に関連するであろうそうして得られた情報の審査を、権限を有する機関に伝える前に行う。そして、集められたいかなる他の情報も、破棄する（前述(11)参照）。

　『G 10』によると、監視措置の命令及び実施に関し、裁判所へ訴えることは除外されているが、その代わりに基本法10条2項に従って、人々により選ばれた代表により指名された2つの機関、すなわち『議会委員会』と『G 10委員会』により、その後の監督又は審査が行われている。（前述(9)及び(12)参照）。

① クラス事件

(51) 政府は、8条2項は、秘密の監視の司法によるコントロールを要求していないのであり、『G 10』により樹立された審査システムは個人の権利を効果的に保護していると言う。

それに対し申立人は、このシステムは、「政治的コントロールの方式」であり、当然に優位すべき司法コントロールの原則と比べ不適当であると述べている。

従って、制限措置の命令及び実施を監督するための手続は、争われている立法により生ずる「干渉」を、「民主的社会において必要」なものに留めるようなものであるか否かを、判定しなくてはならない。

(52) 監視の審査は、まず監視が命じられたとき、次いで実行されている間、そして終了した後、という3段階において行われるであろう。

最初の2段階では、秘密の監視ということのまさにその性質及び論理から、監視自体のみならずそれに伴う審査もまた、個人の知ることなく行われなくてはならない、ということが出てくる。その結果として必然的に、個人が自発的に効果的救済を求めることや、いかなる審査手続に直接加わることをも妨げられるだろうから、定立される手続は、それ自体、個人の権利を保護するための適切かつ公平な保証というものを備えなくてはならない。

加えて、民主的社会の諸価値は、8条2項の目的の範囲内に留まりもしも必要性の境界は超えるべきではないとするならば、監督手続においてできるだけ誠実に追求されなくてはなるまい。民主的社会の基本的原則の1つは、法の支配である。法

1-1 犠牲者とは(1) 〔25条〕

の支配はとりわけ、個人の権利への行政当局による干渉は、一般的に司法により保証される効果的コントロール、少なくとも最終手段として独立かつ公平で適切な手続の最善の保証を提供する司法コントロールに従うべきである、ということを含む。

(53) 『G 10』により創設された監視システムにおいては、司法コントロールは除外され、司法当局により資格を与えられた者による最初の監督、そして、『議会委員会』及び『G 10委員会』による監督に置き代えられた。

当裁判所は、乱用が個々の事件において起きやすく、そしてこの乱用が、民主的社会全体にとって非常に有害な結果となり得る分野においては、原則として裁判官に監督的規制を委ねることが望ましいと考える。

とはいえ、『G 10』により規定された監督的及び他の保護手段の性質を考慮し、当裁判所は、司法コントロールの除外は、民主的社会において必要と考えられるものの限度を超えていない、との結論を下す。『議会委員会』と『G 10委員会』は、監視を実行する機関とは独立しており、効果的かつ継続的なコントロールを行うに十分な権限と権能を付与されている。

(54) 次に審理に関してだが、特に個人の参加による司法コントロールは、監視終了後においてさえ除外されるべきかを判定する必要がある。この争点と分離できないのは、続いて起きる通知の問題である。もしも知らされることなく採られた措置について通知され、従ってその合法性を遡及的に争うことができるというのでなければ、原則として当該個人による裁判所への訴えの余地というものは、ほとんど存在しない。

① クラス事件

　8条による申立人の主な訴えは、当該申立人は、監視の中止後常に通知されるわけではなく、従って裁判所への効果的救済を求める立場に事実上ない、ということである。彼等が危惧しているのは、権利が干渉されている範囲を知ることも果たまた確かめることもできないため、不適切に実施され得る措置の危険性である。申立人によると、監視措置の中止後の裁判所による効果的なコントロールは、乱用に対する保証を行うために、民主的社会において必要である。さもなくば、秘密の監視への適切なるコントロールが欠け、8条により個人に付与された権利は簡単に排除される。

　政府によると、連邦憲法裁判所の判決以後与えられなくてはならないその後の通知は、8条2項の要件に該当する。その見解によると、秘密の全面的な有効性は、事件の前後共に、もしもそれにより検査の目的が現在または遡及的に邪魔されることとなるならば情報は漏らすことはできない、ということを要求している。なお、政府は、裁判所へ訴えることは、通知された後はもはや除外されないのであり、その後は、個人に対し、被ったいかなる損害に対しても救済を求めることを許すといった様々な法的救済措置が可能となる、と協調した（前述(15)参照）。

(55)　当裁判所の意見では、すべての事例において、続いての通知を要求することの実行性は現実に高いかどうかが、確かめられなくてはならない。

　特定の一連の監視措置が向けられる行動とか危険性は、そうした措置が中止された後何年もいや何十年も続くかもしれない。中止された措置により影響を受けた個々の個人への続いて

1-1 犠牲者とは (1)〔25条〕

の通知は、元来監視を思いつかせた長期の目的を危くするかもしれない。その上、連邦憲法裁判所が正しくも指摘したように、そうした通知は、諜報機関の活動のやり方やその分野を曝し、その手先を特定することを可能たらしめることとなるかもしれない。よって、争われている立法の結果としての「干渉」が、原則として8条2項により正当化される（前述(46)参照）限りにおいて、ひとたび監視が終わっても個人には知らせないという事実は、「干渉」の有効性を保証するというまさにその事実の由であるから、それ自体が2項と相入れないとすることはできない。

(56) 一般論としても、また続いての通知の問題に関連しても、申立人は、争っている立法は本条約8条2項の要件を満たしていないとする主張の根拠の1つとして、常に乱用の危険性を主張している。不誠実な、怠慢な、または熱心すぎる公務員による不適切な行為というものの可能性は、いかなるシステムからも完全には除外することはできないとはいえ、当裁判所が現在の審理の目的のために重要と考えるものは、そうした行為の見込みとそうした行為から保護するために付与された安全策である。

当裁判所は既に（前述(49)及び(55)参照）、こうした考慮すべき問題点に照らして、争われている立法を審理している。とくに『G 10』は、監視体制の効果を無効にしない程度に最小限に減じ、かつ、監視は法律に従って厳格に実行されることを保証する、ということを意図して作られた様々な条項を含んでいることに特に触れておきたい。現に行われている運用が、そうでは

① クラス事件

ないとのいかなる証拠も指摘もない以上は、当裁判所としては、ドイツ連邦共和国の民主的社会においては、関連機関は争点となっている立法を適切に適用していると考えざるを得ない。

(57) 当裁判所は、民主的社会を守るための要件と個人の権利の間における何らかの妥協というものが、本条約のシステムにおいては内在的なものであるとする点においては、人権委員会に賛同する。本条約前文が述べているように、「基本的自由は、一方では実効的な政治的民主主義により、他方では締約国が依存している人権の共通の理解及び遵守によって、最も良く維持される。」8条の文脈においては、1項における個人に保証される権利の個人による行使と、民主的社会全体の保護のために秘密の監視を課すことの2項における必要性との間に、均衡が求められなくてはならないということを、このことは意味する。

(58) これらの考慮及び争われている立法の詳細な審理に照らし、当裁判所は、8条1項に保証される権利の行使に対する立法の結果として生ずる干渉を、ドイツ立法府が必要であると考えることは正当化される、との結論に達した。従って、本条約8条違反は、認定しない。

(59) こうした理由により、人権裁判所は、
 1．全員一致により、申立人は、25条に言うところの犠牲者であるとの申立を行うことができると、判示する。
 2．全員一致で、8条（及び13条、6条）の違反はないと、判示する。

1-2 犠牲者とは(2)〔25条〕

> ### ② ボウマン事件
> —— **Bowman v.U.K.** (Application No. 24839/94) ——
>
> Judgment of 19, Feb., 1998, 4 BHRC 25

【事　実】

(1) 反中絶運動家である申立人は、総選挙直前に、中絶に関連する争点についての立候補者の意見を選挙民に知らせるためにチラシを配った。そのため申立人は、ある特定の候補者の選挙を宣伝しあるいは当選させようとして、許可を得ていない者が選挙前の一定期間中において情報を選挙民に提供するために5ポンドを超える支出を行うことを禁じた1983年人民代表法(The Representation of the People Act) 75条に基づいて、起訴された。なお、ここでの「立候補者の選挙を宣伝するとか当選させるため」とは、特定の候補者の当選を妨げようとする意図も含む、と貴族院により解されてきた。

(2) 申立人に対する召喚状は、1983年法176条に規定された期間（訴えられている禁止された支出から1年以内）を超えて出されたという技術的理由により、申立人は無罪となった。

1-2　犠牲者とは(2)〔25条〕

【申立人主張】

(3)　上記のような理由により無罪となりはしたが、1983年法75条の適用の結果として、警察による尋問、起訴そして周囲に知れ渡ったことにより、不安と恥辱そして出費を被った。
　　よって、起訴は、本条約10条における表現の自由への権利の侵害となる。

【政府主張】

(4)　申立人は、人権委員会へ申立てを行うことのできる訴の利益を有するところの、25条1項にいう「違反の犠牲者」ではない。
(5)　10条1項にいうところの申立人の表現の自由への規制は、存在しない。たとえ存在したとしても、それは10条2項のいうところの民主的社会に必要なものである。

【人権裁判所判決】

(6)　当裁判所は、申立人に対し起訴という実施措置が採られたと認定する。申立人は、結局は無罪となったのではあるが、それは、召喚状が制定法の定めた期間内に出されなかったという技術的な理由からである。申立人に対し、検察当局が法定手続を開始すると決めたという事実は、少なくとも、申立人が将来の選挙の期間中においてその態度を変更しなければ、再び起訴されたぶん有罪とされ処罰されるであろうという危険を冒すこととなるであろうという、強いしるしである。こうした状況に

② ボウマン事件

おいては、申立人は、問題となっている法律に直接影響を受けていると正当に主張することができると考える。

(7) 従って、申立人は、本条約25条1項にいう「本条約の違反の犠牲者」であると主張し得る。

(8) 1983年法75条により課せられた支出制限は、明らかに本条約10条1項の目的とする申立人の表現の自由に対する規制である。しかし、法律により定められ、候補者間の平等を確保することを意図するものであり、候補者と選挙民の権利を守るという、正統な目的を追求している。とはいえ国家は、自由な選挙への権利と自由な表現への権利の間にバランスをとるに際し裁量権を有しているとはいえ、課せられる規制と追求される正統な目的は、比例（均衡）していることが要件となる。本件においては、75条は、反中絶の立場をとる候補者に有利なように有権者に影響を与えるために候補者の情報を出版しようとするには、現実には障害となっている。

　報道機関には匹敵するような規制が存在しないという現実を考慮すると、問題となっている規制は追求される目的に比例していない。75条により課される支出制限の結果が生み出す申立人の表現の自由への干渉は、本条約10条2項の目的とする「民主的社会において必要」ではない。

(9) よって、本条約10条違反が存在した（14対6）。

③ アクソイ事件

2-1　国内的救済原則(1)〔26条〕

> ### ③ アクソイ事件
> ──**Aksoy v. Turkey** (Application No. 21987/93)──
>
> Report of the Commission of 23, Oct., 1995, J. & D. No. 26 (1996-VI) 2296
> Judgment of 18, Dec., 1996, I BHRC (1997) 625

【事　実】

(1) およそ1985年以来、南東トルコ地方において、治安警察対クルドの自治を叫ぶ特にクルド労働党との間に激しい衝突が起き、政府によると4,036人の市民と3,884人の治安警察官が死亡している。

(2) 1995年時において、南東トルコ11州中10州が、1987年以来非常事態統治の対象となっている。

(3) 1992年11月26日、クルド労働党の一員である申立人は、同党のパンフレットを配布し民衆を扇動したとの疑いで、南東トルコにおいて治安警察に逮捕され、1日本部に抑留された。その後申立人は、テロリスト対策本部に移送され、裸にして両腕で吊るすという「パレスティナ掛け」として知られている拷問などの対象となり、その結果両腕がマヒしたため、医者に見

2-1 国内的救済原則(1)〔26条〕

せてくれるよう求めたが拒否された。また、狭く劣悪な環境の勾留場に入れられた。

(4) 裁判官とか他の司法官に会わされることなく、少なくとも14日間抑留された後、申立人は検察官の面前に引き出され尋問された。申立人が誤った扱い（拷問）を受けたという明白な証拠（怪我等）が存在するにもかかわらず、検察官は、トルコ国内法に定まっている義務に反し、何らの調査も行わなかった。

(5) 申立人は、1992年12月10日釈放され、同月15日大学病院に入院し、橈骨神経マヒと診断された。

(6) 1992年12月21日、検察官は、申立人に対し刑事訴追を行う根拠がないと決定した。

(7) 申立人の訴えている虐待に関連して、何らの刑事又は民事手続も、トルコの裁判所には提起されていない。

(8) 口述及び書類証拠に基づいて、人権委員会は、事実関係に関し以下の結論に達した。

　(a) 申立人が、逮捕前に何らかの身体障害を被っていたという証拠はなかったし、釈放されてから入院するまでの間に何らかの事故に会ったという証拠もなかった。

　(b) 医学的には、申立人の損傷は様々な理由が考えられるが、両腕を吊るされたことによる外傷がこれらの理由の1つであり得た。そして、両腕が被っている橈骨神経マヒは、「パレスティナ掛け」として知られる虐待と矛盾はしないが、明らかにそれによる一般的な症状ではなかった。

　(c) 政府は、申立人の損傷につき、他の可能性についての説明

③ アクソイ事件

は行わなかった。

(関連国内法)
(9) トルコ刑法243条及び245条は、公務員による拷問あるいは虐待行為を、犯罪と規定する。
(10) 検察官は、たとえ告訴がなされなくとも注意を引いた重大犯罪の申立てについては、捜査を行う義務がある。しかしながら、緊急事態下の地域においては、行政府による刑事犯罪捜査は、公務員からなる地方行政協議会によりとって代わられる。これらの協議会は、訴追しないと決めた場合行政最高裁判所の司法審査の対象と自動的になることを条件に、訴追するか否かを決める権限を与えられる（立法命令285号）。
(11) トルコ憲法125条は、「行政の全行為あるいは決定は、司法審査の対象となる。行政は、行為及び措置により引き起こされたいかなる損害をも賠償する責任がある」と規定する。

　この条項により、国家は、個人の生命及び財産を守る義務を果すことに失敗した場合、そうした状況下で損害を被ったことを証明できる者が誰であれ、その者に対し賠償する責任がある。
(12) 公務員によりなされた、損害を引き起こすいかなる不法行為も（緊急事態下の地域を除き）、通常民事法廷における賠償請求の対象となろう。
(13) 刑事訴訟法128条により、逮捕勾留された者は、24時間以内に治安判事の面前に連れて行かれなくてはならない。この期間は、個人が集団犯罪に関係した場合は、4日間まで延長し得

2-1 国内的救済原則(1)〔26条〕

る。

　司法のコントロールなく留置でき得る期間は、国家治安裁判所における手続に関してはもっと長い。そうした事件では、個人犯罪に関しては48時間、集団犯罪に関係した場合は15日間留置できる（1992年12月1日法3842号30条）。しかしながら、緊急事態下の地方においては、国家治安裁判所での法廷手続の関係で逮捕された者は、個人犯罪の場合は4日間、集団犯罪の事件では30日間、治安判事の面前に連れて行く前にも留置でき得る（同上）。

(14)　1990年8月6日付の手紙で、欧州審議会トルコ常任代表は、欧州審議会事務総長に対し、以下の通知を行った（ヨーロッパ人権条約15条3項に基づいて）。

　「トルコ共和国は、南東アナトリアにおいて国の安全への脅威に曝されている。この脅威は、過去数ヶ月その範囲と苛烈さを徐々に増し、当条約15条にいうところの国民の生存を脅かすに至っている。……テロリストの行為の苛烈さ及び多様さの故に、そしてまたそうした行為に対処するために、政府は、治安警察を用いるのみならず、大衆への故意の偽情報キャンペーンに対処するための適切な手段をとる。

　この目的で、トルコ政府は、憲法121条を遵守し、1990年5月10日法律としての効力を有する命令424号及び425号を公布した。これらの命令は、ヨーロッパ人権条約5条、6条、8条、10条、11条及び13条の規定する権利を停止する結果となる。……」

(15)　同常任代表は、1992年5月5日付の手紙で、以下のように

③ アクソイ事件

事務総長に告げた。

「ヨーロッパ人権条約5条、6条、8条、10条、11条そして13条により保証された権利の停止を行った前記命令による措置のほとんどは、もはや実施されない。よって、トルコ共和国は、権利の停止の通知の範囲を、今後は5条に関するもののみ限定する。6条、8条、10条、11条及び13条に関する権利の停止は、もはや効力を有さない。……」

(16) なお、申立人は、1993年5月20日にヨーロッパ人権委員会に申立てを行ったが、同委員会が申立ての受理を宣言した直後の1994年4月16日射殺された。そこで、申立人の父親が手続を続行することが許され、人権裁判所における申立人となった。

【申立人主張】

(人権委員会における主張)

(17) 1992年11月26日から12月10日にかけての留置中、警察により拷問されまた劣悪な環境下におかれた。これは3条に違反する。

(18) トルコの権利の停止の合法性を決めるのは、本質的にヨーロッパ人権条約上の機関である。しかるに、裁判官の面前に連れて行くことなく30日間までは警察留置場に留置することを許す措置は、15条1項のいうところの事態の緊急性が真に必要とするものではない。このことは、その措置が、本条約機関により重要であると考えられている乱用への基本的な保証策をなんら伴っていないことから、特にそうである。申立人の留置

2-1　国内的救済原則(1)〔26条〕

の長さは、権利の停止の見地からいっても行き過ぎである。従って、5条3項違反が存在した。

(19)　拷問の結果、申立人が適切に宣誓に署名することすらできず、かつ怪我をしていたにもかかわらず、検察官は何らの取調べも行わず、怪我の原因を調査することに失敗した。

そもそもトルコの法律では、検察による訴追により加害者が認定されなければ、民事手続は勝訴の見込みはない。そのため、申立人を拷問した責任がある国家公務員に対する法廷手続を起こすのに失敗したため、賠償をうける民事上の権利を主張できなかった。よって、本条約6条1項に反して、民事上の権利の決定を得るために裁判所を効果的に利用する権利を奪われた。

(20)　申立てが、何らかの成功の見込みをもって審理されるであろうという独立の機関が欠けているから、本条約13条に違反する。

（人権裁判所における補足主張）

(21)　南東トルコにおける事態が、司法の監視なくして14日間あるいはそれ以上容疑者を留置することを必要としたかどうかは疑問である。南東トルコの裁判官たちは、もっと短い間隔で留置の合法性を審理することを許されかつ求められたとしても、危険に曝されはしない。

(22)　長期に渡る無監視での留置は、囚人の保護に対する保障手続の欠如とともに、拷問の実行を容易にした。従って、申立人は、抑留の3日目及び4日目に特にひどく拷問され、その後傷

③ アクソイ事件

が治るまで留置された。この間、弁護士にも医者にも会うことを否定された。その上、尋問中目隠しをされ続けたが、これは、虐待を行った者を識別できなかったことを意味する。

　アムネスティ・インターナショナルの「トルコ：否定の政策 (a Policy of Denial)（1995年2月）」、ヨーロッパ拷問防止委員会及び国連拷問禁止委員会の報告書は、いずれにせよ不適切であるトルコ刑法に含まれている保障手続が、緊急事態下の地域においては、日常的に無視されていたということを示している。

(23)　政府により確認された救済措置は、公式にはトルコ国内法システムの一部であることを、否定しない。しかし、緊急事態が支配している地方においては、拷問及び効果的な救済措置の否定が政府慣行の1つとして行われているから、こうした措置は幻想であり不適切かつ無用である。

(24)　拷問が行われるということ自体を否定するのが国家当局の政策の1つであるから、犠牲者にとり、補償を受けかつ責任ある者を裁判にかけることに成功することは、大変難しい。例えば、拷問を訴えている個人が、その怪我の程度を証明する医療記録を入手することは、現在不可能である。なぜならば、そうした記録を発行した医者は、脅かされたり他地域に移されたりするからである。また、人権侵害の犠牲者のために行動する法律家たちは、脅迫、威嚇及び起訴濫用の対象となり、訴えへの報復が一般的なため、人々は国内的救済を追求することを恐れている。こうした状況下では、ストラスブルグ（ヨーロッパ人権条約上の機関）に申立てる前提に、国内的救済を追求するこ

2-1 国内的救済原則(1)〔26条〕

とが要求されるべきではない。

(25) 1992年12月10日、検察官に拷問されたと告げたにもかかわらず、何らの刑事捜査も始まらなかった。こうしたことは、申立人が民事または行政手続において勝訴する機会を害する。なぜならば、民事または行政訴訟を成功させるには、拷問を受けたことを証明する必要があるが、現実にこれを証明するには、刑事手続における裁判官による判断が求められるであろうから。

(26) よって、国内裁判への補償の訴えは行わず、ストラスブルクに対し、トルコ共和国は、3条（人道的取扱いへの権利）、5条（身体と自由と安全への権利）、6条（裁判を受ける権利）及び13条（国の拷問による結果的な救済を受ける権利）に違反しているとして、申立てを行った。

【政府主張】

(人権委員会における主張)

(27) 申立人への拷問は、立証されない。申立人は、検察官に対し拷問されたと訴えなかったのであり、また、検察官にとって、申立人の健康への調査を正当化する証拠は存在しなかった。その上、申立人には幾つかの救済措置があった。しかるに、申立人はどれも試みなかった。なお、訴追は、不法行為について、公務員に対し起こされ得る。例えば、1994年、公務員の囚人の虐待については、2件存在する。

(28) 申立人は、裁判官あるいは他の権限ある者の前に連れて行かれることなく、14日間も警察に留置されたと主張するが、

③ アクソイ事件

こうした措置は、問題の地方に存在していた緊急事態の文脈で考えられるべきである。

そしてまた、これはクルド労働党及びその一派によりトルコに及ぼされた、国際的に認められた脅威により導びき出されたのである。そしてこの脅威は、トルコが5条3項に規定された保証を15条により停止しなくてはならない程のものである。

なおこの停止は、1992年5月5日、欧州審議会事務総長に通知した。

(29) ヨーロッパ人権裁判所の判例法によると、締約国は、緊急事態の存在と規模及びそれに対処するために必要な措置の評価について、広い裁量権を与えられている (Ireland v. U.K., Judgment of 18, January, 1978. A. 25, pp. 78, 79 参照)。

警察留置に関する措置は、個人の権利とテロリストの脅威の重大さの衡量による。しかるにテロ犯罪捜査は、特に難しいということは認められているのであるから、権利の停止の形式的実質的合法性は反駁できないのであり、その結果として、5条3項における争点の審理は求められない。

(人権裁判所における補足主張)

(30) 国内的救済を尽すことに関するルールは、明らかに国際法及び本条約の両機関の判例法により樹立されているのであり、明白に成功する機会が与えられていないというのでないならば、申立人はあらゆる国内的救済措置を利用するよう求められている。そして、実際上、申立人は、刑事告発、行政手続及び民事訴訟という、3つの異なるタイプの国内的救済措置を用い

2-1 国内的救済原則 (1) 〔26条〕

ることができた。

(31) 第1の選択肢に関しては、申立人は、1992年12月10日に会った検察官へ、申立てている虐待について訴えることができた。しかし彼は、そうしなかった。

刑法243条及び245条は、自白を得るために拷問や虐待を行うことに罰則を科している。なお、緊急事態の地方において、行政会議によりなされた命令を覆し、留置人の虐待の訴えなどに関し、治安警察などを相手に刑事手続を起こすよう命じた幾つかの判例を、提出する。

次に、第2の選択肢としての、トルコ憲法125条による行政的救済の存在を主張する。この条項により補償を受けるには、個人は、行政により犯された行為と被った権利侵害との間の通常の関係が存在することを示すことが、必要なだけである。行政代理人の重大な違法行為を証明することは、要件ではない。なお、これに関連し、警察留置中に拷問により死亡したため賠償を裁定した、行政による決定の例を呈示する。

加えて、第3の選択肢として、申立人は損害に対し民事訴訟を起こせる。なお、ここでも国内裁判所による幾つかの決定を示す。

よって、申立人は、26条に反し、国内的救済を尽すことに失敗した。

(32) 南東トルコには、「国民の生存を脅かす」公の緊急事態が存在する。なお、この争点については、申立人は争わなかった。

(33) 申立人は、緊急事態下の地方においては集団犯罪に関係した者を30日間まで留置することを許すトルコ法に従って、14

③ アクソイ事件

日間留置された（前述(13)参照）。

　申立人が逮捕されかつ留置された場所は、トルコの権利の停止によりカバーされる地域内である（前述(14)参照）。この権利の停止は、トルコ特に南東地方におけるクルド労働党のテロの程度及びその苛烈さから、必要かつ正当化された。人権裁判所が過去において認定したように、テロ犯罪捜査は、当局に特別の問題を与える。なぜならば、テロ組織の構成員は、尋問に耐える玄人であり、また、秘密のネットワークをもっている。近隣諸国からの戦略的技術的支援を得ているテロ組織に対峙する広い地域において、証拠を確保しかつ立証するには、多くの時間と努力が必要とされる。こうした様々の困難は、警察による容疑者の留置中司法の監視を提供することは不可能だということを意味する。

(34)　権利の停止及び国内法システムの両方が、人権保護のための十分な保障手段を提供していた。

　権利の停止自体が、テロリストに対する戦いのために必要とされる最小限に限定された。つまり、許される留置の長さは、法律で定められ、かつもしも警察がこれらの期間を超えて容疑者を留置したいと望む場合は、検察官の同意が必要である。

　拷問は、刑法243条により禁じられ（前述(19)参照）、また135条(a)は、拷問または虐待のいかなる形態によってであれその結果としてなされたいかなる陳述も、証拠としての価値はもたないと規定する。

2-1　国内的救済原則(1)〔26条〕

【人権委員会意見】

(35)　26条の文脈において、本件の状況下では、申立人が尽すことを求められている法的救済措置というものは存在しないので、本件申立てを受理する。

(36)　人権裁判所は、北アイルランドにおいて当時一般的であった特殊な状況をたとえ考慮に入れても、4日余りの抑留は、5条3項における「速やかに」の要件を侵害していると認定した(Brogan and Others v. U.K., Judgment of 29, November, 1988, A. 145-B, pp. 30-34参照)。従って、本件のような14日もの裁判官の面前に連れて行くことなくしての抑留は、「速やかに」の概念を満たさない。

　そこで、当委員会としては、この5条3項の潜在的違反は、15条に基づくトルコの1992年5月5日の権利の停止と合致するかどうかの問題に、目を向けなくてはならない。

(37)　当事者間において、南東トルコに国民の生存を脅かす公の緊急事態が存在することについては、重大な争いはない。この地方においてテロにより引き起こされた重大な脅威に関しては、当委員会としては、南東トルコには現実に国民の生存を脅かす緊急事態が存在すると、結論づけることしかできない。

　しかしながら、事態の緊急性が、本件では少なくとも14日間続いた最大30日間続く司法コントロールなしの警察勾留措置を、真に必要とするかどうかについては疑問が残る。

(38)　人権裁判所は、15条に基づく権利の停止が存在した北アイルランドの緊急事態の下では、7日間までの抑留は、事態の緊

③ アクソイ事件

急性についての厳格な要件を評価するに際し、締約国に与えられている裁量権を超えなかったと判示している（Brannigan and McBride v. U.K., Judgment of 26, May, 1993, A. 258-B, p. 56 参照）。

しかしながら、本件への適用に際しては、少なくとも14日間の抑留期間という前述の事件と比べかなり長い期間に、当委員会は直面している。

その上、前述の事件における重要な要素の1つは、北アイルランドに存在していた保護手段である（The Brannigan and McBride judgment, loc. cit., pp. 55, 56 参照、後述(55)）。そうした保護手段は、トルコには存在しなかったか、あるいは存在したとしても、当委員会に提示されなかったし政府により依拠されもしなかった。

(39) つまり、抑留者が利用可能な人身保護令状の速やかな救済措置も、また、弁護士、医者、友人あるいは家族に会うことのできる法的強制力をもつ権利も、ないように思われる。従って、個人は、本件がそうであったように、暴行陵虐が行われ得る期間中、外界からほとんど切り離されるであろう。

(40) こうした状況下では、トルコにおける重大なテロの脅威にもかかわらず、裁判官あるいは司法権を行使する他の公務員の面前に連れて行かれることなく、14日あるいはそれ以上申立人が抑留されることを許す措置というものは、政府の裁量権を超えているのであり、かつ事態の緊急性が真に必要とすると言うことはできない。

その結果、5条3項の「速やかに」の要件の遵守に失敗した

2-1 国内的救済原則(1)〔26条〕

から、申立人は同項違反を訴えることが正当化される。

結論として、5条3項違反が存在すると、結論する（15対1）。

(41) 警察留置における拷問の訴えは、自由を奪われた者の状態の悪化を監視し、警告を発し、または将来の訴えにおいて必要な証拠を証明するための、医者、法律家、家族、友だちといった者たちに面会することなく、外界から切り離される時、犠牲者にとり証明することは非常に困難である。そして、こうした困難さは、起訴に責任のある者たちが、自分たちに対し多くなされた拷問の訴えに目を瞑るようなやり方をするとき、より強くなる。

よって結局、6条1項に言う意味での賠償への民事上の権利を決定できる法廷を、申立人は効果的に利用することはできなかったと認定する。

(42) これらの状況下では、本件におけるような民事的性格の訴えに、6条によりより強い保護が与えられているから、13条により別途に審理することは必要ないと判断する。

よって、6条1項違反が存在するのであって、13条に基づく範囲の争点は出てこないと結論する（13対3）。

【人権裁判所判決】

〔予備的抗弁〕

(43) 当裁判所は、本条約のシステムにおいては、事実の確認及び立証は、第1に人権委員会の扱う事の1つである（28条1項及び31条）ということは、不変の判例法であるということを

③ アクソイ事件

思い出す。人権裁判所は、人権委員会の事実認定に拘束されず、入手したあらゆる資料に照らし独自の評価を行う自由を有してはいるが、裁判所がこの点において権限を行使することは例外的な場合においてのみである。

(44) 本条約26条に言及されている国内的救済措置を尽すという原則は、国際法廷に対し訴えを起こそうとする人々はまず初めに国内法システムに規定されている救済措置を用いることを、義務として負わせている。その結果締約国は、自国の法システムを通して事項を正しく直す機会を与えられる前に国際機関にその行動について答える義務は、免れられる。このルールは、本条約の規定が国内法に組み込まれているか否かを問わず、国内システムにおいて、本件の訴えのような違反に関し利用可能な効果的な救済が存在しているという、本条約13条に表わされている――それと非常に類似している――推定を根拠としている。こうして、本条約により樹立される保護の仕組みは、人権を保護するための国内システムに従属的であろうということは、この原則の重要な一面である。

(45) 26条においては、訴えられている違反に関し救済手続を与えるに十分な、利用可能かつ効果的な救済措置に対し、申立人が通常の請求権を有していなくてはならない。そして、当該救済措置の存在は、利用しやすさ及び実効性という必須条件を欠くことなく、かつ、理論上のみならず現実にも十分に確かでなくてはならない。

しかしながら、不適切でかつ効果的でない救済措置を用いる義務というものは存在しない。それに加え、26条が言及して

2-1 国内的救済原則(1)〔26条〕

いる「一般的に認められた国際法の原則」に従い、申立人が自由に使える国内的救済措置を尽す義務から彼を解除する、特別の状況が存在するかもしれない。また、本条約及び締約国当局による公式の許容度とは両立しがたい反復行為よりなる行政の慣行が存在することが示され、かつ、この慣行が、手続を進めることが無駄だったり効果がないという性質のものであるところでは、このルールは適用されない。

(46) この原則の適用に際しては、締約国が樹立に同意している人権保護のための仕組みの文脈において適用されるという事実を、適切に斟酌しなくてはならない。従って、当裁判所は、26条は、ある程度の柔軟性を持って、かつ、過度の形式主義を排し適用されなくてはならない、ということを認めている。そしてまた、措置を尽くすという原則は、絶対的なものでも果たまた自動的に適用され得るものでもない、ということも認めている。

この原則が遵守されてきたかどうかを再審理するに際しては、各々の個別の事件の特別の状況を考慮することが重要である。これはとくに、当該締約国の法システムにおいて公式の救済措置が存在しているということのみならず、申立人の個別個人的状況と同時に、これらの措置が作用する一般的な法及び政治の文脈を現実に考慮に入れなくてはならない、ということを意味する。

(47) 当裁判所は、国家の手先による抑留者の虐待に対し、トルコの刑事法、行政法、民事法による救済措置についての規定に特に留意し、また、政府から提供された似た事例を扱った判決

③ アクソイ事件

要旨を興味をもって調べた。しかし、上記(46)において既に述べたように、ここでは単に、国内的救済は一般的に効果的なものであるかとか適切であるかという問題に関心を持つのみならず、申立人は、国内における救済ルートを尽すために合理的に期待され得たあらゆることを行ったか否かを、本件の全ての状況から審理しなくてはならない。

(48) この審理のために、当裁判所は、本件における人権委員会の事実認定を受け入れると決定したことを、繰り返す。

人権委員会は、申立人は検事の尋問の際に両橈骨神経マヒ(とう)になっていたと、認定した。

当裁判所は、たとえ申立人が警察による留置での虐待を検察官に訴えなかったという事を受け入れたとしても、彼が負っていた怪我は、尋問中明らかに認識できたにちがいないと考える。しかるに検察官は、トルコ国内法では調査を行うことが義務であるにもかかわらず、その怪我について、その性質・程度・原因につき何ら質問しようとしなかった。検察官によるこの怠慢は、申立人が、何らの法的な又は治療上の助けも支援も受ける手段なく、少なくとも14日間警察に留置された後起きたことを喚起しなくてはならない。この時、申立人は、病院での手当を要するひどい怪我を被っていた。こうした状況のみでも、弱々しく無力で国家の代理人たちを恐れる気持ちが引き起こされることとなったであろう。検察官が、彼の怪我に気付いていながら何ら行動を起こさなかったのを見て、申立人が国内法のルートを通して満足のいく結果を望むことはできないと信じたとしたら、それはもっともと言える。

2-1　国内的救済原則(1)〔26条〕

(49)　それ故に、当裁判所は、申立人が国内的救済措置を尽す義務を免除される特別の状況が存在したと、結論する。この結論に到達したことにより、本条約に違反する救済を差し止める行政慣行が存在するという申立人の訴えは、審理する必要があるとは考えない。

　　　〔本案〕

　　（5条3項違反について）

(50)　当裁判所は、「国民の生存」に対する責任により、その生存が「公の緊急事態」により脅かされているか否か、そしてもしそうならばその緊急性を克服するためにはどこまで行動することが必要かを決めるのは、各締約国であることを確認する。危機に際しての差し迫った必要との直接かつ継続的な接触を理由として、国内当局は、そうした緊急性の存在に関しまたそれを防ぐために必要な権利の停止の性質及び範囲に関しての決定につき、国際裁判官よりも原則としてより良い立場に置かれている。従って、この事に関しては、国内当局に対し広い裁量権が任されなくてはならない。

(51)　とはいえ、締約国は、無制限の裁量権を享受することはできない。とりわけ締約国が、危機の「緊急性が真に必要とする限度」を超えているか否かを裁定するのは、人権裁判所である。従って、国内の裁量権は、ヨーロッパの監視により伴われている。この監視を行うに際し、人権裁判所は、権利の停止により影響を受ける権利の性質や緊急事態を引き起こす状況そしてその期間というような関連要因に、適切な重要性というもの

③ アクソイ事件

を与えなくてはならない。

(52) さて、当裁判所は、提示された全資料に照らし、南東トルコにおけるクルド労働党の活動の著しい広さ及び影響力は、当該地方において「国民の生存を脅かす公の緊急事態」を作り出していると考える。

(53) そこで、無監視での抑留の期間に関し、ヨーロッパ人権条約のシステムにおける5条の重要性というものを強調しておく（前述(21)、(32)、(33)参照）。

5条は主に、個人の身体の自由への権利に対する国家による恣意的な干渉から個人を守るという、基本的人権の1つを記している。個人の身体の自由への権利に対する行政権による干渉に対する司法コントロールは、専横の危険性を最小にしかつ法の支配を確実にするための5条3項に具体化された保証の、重要な特徴の1つである。その上、速やかな司法の介入は、当条約において絶対的かつ停止できないという表現で禁じられている重大な虐待を、見付け出しかつ防ぐことへと導びくであろう。

(54) 当裁判所は、――過去に何度も表明したように（前述 Brogan 事件参照）――テロ犯罪捜査は、確実に当局に特別の問題を提起するという見解を有してはいるが、司法の介入なく14日間容疑者を抑留することが必要だということを、受け入れることはできない。この期間は異常に長いのであり、身体の自由への権利に対する恣意的干渉のみならず拷問にも会いやすいという状態に、申立人を置いた。その上政府は、なぜ南東トルコにおけるテロとの戦いは、司法の介入を実行することをで

2-1 国内的救済原則 (1) 〔26条〕

きなくしているかについて、当裁判所に対し詳しい理由を引証しなかった。

(55) Brannigan 事件においては、当裁判所は、恣意的処遇と独房における抑留に対し、重要な保護措置を提供する効果的保護手段というものが北アイルランドにおいて効力を有していた、ということに満足した（前述(38)、(39)参照）。例えば、人身保護令状による救済措置が、元来の逮捕抑留の合法性を判断するのに利用できた。また、逮捕から48時間後に、弁護士に相談する絶対的かつ法的に強制できる権利が存在した。そして抑留者は、抑留を親類または友人に告げかつ医者に見てもらう権利を有していた。

しかしながらこれと対照的に、本件では、長期間抑留された申立人に、不十分な保護手段しか与えられなかった。特に、弁護士、医者、親類あるいは友人に会うことは否定され、かつ抑留の合法性を判断するために現実に裁判所へ引き出される可能性は何らなかったということは、申立人がまったく抑留する者の為すがままであったことを意味する。

(56) 当裁判所は、南東トルコにおけるテロ問題が確かに重要であること、そしてそれに対し効果的な措置を取ることについて国が直面している困難というものは、斟酌する。しかし、この事態の緊急性が、裁判官あるいは他の司法公務員に会わせることなく、テロ犯罪に加担した疑いで申立人を独房に14日間あるいはそれ以上抑留することを必要としたということには、納得しない。

(57) 結論として、当裁判所は、5条3項違反が存在したと認定

③ アクソイ事件

する（8対1）。

（13条違反について）

⑸⑻ 当裁判所は、13条は、国内法秩序においていかなる形によってであれ確保されている、本条約の権利や自由の趣旨を実現するために、救済の国内レベルでの有効性を保証するものと認める。従って、締約国には本条項における義務に従う方法について若干の裁量が与えられるとはいえ、本条項の効果は、権限を有する国家当局に対し、関連の条約上の訴えの実体を扱いかつ適当な救済を与えるということを許す国内的救済措置を備えることを、求めることである。

⑸⑼ 13条における義務の範囲は、本条約に基づく申立人の訴えの性質により異なる。しかしそれにもかかわらず、13条により求められる救済は、法律上も実際上も、特に救済措置の行使が、被告の立場にある締約国当局の作為・不作為により弁解できない程妨げられてはならないという意味で、「効果的」でなくてはならない。

⑹⓪ 本条約3条に保証されている権利の性質は、13条に含まれているものを有している。拷問の禁止の基本的な重要性と特にこれの犠牲者の弱い立場を考えると、13条は、国内システムの下で利用できる他の救済措置への権利を侵すことなく拷問事件につき完全にして効果的な調査を行う義務を、締約国に課すと解することができる。従って13条に関しては、締約国の手先により拷問されたと個人が訴えている場合、「効果的な救済措置」という概念は、適当な賠償の支払いに加え、責任ある者

2-1　国内的救済原則⑴〔26条〕

の特定と処罰をもたらすことを可能にする捜査手続へ効果的に接するということを含む、完全にして効果的な調査を必然的に伴う。

　本条約には、拷問等禁止条約12条に見られるような、拷問行為が行われたと信ずるに足る合理的な根拠があるときはいつでも「迅速かつ公平な」調査を行う義務を課す明示の条項は存在しない、ということは事実である。しかし、当裁判所の見解では、そうした要件は、13条による「効果的な救済措置」の概念中に内在している。

(61)　実際トルコの法律によると、検察官には調査を行う義務があった。しかしながら、検察官は、拷問されたという目に見える証拠を無視し、何らの調査も行わなかった。検察官が申立人の怪我に気付いたにもかかわらず、何らかの行動を取ったことを示す証拠は当裁判所には引証されていない。その上当裁判所の見解では、申立人の事件の状況では、刑事犯罪を捜査する義務がある国家公務員のこうした態度は、存在する他のいかなる救済措置の実効性というものも傷つけるに等しい。

(62)　従って、とくにいかなる調査も行われなかったことを考慮して、当裁判所は、本件申立人は、拷問の訴えに関し効果的な救済を否定されたと認定する。

　　結論として、本条約13条違反が存在している（8対1）。

(63)　なお、本件では、前述のように、国内的救済措置を尽すことに関する予備的抗弁は、却下された。そして、3条についても、権利侵害があったと判示され、6条1項については検討する必要はないと判示された（8対1）。

③ アクソイ事件

【個別意見】

(64) 国内的救済措置を尽すというルールとの関係では、被告政府が国内的救済措置の存在を指摘している場合には、立証責任は申立人に降りかからなくてはならない。よって、申立人は、当該地方の当局が、申立てに伴う適切な手続を行おうとすることを邪魔させたということを、証明することを求められるべきである。しかるに、そのための何らの証拠も、申立人は引証していない。

(65) 従って、26条の要件は充たされていないから、当裁判所は、国内的救済を尽していないという点に関する被告政府の予備的抗弁を、支援するべきであった。

2-2 国内的救済の原則(2)〔26条〕

> ### ④ アクディヴァル事件
> —— **Akdivar and Others v. Turkey**
> (Application No.21893/93) ——
>
> Judgment of 16, Sep., 1996. I BHRC (1996), 137.

【事　実】

(1) 1992年11月10日及び1993年4月6日、南東トルコのある村が攻撃され、家々は焼かれ村はほとんど破壊された。

(2) 申立人は、この攻撃は国家秘密警察により行われたと主張し、政府は、クルド労働党に責任があると主張した。

(3) 最初の事件は、地方の検事正に報告されたが、当局は自ら捜査を行おうとせず、また、いかにして補償金を得るかについて村人に助言をしなかった。

(4) 報復を恐れ、かつ、緊急事態命令により、国家秘密警察による犯罪行為に関しては補償の訴えは行政裁判所に歓迎されないと信じ、申立人は、国内裁判所に補償の申立てを行わなかった。その代わり、本条約8条（プライバシーを尊重される権利）、14条（非差別の権利）などについて違反したとして、1993年5

2-2　国内的救済の原則(2)〔26条〕

月3日にヨーロッパ人権委員会へ申立てを行った。
　なお、この申立ては受理され、本件は人権裁判所へ付託された。

【申立人主張】

(5)　村々は、クルド労働党に隠家を提供したと見做され、時には家を焼かれたり強制退去させられた。この政策は、国家の最高機関の許すものの1つとして行われた。従って、いかなる救済措置も幻想にすぎず、これらを不適切かつ効果のないものとする行政慣行が存在した。政府が、この慣行に終止符をうつために進んで何らかの措置を行わない以上、犠牲者は効果的な救済措置を有することはできない。

【政府主張】

(6)　申立ては、26条により求められている国内的救済措置を尽すことに失敗したから、却下されるべきである。申立人は、関連する国内的救済措置を尽すことに失敗したのみならず、そうしようとするいかなる試みさえ行わなかった。補償についてのいかなる申立ても請求も、トルコの法廷には付託されていない。従って、司法当局は、トルコ国内法により付与されている補償に関する手続法及び実体法の条項を実施する機会を奪われた。

【人権裁判所判決】

(7)　本条約26条に言及されている国内的救済措置を尽すという

④ アクディヴァル事件

原則は、国家に対する事件を国際法廷に付託しようとする人々は、まずその国の法システムにより与えられる救済措置を用いることを義務づける。その結果、国家は、自国の法システムを通して事態を正す機会を有する前に事件について国際機関において答える義務は、免除される。この原則は、13条に表わされている——本条に非常に類似している——本条約の条項が国内法に組み込まれていようといまいと国内システムにおいて申立てられた違反に関し効果的な救済が与えられる、という仮定に基づいている。本条約により樹立される保護の仕組みは、人権を保護する国内システムの補従的なものであるということは、この原則の重大な一面である。

(8) 26条の下では、申立てられている違反に関し救済を与えるために利用可能でかつ十分である救済措置に対し、通常の償還請求権が申立人に与えられていなくてはならない。問題となっている救済措置の存在は、理論上のみならず実際上も十分に確かなものでなくてはならないのであり、それがない場合には、こうした救済措置は、必要とされる利用しやすさ及び実効性というものを欠くであろう。

(9) 26条はまた、その後ストラスブルグに対し行おうと意図された訴えは、適切な国内機関に対し、少なくとも事実上国内法に規定されている公式の要件及び期間制限を充たし行われるべきであること、そしてまた、本条約違反を防ぐであろういかなる手続上の手段も用いられるべきであることを、求めている。

(10) しかし、不適当なもしくは実効的でない救済措置に頼る義務はない。加えて、「一般的に認められた国際法の原則」に従

2-2　国内的救済の原則(2)〔26条〕

って、申立人が自由に使える国内的救済措置を尽す義務を免れる特別の事情が、存在するかもしれない。この原則はまた、本条約と適合しない行為の反復よりなる行政慣行と、国家当局による公式の容認が存在することが証明され、それが諸手続を役に立たぬものか果たまた効果のないものとするような性質のものであるときは、適用されない。

(11)　国内的救済措置を尽すという分野には、立証責任の分担の問題がある。救済措置は、問題の時に、理論上も実際上も利用可能な効果的なものであったということ、言い換えれば、訴えることができ、申立人の訴えについて補償を与えることができ、かつ、成功の合理的な見込みを提供するものであった、ということを当裁判所に満足させることは、措置を尽していないと主張する政府の側の責任である。

しかし、この立証責任が満足させられるや否や、政府により主張された救済措置は事実上尽されていたのか、何らかの理由で当該事件の特別の状況において不適当かつ効果的ではないものだったのか、果たまた要件を充たす義務を免除する特別の事情が存在するのかを立証することは、申立人側の責任となる。

ただし、例えば当局が捜査を行うとか支援を申し出るということに失敗したというような、国家の手先による違法行為とか危害を受けたとする重大な訴えに直面したときは、国家当局が全く受け身となり続ける理由の1つとなろう。そうした情況においては、立証責任は再び所を変え、訴えられている事件の規模及び深刻さに応じて、何を為したかを証明することが政府の義務となる。

④ アクディヴァル事件

(12) この原則の適用は、締約国が設立に賛同している人権の保護のための仕組みの文脈において適用されるという事実に、十分斟酌しなくてはならない。従って、26条は、過度の形式主義を排し、若干の柔軟性をもって適用されなくてはならない。この原則は、絶対的なものでも、また、あえて自動的に適用されるものでもない。遵守されているか否かを審査するには、個別の事件の特定の事情を考慮することが重要である。このことはとくに、当該締約国の法システムにおける公式な救済措置の存在についてだけでなく、申立人たちの個人的事情のみならず、これらの措置が作動する一般的な法的かつ政治的文脈についても、現実的な考慮をしなくてはならないということを意味する。

(13) 当裁判所は、以上より、当申立ては、国内的救済措置を尽すのに失敗したとして却下することはできない、と結論する。

　よって、国内的救済措置を尽すことに関する、予備的抗弁を棄却する（19対2）。

(14) なお、8条違反が存在した（19対2）。

　14条については、違反は存在しなかった（全員一致）。

3-1 拷問等の禁止(1)〔3条〕

> ## ⑤ ゾーリング事件
> —— **Soering v. U.K.** (Application No. 14038/88) ——
>
> Decision of the Commission on 10, November, 1988.
> Judgment of 7, July, 1989. A 161

【事　実】

(1) 申立人は、1966年8月1日生れの18歳のドイツ国民であり、目下米国ヴァージニア州での謀殺の罪で起訴するために米国へ引渡されるのを待つため、イングランドの刑務所に抑留されている。

(2) 問題となっている殺人は、1985年3月ヴァージニア州ベッドフォード郡で発生した。犠牲者は、申立人のガールフレンド(20歳)の両親であった。事件後申立人とガールフレンドは、ヴァージニアから姿を消し、その後、小切手詐欺に関連して、1986年4月イングランドで逮捕された。

(3) 申立人は、イングランドにおいて、ベッドフォード郡保安官事務所の警察捜査官の訪問を、1986年6月5日から8日にかけて受けた。なお、1986年7月24日付け宣誓書には、この捜査官及び英国の警察官2名を前にして申立人が殺人を認めた

3-1 拷問の禁止⑴〔3条〕

と、この捜査官により記されている。

(4) 1986年6月13日、ベッドフォード郡巡回裁判所大陪審は、申立人を謀殺の罪で起訴した。

(5) 同年8月11日、米国政府は、申立人及びそのガールフレンドの引渡しを、英国との間に結ばれた1972年逃亡犯罪人引渡し条約に基づいて、要求した。

同年9月12日、英国ボウストリート治安判事裁判所治安判事は、内務大臣から、1870年逃亡犯罪人引渡し法8条に基づき、申立人の逮捕状を出すよう求められた。

そこで、申立人は、小切手詐欺罪の刑期を終えた後、ケムスフォード刑務所において、同年12月30日再逮捕された。

(6) ワシントン英国大使館は、米国当局に対し、1986年10月29日、以下のような要請をした。

英国において死刑は廃止されていることから、当大使館は、逃亡犯罪人引渡し条約に従い申立人が引渡され、起訴されている犯罪で有罪となる場合において、死刑はもしも科されたとしても実行されないであろうことの保証を得るよう、本国政府より指図を受けている。

もしもそのような保証を与えることは、米国政府にとり憲法上不可能であるならば、英国当局としては、適切な関係機関に対し、死刑は科せられてはならないことあるいは科せられたとしても執行されるべきではないことを、米国政府が勧告することを約束するよう求める。

(7) 1987年6月1日、ベッドフォード郡の検事は、以下のような宣誓を行った。

⑤ ゾーリング事件

　私はここに、申立人が、ヴァージニア州ベッドフォード郡で起訴されている死刑を科し得る殺人の罪で有罪とされるならば、刑の求刑がなされる時に、裁判官に対し、死刑は科されるべきでもまた執行されるべきでもないというのが英国の望みであるという表明が英国の名においてなされる、ということを保証する。

(8)　この保証は、外交上の覚え書きとして、英国政府に伝達された。

　なお、この手続中に、ヴァージニア州当局は、英国政府に、前述の検事はこれ以上の保証を提供するつもりはなく、申立人の事件に対して証拠からいって死刑を求めようとするだろう、と知らせてきた。

(9)　1987年6月16日、ボウストリート治安判事裁判所で、陪審審理付託決定手続が行われた。

　米国政府は、1985年3月30日夜、申立人がベッドフォード郡の犠牲者の家でガールフレンドの両親を殺したという証拠を提出した。特に、郡警察捜査官により宣誓書に記録されているものとして、申立人自身の自白が証拠として提出された（前述(3)参照）。

　申立人のために精神科医より提出された精神分析の結果によると、申立人は未成熟かつ世間知らずであり、ガールフレンド——精神力が強く、説得力ある、神経症の若い女性——との共生関係において、自分自身の独自性を失った、と結論している。

　しかし治安判事は、この精神科医の証拠は決定すべきいかな

3-1　拷問の禁止 (1)〔3 条〕

る争点とも関連性がないと認定し、大臣による米国への帰還命令を待つために、申立人の収容命令を出した。

(10)　1987 年 6 月 29 日、申立人は、拘留に関する人身保護令状を求め、かつ司法審査申立ての許可を求め、合議法廷 (Divisional Court) に申立てを行った。しかし、これらの申立ては、12 月 11 日退けられた。

　なお、司法審査の申立て許可は、その訴えは時期尚早として退けられたが、そこで裁判官は、以下のように述べている。

　大臣は、米国よりの保証を満足のいくものとして受け入れるか否か未だ決定していないし、また、疑いもなく、申立人の引渡しのための令状を出すべきか否かも決定していない。現時点と当時の間には、他の諸要因が介在するであろう。当法廷は、決定がなされる以前に行政による決定を審査するという立場に己れ自身を置くことは、決して許さない。

(11)　1988 年 6 月 30 日、貴族院は、合議法廷の決定に対する申立ての許可を求める申立人の訴えを、却下した。

(12)　同年 7 月 14 日、申立人は大臣に対し、1870 年逃亡犯罪人引渡し法 11 条に基づき、申立人の引渡し命令を出さないよう大臣の裁量権を行使することを求める訴えを行った。

　この要求は却下され、同年 8 月 3 日に大臣は、米国当局に申立人を引渡す命令書に署名した。

　しかしながら申立人は、まずヨーロッパ人権委員会次いで同裁判所による、現在進行中の法廷手続に関して示されている仮保全措置により、米国へは移送されていない。

⑤ ゾーリング事件

(英国における関連国内法及び実務)

⒀　イングランドにおいては、謀殺は終身刑である。死刑は、謀殺に科すことはできない（1965年謀殺〔死刑廃止〕法1条）。1957年殺人法2条は、人が他人を殺すとき、精神の異常（精神の未発達とか、何らかの生れつきの原因あるいは病気や怪我により引き起こされた）をきたしているならば、十分に殺人行為に対する精神的責任を減ずるから、謀殺の判決を宣告されてはならない、と規定する。この条項がなければ謀殺の判決を宣告される責任を免れない人は、故殺の宣告を受ける責任がある。

⒁　イングランドの裁判所は、本件法廷手続には重要でない幾つかの事件における例外を除き、外国での外国人の行為に関し刑事管轄権を行使しない。

⒂　逃亡犯罪人引渡しに関する関連一般法は1870-1935年逃亡犯罪人引渡し法に含まれている。

　英国と米国との間の逃亡犯罪人引渡しについての取極めには、1972年6月8日両政府が署名した逃亡犯罪人引渡し条約、1982年6月25日に署名された補足条約、及び補足条約を修正した1986年8月19日及び20日付けの交換覚え書きが適用される。

　なお、これらの取極めは、枢密院令（勅令）により、英国の法律に組み込まれている。

　犯罪人引渡し条約1条によって、「各締約国は、置かれた状況の下でかつ当条約に詳細に述べられている条件に従って、他方締約国の管轄内において犯した何らかの犯罪で訴追されてい

3-1 拷問の禁止(1) 〔3条〕

るかあるいは有罪とされている者を、その領土内で発見した場合、相手国に引渡す義務を負う。」

⒃　犯罪人引渡し要請を受けた後、内務大臣は、命令により、治安判事に逃亡犯罪者の逮捕状を発行するよう求めなくてはならない（1870年犯罪人引渡し法7条及び8条）。

⒄　1870年引渡し法11条は、拘留手続において採られた決定は、ヘイビアス・コープスの申立てという方法で争われ得る、と規定する。

　その上、同条により、内務大臣は、引渡し令状に署名しないという裁量権を有する。この裁量権は、逃亡者は引渡されるべきとする裁判所の決定を覆すことができる。そしてどの囚人にも、その目的のために内務大臣に請願するために、ヘイビアス・コープスの申立てという方法で救済措置を尽す道が開かれている。

　加えて、囚人には、内務大臣の請願拒否の決定及び司法審査手続における令状に署名する決定の両方を争う道が、開かれている。こうした法廷手続において、裁判所は、内務大臣の裁量権の行使は、違法性、不合理性または手続上の不適当性により悪影響を受けていることを根拠として、これらの再審理を行い得る。

⒅　「不合理性」は、いわゆる合理的さに関するの"Wednesbury原則"（Associated Provincial Picture Houses Ltd. v. Wednesbury Corporation〔1948〕1 King's Bench Report 223）に述べられている、行政法の諸原則を基礎として判断される。

　犯罪人引渡し事件における基準は、合理的な内務大臣は、そ

⑤ ゾーリング事件

の状況下で送還命令を出すことはできない、というものであろう。つまり、引渡しを求めている国により行われたいかなる保証に関してであれ内務大臣が置く信頼は、そうした信頼が「合理的さ」の範囲内にあるか否かの判断を許されるであろう。

英国政府によると、同じ原則に基づき、事件のあらゆる事情を考慮すると合理的な内務大臣ならば採り得ないような決定であるということを理由として、裁判所は、非人道的あるいは品位を傷つける扱いの重大な危険が存することが認定された国へ逃亡者を送るという、争われている決定を破棄する権限を有するであろう。

ただし、裁判所は、ヨーロッパ人権条約違反が存在するか否かを考慮することに失敗したというだけの事実を理由として、内務大臣の決定を審理することはできない。

(19) 死刑に関連しては、犯罪人引渡し法には何の条項もない。しかし、英国-米国条約4条は、以下のように規定している。

「もしも、引渡しを請求されている犯罪が、請求国の関連法においては死刑により罰すべきであるが、請求された締約国の関連法には類似事件に対する死刑の規定がないならば、請求国が、請求されている締約国に対し、死刑は執行されないであろうことの満足のいく保証を与えない限り、引渡しは拒否され得る。」

(20) 死刑にし得る罪に直面する引渡しを米国より請求されている逃亡者の事例では、英国-米国犯罪者引渡し条約4条により、死刑が科せられるべきでも宣告されるべきでもないというのが英国の望みであるということを、刑の宣告時に代理人により裁

3-1　拷問の禁止⑴〔3条〕

判官に対し告げられるという点について、関連検察当局から保証を得ることは、米国国務省長官の仕事である。

　しかしながら、そうした保証の実効性が試されたことは、1度としてなかった。

　〔ヴァージニア州関連法〕

(21)　殺人に関連する定義及び格付けと殺人に対する刑の宣告には、1950年ヴァージニア法典が適用され、州及び連邦裁判所で決定される。

(22)　クラスⅠの重罪犯罪者に対する処罰は、「死刑又は無期刑」である（ヴァージニア法典18.2-10(a)条）。

　死刑に値する殺人の裁判を含むほとんどの重罪犯罪裁判においては、被告人は、陪審付き裁判を保証されている。被告人はこの権利を放棄し得るが、めったに放棄しない。

(23)　ヴァージニアにおける死刑に値する殺人事件での刑の宣告手続は、有罪決定とは別の手続である。死刑に値する殺人で有罪を決定した後、同じ陪審又は裁判官単独で、直ちに刑罰に関する証拠を審理する手続に入る。

(24)　検察が、法定上の一層罪を重くする事情――将来の危険又は悪質さ――の少なくとも1つの存在について、合理的な疑いを超えて証明しないならば、死刑宣告はできない。

　「将来の危険」は、被告人が「社会への継続する重大な脅威」となるというような、将来において「犯罪的暴力行為」を犯す可能性が存在する（ヴァージニア法典19.2-264.2条）ところに存在する。

⑤ ゾーリング事件

「悪質さ」は、「犠牲者への拷問、精神の堕落又は加重暴行傷害を含む暴虐又は気まぐれ的に悪質な、ぞっとするようなあるいは冷酷な」（ヴァージニア法典、同上）犯罪であるときに、存在する。

⑵⑸ 成年——18歳である——に達した若者に死刑を科すことは、ヴァージニア法典では排除されていない。

⑵⑹ もしも陪審員が全員一致でないならば、死刑でなく無期刑が宣告されなくてはならない（ヴァージニア法典19.2-264.5条）。

⑵⑺ 死刑の宣告に続いて、事実審裁判官は、被告人の歴史及び他のあらゆる関連事項についての詳細な捜査報告書の準備を命じなくてはならない。この報告書を考慮しかつ示された十分な理由に基づいて、裁判官は、死刑宣告を無効にして無期刑を科すことができる（ヴァージニア法典19.2-264.5条）。

⑵⑻ ヴァージニア法は、一般的に限定責任能力の抗弁を認めない。

⑵⑼ 犯罪時における精神障害の抗弁は、ヴァージニアでは抗弁の1つとして認められていて、もし成功したならば有罪判決の阻却事由の1つである。

死刑に値する殺人の事件では、犯罪実行時の被告人のあらゆるレベルの精神病を含む精神状態は、刑の宣告時に減刑事由の1つとして、申立てられ得る。

⑶⑽ ヴァージニア最高裁判所は、被告人による申立てに関係なく、死刑宣告が出されたら事件はみな自動的に審理する。

囚人は、ヴァージニア最高裁判所の決定についての裁量上訴

3-1 拷問の禁止(1)〔3条〕

を求めて、連邦最高裁判所に申し出られる。

(31) ヴァージニアにおける判決と死刑の執行の間の平均年月は、1977年から行われた7件の死刑執行の事例を基に計算すると、6年から8年である。遅れは主に、既決囚のできる限り上訴手続を長びかせようとする戦略による。

　合衆国最高裁判所はまだ、「死刑執行待ち現象」についても、また特に合衆国憲法修正8条における「残酷で異常な刑罰」の禁止と衝突するか否かについても、検討したことも判決を下したこともない。

(32) 犯罪人引渡しに関する事柄についての英国と米国の関係は、連邦当局により指導されかつ処理されるのであって、州当局によるのではない。しかし、州法違反の犯罪について、ある特定の引渡し事件で死刑は科されないであろうとか執行されないであろうという保証を与えるということについては、連邦当局は法的拘束力を有していない。そうした事件では、権限は州にある。もしも州が死刑に関し約束を与えることを決めるならば、米国政府は、州の約束は守られるであろうということを、引渡しを行う政府に保証する権限を有している。

　ヴァージニア当局による証拠によれば、ヴァージニアの死刑宣告手続と特に刑の宣告後の報告書（前述(27)参照）に関する条項は、刑の宣告を行う裁判官が、ベッドフォードの検察官により与えられた保証に従って、英国政府のために行われた表明を考慮することを、許すであろう。加えて、知事にとって、温情を求める英国政府の望みを考慮に入れることに、道が開かれ得るであろう。

⑤ ゾーリング事件

(33) 1988年7月8日に、本件は、ヨーロッパ人権条約25条に基づき、人権委員会に対し申立てがなされた。

【申立人主張】

（人権委員会における主張）

(34) まず、3条に関して。
　もしも、米国に犯罪人として引渡されたならば、死刑宣告をされ、そのため付随的な州及び連邦の上訴手続を尽すのを待ちかつ刑務所で処刑を待つために、長い時間を過ごすことになる危険に直面するとして、3条による訴えを行った。
　死刑自体が、3条違反になるとは主張せず、その訴えを、「死刑執行待ち現象」(death row phenomenon)に曝される危険性に限定した。
　ヴァージニアにおける死刑執行の異常な遅れは、3条に反し非人道的かつ品位を傷つける取扱い及び刑罰となる、と主張した。

(35) 政府は、申立人は犯罪実行時に精神障害であったから死刑の宣告は受けないであろうという。しかし、申立人が死刑を言い渡されるであろう著しい危険というものが、存在している。申立人が、抵抗できない衝動に服していたとか、善悪の判断能力が損なわれていたというような、犯罪実行時に精神障害であったとする医療証拠は存在しないから、精神障害であったとの抗弁は使うことはできない。
　むしろそれよりも、犯罪を犯した時の申立人の精神的能力、

3-1 拷問の禁止(1)〔3条〕

たとえば自己の行為に対する責任能力は、その後に診断された「感応精神病」(folie à deux) を理由として、実質上減らされた。責任能力が減少したという抗弁は、ヴァージニア法においては、申立人に門戸が開かれていなくて、裁判官も陪審もそれを斟酌することは義務づけられていない。

(36) ベッドフォード郡の検事による保証は、実効性がない。これは、逃亡犯罪人引渡し条約4条における得ることのでき得る最善の保証ではない。そして、死刑が求刑されないより効果的な保証というものが、権限ある米国当局により与えられた連邦の事件とフロリダ州の事件を例示する。また、刑の宣言を行う裁判官は、ヴァージニア法においては、そうした意見の表明（英国政府の名において、死刑が科せられないか執行されないことが、英国の望みであるとの）を顧慮することが可能であるという点を争う。そもそもこうした考慮は、重大な憲法上の争点を生じさせるであろう。要するに、こうした保証は、価値がない。

(37) 本件の事情においては、「死刑執行待ち現象」は、非人道的かつ品位を傷つける取扱い及び刑罰となる。特に上訴システムにおける遅延に関して、年齢及び精神状態は、刑を決めること及び「死刑執行待ち」の抑留の状態などにおいて、斟酌されないであろう。

(38) 犯罪を犯した時は、申立人は18歳にすぎず、かつ精神異常ではないとはいえ量刑に当り斟酌されるべき精神的無力に苦しんでいた。申立人の精神状態は、死刑という刑罰に対しいかなる防禦を行う余裕もないし、また、こうした事件で、裁判官や陪審が死刑を科すことを防げる法原則は、存在しない。

⑤ ゾーリング事件

(39) 死刑執行待ちでの抑留の現実の状況は、その性質上苛酷である。独房は小さく、レクリエーション時間は平均週たった6時間である。また、刑務所内の移動時の、死刑囚に対する極端な警備にも言及しておく。

(40) 6条に関して。
ヴァージニア法においては、ヴァージニア州最高裁判所への自動的上訴に伴う付随的な州及び連邦への上訴手続に資金を提供する法律扶助がないから、条約6条3項(c)に違反する。

(41) 最後に、13条に関し、
申立人は死刑を言い渡されそうだし、また、「死刑執行待ち現象」の対象となりそうだから、ヨーロッパ人権条約3条における訴えに関し、効果的な救済手段を有していない。
内務大臣は、効果的な救済措置となるに十分な独立しかつ公平なものと見做すことはできない。その上、大臣の決定についての司法審査は、大臣が合理的に行動したかどうかの問題に限定されていて、その決定が条約と適合しているかどうかの問題に限定されない。

（人権裁判所における補足主張）

(42) 内務大臣における米国当局へ申立人を引渡すという決定は、もし執行されたならば英国による条約3条違反を引き起こす。

(43) 訴えている違反は、いわゆる「死刑執行待ち現象」に申立人を曝すことから派生する。この現象は、死刑を科し得る謀殺の罪でヴァージニアに引渡された後に、もしも死刑宣言がなされたならば申立人が曝されるであろう複合的状況よりなるもの

3-1 拷問の禁止(1)〔3条〕

として、説明され得よう。

(44) 人権委員会の報告の中で（後述(58)参照）、同委員会は、「個人の国外追放または逃亡犯罪人引渡しは、受け入れ国においてその者が3条に違反する取扱いの対象となるであろうと信ずる重大な理由が存在する場合には、同条項の争点を生じさせるであろう、との同委員会の判例法」を再確認している。

　3条は、締約国に対し、その管轄内において非人道的若しくは品位を傷つける取扱い若しくは刑罰を引き起こすことを禁ずるのみならず、他国によりそうした取扱いや刑罰をうけるであろう立場に人を置かないという、これと関連した義務を具体化するものである。少なくとも3条に関する限り、申立人が享受するであろう安全策が、条約の基準と同じくらい効果的であることの確信なくして、条約の保護の枠外に引渡されないであろう。

(45) 大臣による米国へ送り返すという決定の実行の結果として申立人が曝されるであろう状況、すなわち「死刑執行待ち現象」は、累積的に引渡しが3条に反するであろう深刻な取扱いとなる。特に、その期間中に申立人が増大する緊張と精神的外傷を被るであろう上訴手続の遅れと死刑宣告に続く再審理手続を例証する。そして、刑を決定する時に、裁判官も陪審も、犯罪実行時の被告人の年齢と精神状態を考慮に入れる義務というものは無いこと、死刑執行待ちのため将来抑留されるところの非常に劣悪な状況、そこでは、年齢、ヒフの色そして国籍のため、暴力と性的陵辱の犠牲者となるであろうこと、そして、死刑執行の儀式を含む死刑執行自体の、絶え間なく続く恐怖につ

⑤ ゾーリング事件

いて述べた。

【政府主張】

（人権委員会における主張）

(46) まず、3条に関して。

申立人は、現実には死刑の危険はない。第1審裁判官は、死刑が科せられないかあるいは執行されるべきではないという、英国政府の望みを知らされるであろうとの州検事から与えられた保証を、指摘する。加えて、刑の宣告を行う裁判所は、申立人の年齢、当該犯罪を犯したときの精神状態、学業成績及びそれまでの犯罪歴のないこと、というような重要な刑罰軽減事由を考慮に入れ得る。

(47) 申立人は、犯罪実行時に精神障害であったこと、つまり、抵抗できない衝動に駆られ犯罪を犯したことを証明し得るであろうから、死刑判決はうけそうもない。精神障害という抗弁は、ヴァージニア法においては、謀殺での起訴にとり完璧な抗弁である。加えて、別々の刑の宣告手続において、裁判官と陪審により考慮に入れられなくてはならない減刑事由として、犯罪時の申立人の年齢、優秀な学業成績、犯罪歴のないこと、そして犯罪実行時の精神状態を、指摘する。

たとえ陪審はこれらの要因に説得されないとしても、申立人の背景に関する報告書を考慮後に刑の宣告を行う裁判官により、これらは斟酌されなくてはならない。裁判官は、死刑を破棄し終身刑を科すであろう。

3-1 拷問の禁止(1) 〔3条〕

⑱ 死刑は科せられるべきでも執行されるべきでもないとの表明が、刑の求刑を行う時に裁判官に対し行われるであろうとの、米国の権限ある当局（ベッドフォード郡検事）よりの逃亡犯罪人引渡し条約4条のいうところの保証を受けとっているから、申立人は死刑を科せられることはないであろう。

　知事も検事総長も共に、検察官や第1審裁判所に対し、審理されるべき起訴事実あるいは科せられるべき刑の宣告について命ずることはできないから、これがヴァージニア法において申立人が得ることのできる最善の保証である。その上、得られた保証は裁判官を拘束しはしないけれども、条例により、裁判官はこの表明を斟酌する義務がある。従って、望ましい効果となるであろう。

⑲ 保証は、米国との逃亡犯罪人引渡しの関係についての外交の文脈で考えなくてはならない。この関係は、もし死刑が科されたならばひどく傷つけられであろう。その上、たとえ死刑が科せられたとしても、米国同様被告国も、その執行を防ぐためにできる限りの影響力を行使するであろう。

⑳ 意図的な遅延戦術と共に、上訴への道を利用することによる遅延が存在している限り、こうした遅延は3条違反とはなり得ない。

㉑ 次いで13条に関して。

　まず、申立人の3条における訴えは、「論証し得」（arguable）ないから、13条は適用がない。

　その上、条約違反が起きそうかどうかという点及び付与されるべき救済措置の性質の両方において、国内当局に潜在的な困

⑤ ゾーリング事件

難をもたらすから、3条は条約のこれから起きるであろう違反に関しては、適用されない。

　最後に、国内裁判所は、申立人が3条に違反する取扱いに曝されるかもしれないということを根拠として、大臣による裁量権の行使を審査することはできないという点は認める。しかし、3条は、単独であるいは全体として採られた以下の救済措置、すなわち人身保護令状による行動、大臣への請願、そして大臣の決定の司法審査により、充たされる。

（人権裁判所における補足主張）

(52) 3条は、締約国にその管轄外で起きた行為について責任を負わせるようには、解釈されるべきではない。特に逃亡犯罪人引渡しには、引渡された者が引渡し国の外で被るであろう、非人道的若しくは品位を傷つける取扱い若しくは刑罰に対する、引渡し国の責任を含まない。逃亡犯罪者に引渡すことにより、引渡し国は、受け取り国におけるその後の有罪判決によるいかなる取扱いまたは刑罰にも、その者を「服させる」のだと判断することは、3条の文言を耐えられない程に曲解することになろう。

(53) 人権委員会の手法（注(45)及び(58)参照）に対しての更なる議論は、以下のようなものである。

　それは、国際条約上の権利に対する干渉である；国際司法手続の規範と衝突することになる。そして結果的には、条約の締約国でない外国の国内問題あるいは条約上の機関の法廷手続に対する判決を含む；性質の異なる法システムと外国における諸

3-1　拷問の禁止(1)〔3条〕

条件の審理を求めることについての評価と証明について、非常な困難を必然的に伴う；国内裁判所及び国際社会の実行が支持するということを、合理的に期待し得ない；保護される者を匿まうことを義務づけられ、かつ逮捕されず処罰されずかつ公判に付されないままに犯罪者をしておく締約国に、重大な害を引き起こす危険を生じさせる。

(54)　しかし、逃亡犯罪人引渡し事件における3条の適用は、国外における取扱いまたは刑罰が確実で、差し迫っていて、かつ重大である場合に限られるべきである。つまり、定義すると、訴えられている事柄は、逃亡犯罪者を裁判にかけることに存在する全ての国家の共通かつ正統な利益と共によって予測されるだけであるという事実は、虐待は現実に起きるであろうという合理的な疑いの余地なく証明された非常に高い程度の危険というものを、要求する。

(55)　要するに、死刑宣告の危険性は、3条を持ち出す見込みが十分にあるレベルに達しているとは、認められない。

　第1に、申立人が、ヴァージニア法において精神病という抗弁を行うに十分な精神の病いにかかっているということについては、精神医学上の証拠から確かである。

　第2に、たとえ申立人が死刑判決を言い渡されても、裁量の一般的実例から、陪審が死刑を勧告し、裁判官がそれを追認し、ヴァージニア最高裁判所がそれを維持するだろうと推測することはできない。ここで、申立人の年齢、犯罪を犯した時の精神状態そしてそれ以前の犯罪歴のないことといった、陪審そして裁判官により考慮されるべきであろう重要な刑罰軽減要素

⑤ ゾーリング事件

の存在に、言及する。

　第3に、米国よりの保証は、死刑宣告が科せられるかあるいは執行される危険を、少なくとも減ずるにちがいない。

(56)　とはいえ、検事総長は、公聴会において、もしも申立人が米国に引渡されたならば、死刑が科せられるであろう「若干の危険性」、それは「単に無視できるよりは大きい」、が存在するとの政府の認識を明らかにした。

【人権委員会意見】

（3条に関して）

(57)　逃亡犯罪人引渡し又は国外追放は、受け取り国において3条に反する取扱いの対象となると当該個人が信ずる重大な理由が存在するところでは争点を生じさせうる、という委員会の判例法を確認する（例えば、Kirkwood v. U.K., Decision of 12, March, 1984, D. & R. No. 37, PP. 158-191参照）。

　個人の移送が3条における争点を生じさせるのは、例外的事情においてのみであり、かつ、3条に該当する取扱いとか刑罰に曝されるだろうという怖れの実証責任は、申立人にある（Application No. 8581/79, Decision of 6, March, 1980, D. & R. No. 29, p. 48参照）。

(58)　もしも条約締約国が、自国管轄内の者を、条約違反の取扱いの対象とされる他国へ追放又は引渡すならば、追放あるいは引渡しを行う国は、現実の取扱い（例えば、3条に禁止されている取扱い）が行なわれる受け取り国に対し唯一対抗できる違反については、責任はないと主張し得るかもしれない。

3-1 拷問の禁止(1)〔3条〕

　しかし、一定の状況下では、国外追放又は犯罪人引渡しは、追放とか引渡しを行う締約国の責任を伴い得る。例えば、条約締約国が、個人が拷問あるいは非人道的取扱いの対象となるのが確かであるか、あるいは重大な危険が存在する国へその者を追放したり引渡したりするならば、国外追放若しくは犯罪人引渡しそれ自体が、そうした状況下では、追放又は引渡しを行う国が直接に3条の責任があるであろうところの非人道的取扱いとなる。そうした事件における国家責任の根拠は、国外追放若しくは犯罪人引渡しにより、他国で非人道的若しくは品位を傷つける取扱いに人を曝すことにある。

⑸9　当委員会は、国内裁判所が、同じ結論に達しているという事実、及び国際社会が重要な条約において似た条項を是認しているという事実（例えば、拷問禁止条約3条）に、この手法の支援を見い出す。

　こうした理由から、3条違反となる取扱いの重大な危険が存在するような状況であるならば、そうした状況に直面する個人の追放若しくは引渡しは、そう決定する締約国による当条約1条の責任を招くと考える。

⑹0　それ故に、当委員会の任務は、国外追放されるか若しくは犯罪人引渡しをされる人、あるいは国外追放若しくは引渡しが差し迫っている者についての、重大な危険の存在を評価することである。

⑹1　当条約2条は、明白に、死刑が法律で規定されている犯罪について、裁判所の刑法の言い渡しにより死刑を科することを許している。

⑤ ゾーリング事件

　1985年3月1日発効した第6議定書は、死刑廃止を規定している。しかしながら、当議定書については、英国は署名も批准もしていないから、被告政府の義務に関する限りにおいて、本件には何ら関連がない。

(62)　死刑の危険がある国へ人を引渡すこと自体は、2条においても3条においても争点を生じさせない。しかしながら、このことは、死刑の執行される方法及び事情に関して、3条における争点が生じる可能性を除外しはしない。例えば、死刑執行の長引いた遅れ（「死刑執行待ち現象」）が、3条における争点を生じさせ得るということは、除外し得ない。

(63)　非人道的取扱いの概念は、少なくとも精神的又は肉体的にひどい苦痛を意図的に引き起こすというような取扱いを、カバーする。その上、個人の取扱いは、もしもそれが他者の前でひどく恥をかかせたり、良心や意思に反し行動するよう追い詰めるならば、品位を傷つけるものと言えよう（例えば、Ireland v. U.K., Commission's report, B. 23-1 参照）。

　また、ヨーロッパ人権裁判所は、以下のように強調している。…虐待は、3条に該当するには、最小限のレベルの苛酷さに到達していなくてはならない。ここでの最小限の評価は、事の性質上相対的である。それは、取扱いの期間、肉体的あるいは精神的影響、そして場合によっては、犠牲者の性別、年齢、健康状態などといった、その事件のすべての事情次第である (Ireland v. U.K., Judgment of 18, Jan., 1978, A. 25, p. 65 参照)。

(64)　本件の審理は、当条約違反が、申立人を米国に引渡すとの被告政府の決定の執行により起き得るかどうかという問題につ

3-1 拷問の禁止⑴〔3条〕

いて、行なわれなくてはならない。

　当委員会における争点は、従って事実上先行的なものであり、当条約違反が存在するかどうかの問題についての結論は、必然的に、米国への犯罪人引渡し決定に根拠を置く条件付きのものとならざるを得ない。この手法は、なされた訴えの性質の重大さ及び条約システムの実効性に関する考慮の両面より、実現される。もしも条約機関は犯罪人引渡しが現実に行なわれた後にそのような訴えを審理することができるだけであるならば、個人申立権という方法による性質上取返しのつかないであろう危害からの申立人の保護は、実効的ではないであろう。

⑹⑸　当条約機関は、個人を保護するために創設されたのであるから、条約は、個人申立て制度を有効なものとするような方法で適用されなくてはならない（Klass and others v. F.R.G., Judgment of 6, Sep., 178, A. 28, p. 18 参照）。

⑹⑹　そこでまず第1に、申立人が死刑宣告され、「死刑執行待ち」状態に曝されるという重大な危険が存在するか否かを、審理しなくてはならない。つまり、申立人が死刑宣告されるであろう危険が真の危険かどうかを、申立人が曝されるかもしれない取扱いの苛酷さを審理する前に、評価しなくてはならない。

⑹⑺　しかるに、犯罪者たる申立人が主張する精神状態及び説得力ある減刑の抗弁の可能性にもかかわらず、死刑が科されるだろうということは、除外できない。

　申立人は、実際に犯罪を犯したことを争っていない。その上、検察官により「卑劣さ」という一層ひどい事実が立証される可能性を除外できないやり方で、当の謀殺は行なわれた。最

⑤ ゾーリング事件

後に、逃亡犯罪人引渡しの手続において申立人により例証された医療証拠は、刑の宣告時に裁判官及び陪審の裁量減刑事由として斟酌されるであろうだけの、申立人の減少した責任能力の訴えを実証するだけであり、ヴァージニア法において精神障害の抗弁の根拠を提供するようには、思えない。

(68) とはいえ、当委員会は、ヴァージニア法における保証の影響及びその地位について、前もって判断することはできない。特に、刑の宣告を行う裁判官が、刑の言い渡し前に行われた表明を合法的に考慮し得るか否かとか、より効果的な保証の方策がベッドフォード郡検事にあるかどうかというような、両当事者により争われているヴァージニア法の難しい問題について、意見を述べることは義務ではない。

与えられた保証は、死刑が科せられるであろう危険をおそらく取り除くであろうということに、満足しなくてはならない。

(69) 刑を宣告する裁判官が、被告政府のためになされた表明を考慮し得るかどうかに関係なく、ヴァージニア法においては裁判官がそれを受諾すべき義務はない。その上、刑罰が「適切かつ正当な」ものであることを保証するために「ありとあらゆる」関連要素を考慮すべき法的義務にもとづき、独立した裁判官として、裁判官が、２国間の逃亡犯罪人引渡し関係の継続的実効性に関して、政府により仄めかされているように外交的考慮を行うであろうと、推測することはできない。更に、裁判官へのそうした表明は、死刑が科されたとしても死刑の執行に際しては影響を持ち得るであろうということは、示されていない。

3-1 拷問の禁止⑴〔3条〕

(70) 上記のような背景においては、保証や減刑事由が存在したにもかかわらず、申立人が死刑を宣告される危険は大きいと認定する。

(71) 次に、申立人が服させられるであろう「死刑執行待ち現象」は、ヨーロッパ人権条約3条に反するゆゆしさの程度に到達するかどうか、すなわち取扱いの苛酷さを審理する。

(72) この論点を評価することについての当委員会の任務は、「申立人が訴えている取扱いに曝される見込を、数学的確率として評価することではなく、彼がその対象とされるであろう裁判の仕組みを審理し、かつその運用において、専断あるいは不合理をもたらすであろう何らかの悪化要素が存在するかどうかを、立証すること」である（Kirkwood v. U.K., loc. cit., p. 189 参照）。

(73) 利用できる証拠から、ヴァージニアにおける死刑の執行待ちは、平均6年から8年となっているということが立証されたと考える。勿論、死刑執行待ちの囚人が、州及び連邦における上訴権の行使により、「死刑執行待ち現象」にかなり寄与しているという現実を、見失なってはならないが。

(74) 当委員会は以前、「死刑執行待ち現象」の重大なジレンマを認めている。長期に渡って行われる上訴システムは、不確かではあるが多分に有利な連続的な上訴の結果をもたらしはするが、長期に渡る深刻な不安を生じさせる。他方、そのシステムの促進は、上訴が失敗した事件において、早めの刑の執行という結果となるであろう。

とはいえ、「死刑執行待ち」の囚人は、州が刑の執行を決定するまで、死刑宣告をされた囚人が刑務所内で衰えるのを許す

⑤ ゾーリング事件

という、不当なシステムの犠牲者ではない。反対に、本件の訴えの基礎となっている遅延のかなりの部分は、人間の生命を守りそして恣意的に死刑を科すことから守るよう意図された、複雑な法廷手続に由来する。

(75) こうした上記背景より、当委員会は、上訴システムに帰すべき死刑執行待ちで費された時間の長さは、ヨーロッパ人権条約3条に想定された苛酷さの程度に達するとは考えない。

(76) 責任能力を損っているとの抗弁は、ヴァージニア法においては存在しないのは事実ではあるが、被告人の精神状態は、刑の宣告に際して、まず陪審にそしてその後裁判官によって斟酌されなければならない要素の1つである。この点について、被告人は、ヴァージニア法では、犯罪時の精神状態の評価を助けるために精神医療の専門家を指名する権利がある。

その上、陪審は、とりわけ被告人の年令及び極端な精神的あるいは感情的な錯乱状態にあったこと、そして法律の要求するところにその行為を合わせる能力に何らかの減損があったことを、考慮に入れる義務がある。なお、このことは、裁判官によってもまた考慮に入れられなくてはならない。

従って、非人道的取扱いの問題は、この点に関しては何ら生じ得ないと認定する。

(77) 「死刑執行待ち」の日々の状態たるや、緊張かつストレスの多いものにちがいないことは、疑いもない。しかしこれは、死刑宣告され、その結果として他よりもずっと厳しい警備を求められている囚人を収容している収容施設の、まさにその性質よりもたらされる。

3-1 拷問の禁止(1)〔3条〕

(78) よって、第1に、上訴システムにおける遅延は本件では長いように思えるが、州及び連邦の上訴手続を追求する囚人の自発的行動に、これは主に帰因する。第2に、申立人が従わされるであろう裁判制度は、恣意的でも果たまた不合理なものでもない。反対に、ヴァージニアにおける死刑制度は、専断に対する多くの保護手段を含み、かつ、上訴システムは、その根本目的は、死刑の恣意的な押しつけを避け囚人の生命への権利を守るというものである。

最後に、本件における重大な減刑事由すなわち申立人の年令及び精神状態は、刑の宣告の段階及びいかなるその後の州及び連邦の上訴手続においても、裁判官と陪審の両方により十分斟酌され得る事柄である。

(79) 結論として、本件の事情において、米国へ申立人を引渡すことは3条に反する取扱いとはならないであろう（6条5）。

(80) 次に、6条に関して。

当人権委員会は、ヨーロッパ人権条約違反国に対し直接なされた訴えを審理することができるだけである。この点から、ヴァージニア法に法律扶助がないことについて、被告国家に当条約により直接責任をとらせることはできない。これは全く、米国の責任の問題である。また、問題となっている申立人の引渡しも、条約6条3項(c)に関し被告政府の責任を生じさせ得ない。

(81) 結論として、申立人の逃亡犯罪人引渡しは、様々な州及び連邦の上訴手続を行うための法律扶助がヴァージニア州にないことは、条約6条3項(c)違反とならないであろう（全員一致）。

⑤ ゾーリング事件

(13条に関して)

(82) 13条は、Silver and Others 事件（Judgment of 25, March, 1983. A. 61, p. 42 参照）において、ヨーロッパ人権裁判所により以下のように解説されている。

(a) 個人が、条約に定める権利を侵害された犠牲者であるとの論証し得る訴えを行う場合、訴えに対し決定が下されかつもし適当な場合は救済を得ることができるという両方のために、彼は国家機関による救済手段を有さなくてはならない。

(b) 13条にいう機関は、司法機関でなくてはならないわけではない。しかし、もしそうでないならば、その機関が有する権限及び与えることのできる保証は、そこでの救済手段が効果的であるかどうかを決定するに際し、関連する。

(c) いかなる救済手段も単独では13条の要件を全面的に充たしはしないであろうが、国内法において提供される救済措置全体が充たすであろう。

(d) 13条もまた当条約一般も、条約のいかなる条項であれその実効的実施を——例えば、条約を国内法に組み込むことにより——国内法により保証するために、締約国に対する何らかの指定された方法というものは、規定していない。

ある事件における13条の適用は、当該締約国が、条約第1節に定める権利及び自由を管轄内にあるすべての者に直接保証するという、1条による義務を遂行するために選んだやり方次第であろうと最後に述べられる原則による。

(83) 当条約3条による申立人の訴えは、受理できる申立であ

3-1 拷問の禁止(1)〔3条〕

る。従って、訴えが明らかに3条において「論証し得る」から、本件では13条は適用し得る。

(84) その上、13条は現実に予期されまたは先行的である3条による「論証し得る」訴えに関し適用される。当委員会が既に述べたように（前述(65)参照）、逃亡犯罪人引渡しが既に行われた後のそうした訴えの審理は、個人の申立ての効果的システムとはほとんど調和しないであろう。

　効果的な救済手段を提供するという要件は、犯罪人引渡しあるいは国外追放が、差し迫っていてかつ現実に回復不可能な危害に曝されるかもしれない者によりなされる論証し得る訴えに、その範囲をまた拡げなくてはならない。

(85) 申立人の訴えに関しては、英国法において利用できる救済手段の実効性については、人身保護令状の救済手段が開かれている。しかし、裁判所は、犯罪人引渡し手続が英国法に従って適切に行われたか否かの問題を審理できるだけであり、申立人が米国において曝されるであろう取扱いに関する訴え審理することはできないのは、明らかである。従って、この救済手段は、13条の目的にとっては効果的なものではない。

(86) 大臣の命令に続く司法審査手続については、裁判所は、大臣が不法に、不合理にまたは不適切に行動したかどうかの問題を審理することに限定し、非人道的若しくは品位を傷つける取扱いまたは刑罰に曝されるかもしれないという申立人の恐怖心は審理しないという点については、政府によっても争われていない。

　従って、司法審査手続は、13条により求められているよう

⑤ ゾーリング事件

な効果的な救済手段とはならないと、当委員会は考える。
(87) 最後に、全体として考えても、上記救済措置の数々は、効果的救済手段を提供するとは考えない。そもそも各々の救済手段をだめにしている欠陥は残るから、別々に考えるときの実効性の欠如というものは、救済措置全体を1つとして考えても、治癒されない。

　よって、3条における訴えに関し、13条により求められているような効果的救済手段を、英国法においては有していないこととなるから、本件では13条違反が存在する（7条4）。
(88) 結　論
① 本件の事情では、米国への申立人の引渡しは、3条に反する取扱いとはならないであろう（6条5）。
② 本件では、6条3項(c)違反とはならない（全員一致）。
③ 本件では、13条違反が存在する（7条4）。

【人権裁判所判決】

（3条違反について）
(89) まず、逃亡犯罪人引渡しの事例に、3条が適用されるかについて。

「犯罪人引渡しのための手続がなされている人の合法的な抑留」を許す5条1項(f)の結果として、引渡されない権利というようなものは当条約により保護されてはいない。とはいえ、犯罪人引渡しの措置が条約における権利の享受に不利な影響を与える結果となる限りにおいて、その結果があまりにも懸け離れたものでないと仮定するならば、それは関連の条約の保証に基

93

3-1 拷問の禁止(1)〔3条〕

づく締約国の義務を引き起こすであろう。

　そこで本件において争点となっているのは、受け入れ国において行われた取扱いとか刑罰の結果として、引渡し国の管轄外において犯罪人引渡しの不利な結果が生じたか又は生じるかもしれない時に、3条が適用され得るか否かという点である。

⑼⓪　「締約国は、その管轄内にあるすべての者に対し、この条約の第1節に定義する権利及び自由を保証する」と規定する本条約1条は、条約の及ぶ範囲に、領域からの限界を明白に定めている。特に締約国により約束される合意は、自国の「管轄」内の者に記載された権利及び自由を「保証する」ことに限られる。その上、本条約は、締約国でない国の行動まで統治しないし、他国に条約の基準を課すことを締約国に求める一手段であると主張してもいない。犯罪人引渡しの義務があるにもかかわらず、締約国が、目的相手国においてその者を待ちうけている条件が本条約の保護手段の1つ1つに十分に調和していると納得しないならば、彼を引渡さなくてもよいという結果を導びく一般原則を正当化するものと、1条を解釈することはできない。

　実際上、英国政府が強調するように、逃亡犯罪者が義務を免れることを防ぐという犯罪人引渡しの有益な目的は、本条約特に3条の適用範囲を決定するに際し、無視することはできない。

　本件においては、申立人の訴えの主体であるヴァージニア当局の実行や取決めに対し、英国は何の権限もないという点については一致している。

⑤ ゾーリング事件

　また、英国政府により引用された他の国際文書——例えば、1951年難民条約（33条）、1957年逃亡犯罪人引渡しに関するヨーロッパ条約（11条）及び1984年拷問禁止条約（3条）——において、望ましい結果を引き起こす他国の管轄へ人を移すことの問題は、明白かつ明確に述べられているのも事実である。

　しかしながら、こうした考慮により、自国の管轄外で被る犯罪人引渡しによる全てのいかなる予測し得る結果についても、3条による責任から締約国を解除することはできない。

(91)　ヨーロッパ人権条約の解釈に際しては、人権及び基本的自由の集合的実施のための条約としての、その特別の特徴に考慮を払わなくてはならない。従って、個人の保護のための文書としての当条約の趣旨及び目的から、それの条項は、その保護手段を実践的かつ効果的なものとするように解釈されかつ適用される必要がある。加えて、保証されている権利及び自由のいかなる解釈も、「民主的社会の理想と価値を維持しかつ促進させることを意図した文書としての、条約の一般的精神」に合致しなくてはならない (The Kjeldsen, Busk Madsen and Pedersen Case, Judgment of 7, Dec., 1976, A. 23, p. 27 参照)。

(92)　3条は、例外の規定は置いていないし、また、戦争その他国民の生活を脅かす緊急事態において15条に許される権利の停止も、置いていない。条約文言における、拷問又は非人道的若しくは品位を傷つける取扱い若しくは刑罰に対するこの絶対的禁止は、3条がヨーロッパ審議会を構成している民主的社会における基本的評価の1つを記しているということを示している。これはまた、国際人権規約や米州人権条約のような他の

3-1　拷問の禁止(1)〔3条〕

国際文書にも似た表現が見い出されるのであり、国際的に受け入れられた基準として一般的に認められている。

(93)　逃亡者を、拷問または非人道的若しくは品位を傷つける取扱い若しくは刑罰の対象となるであろうあるいはそうなりそうな他国へ引き渡すことが、それ自体3条における締約国の責任を持たらすか否かについては、疑問が残る。

　とはいえ、拷問をひどく嫌うという推測は、「いかなる締約国も、個人を、その者が拷問を受ける危険があると信ずるに足る実質的な理由がある国へ引渡してはならない」と規定する、拷問等禁止条約3条において認められる。ある専門条約が、拷問の禁止に付着する特別の義務を詳細に記述しなくてはならないという事実は、本質的に似た義務が、ヨーロッパ人権条約3条の一般的表現の中に既に内在しているわけではないということを意味しはしない。もしも締約国が、たとえそこで犯されたとされる犯罪がいかに凶悪であろうとも、拷問の対象となる危険があると信ずるに足る相当な理由があるのに、それを知った上でそうした国へ逃亡者を引渡すことは、本条約前文が述べている「政治的伝統、理想、自由及び法の支配の共通の遺産」という条約の基礎となる価値に、合致しないであろう。

　3条の簡潔かつ一般的な表現に明示され述べられてはいないが、そうした状況における犯罪人引渡しは、3条の精神及び信義にはっきりと反するであろう。そして、引渡さないという内在的義務は、逃亡者が、引き取り国において、3条により禁じられている非人道的あるいは品位を傷つける取扱い若しくは刑罰に曝される、真の危険に直面するのかもしれない事例にも及

⑤ ゾーリング事件

ぶ。

(94) 何が「非人道的あるいは品位を傷つける取扱い若しくは刑罰」となるかは、その事件における全ての事情次第である（後述⑽参照）。

　その上、本条約の全てに内在するのは、欧州審議会加盟国が形成する共同体の一般的利益の要求と、個人の基本的人権保護の要求との間に、公平な均衡を追求することである。世界中の移転がよりたやすくなりかつ犯罪はより大きな国際的規模で行われるようになっているので、国外に逃亡する容疑者が裁判にかけられるべきだということは、増々世界の国々の利益となっている。逆にいえば、逃亡者に安全な天国をつくることは、保護に値する者を余儀なく匿う国にとり危険な結果をうむこととなるであろうのみならず、犯罪人引渡しの根拠を弱めることともなろう。

　こうした考慮すべき点は、また犯罪人引渡しの事件における非人道的かつ品位を傷つける取扱い若しくは刑罰の解釈や適用においても、斟酌されるべき諸要素の中に含まれなくてはならない。

(95) 条約の潜在的違反の存在あるいはその逆について申し渡しを行うことは、条約の機関にとり常態ではない。しかしながら、引渡しの決定は、執行がなされる場合の引渡し申し入れ国における予測可能な結果を理由として、3条に反するであろうと申立人が主張する場合、3条に規定される保護可能の実効性を保証するために、訴えられている苦しみの危険性の重大かつ取返しのつかない性質を考慮して、この原則から離脱すること

97

3-1 拷問の禁止(1)〔3条〕

が必要である。

(96) 要するに、もしも引渡されたならば、当該本人が、引渡し申し入れ国において、拷問又は非人道的若しくは品位を傷つける取扱い若しくは刑罰の対象となる真の危険に直面すると信ずるに足る相当の理由が示されるならば、締約国による逃亡者引渡しの決定は、3条における争点を引き起こし、その故に、条約上の責任を締約国が負うかもしれない。

そうした責任の立証には、必然的に、条約3条の基準と対照しての、引渡し要求国における事情の評価を含む。それでもなお、一般国際法によろうと本条約によろうと、引渡し国の責任について判決を下すとか立証するということに疑問は存在しない。本条約による何らかの法的責任に関する限り、それは、禁じられた虐待に個人を曝す行為を行ったという直接の結果として、引渡しを行う締約国が負う法的責任なのである。

(97) では、次に、本件の特別の事情の下での3条の適用について考えてみよう。

大臣が、申立人を米国当局に引き渡す命令書に署名したことにより、英国での逃亡犯罪人引渡し手続は完了した。この決定は未だ執行されてはいないが、申立人に直接影響を与える。従って、既述諸原則に照らして、申立人を米国へ戻すことによる予測可能な結果が3条の適用を引き起こすようなものかどうかが、判定されなければならない。

この審理は、まず第1に、申立人はヴァージニアで死刑宣告をされる真の危険があるかどうかに集中しなくてはならない。なぜならば、訴えられている非人道的かつ品位を傷つける取扱

⑤ ゾーリング事件

い若しくは刑罰すなわち「死刑待ち現象」の源は、死刑を科すことにあるから。

この質問に対する肯定的解答の場合のみ、当裁判所は、申立人が関与する本件における状況の下で「死刑執行待ち現象」に曝されることが、3条と適合しない取扱い又は刑罰を含むか否かを審理する必要がある。

(98) 精神病であるとの弁護が精神医学上の証拠に基づき成立するかどうかを裁定することにより、ヴァージニアの裁判所の権能を奪うことは、ヨーロッパ人権裁判所にはできない。申立人が、起訴される殺人罪で確実にあるいは多分有罪とされるであろうとの推測をすることはできない、という英国政府の主張は正しい。とはいえ、公聴会において英国政府を代表して検事総長が認めたように、申立人が有罪の判決を受けるであろう「かなりの危険性」が存在する。

(99) ヴァージニア法においては、検察当局は、死刑が陪審により答申される前に、2つの制定法上罪を一層重くする事情、すなわち将来の危険性と悪質性の、少なくとも一方の存在につき、合理的疑いの余地のない程度まで立証しなくてはならない。この関係で、本件の殺人の身の毛のよだつ残忍な事実は、犯罪の「悪質さ」を立証するための根拠に関する判例法を考慮するならば、おそらく申立人に不利であろう。

確かに、刑罰の軽減要素は、それ自体を考えるならば、科せられる死刑判決の見込みを減らす。ヴァージニアの法典に明白に述べられている刑罰軽減についての5要因中少なくとも4つは、申立人の事件に適用できると論ずることができる。つま

3-1 拷問の禁止(1)〔3条〕

り、被告人に犯罪歴のないこと。被告人の極端な精神的又は感情的錯乱状態において、犯罪がなされたこと。犯罪実行時、行為の犯罪性を正しく評価したりその行為を法律の要求するところに適合させる被告人の能力が、著しく減少していたこと。そして、被告人の年令、の5要因である。

(100) これらの、死刑を科すことの賛否に関する様々な要素は、検察当局の態度に照らして考察されなくてはならない。

(101) 申立人に対する起訴を行う責任があるベッドフォード郡の検事は、宣誓による（前述(7)）保証を行った。この保証は、「死刑は実行されないであろうということの、引渡しを求められている相手国にとり満足のいく保証」に言及する、英国と米国間の1972年の逃亡犯罪人引渡し条約4条の表現を反映するものにはほど遠い。

しかしながら、起訴されている犯罪は、州の犯罪であって連邦の犯罪ではないので、ヴァージニア州の管轄となる。その結果として、これ以上の約束を行うよう州又は連邦当局より州検事にいかなる指図を与えることもできなかったしまたできもしないように見える。司法機関としてのヴァージニアの裁判所は、証拠に基づきいかなる決定を行えるかという点につき、前もってこれ自身を拘束することはできない。また、ヴァージニア州知事も、政策上の問題として、後に死刑を減刑するために行政権を行使するということを約束しない。

よって、当該検事の保証は、この特定の事情において、米国連邦政府から英国が得ることの可能であった最善の「保証」であったであろう。

⑤ ゾーリング事件

(102) ヴァージニアの法律と実務がいかなるものであれ、また、米国と英国間の逃亡犯罪人引渡し関係の外交上の文脈にもかかわらず、客観的にみて、刑の宣告段階に英国の望みを裁判官に知らせるという約束は、死刑の科される危険を排除すると言うことはできない。独立した裁量権の行使として、州検事は、死刑を得ようと努めかつ主張すると決めている（前述(8)参照）。

　もしも、その犯罪を起訴する責任ある国家当局が、そうした確固とした態度をとるならば、申立人は、死刑を宣告される真の危険に直面し、それ故に「死刑執行待ち現象」を経験すると信ずるに足る相当な理由は存在しないと判示する余地は、当裁判所にはほとんど残っていない。

(103) 従って、当裁判所の結論は、「死刑執行待ち現象」に申立人が曝される恐怖の見込みは、3条がその役割を演ずるようなものであるということである。

(104) ここで、「死刑執行待ち現象」に曝される危険は犯罪人引渡しを3条違反とするか否かについてみることとしよう。

(105) 当裁判所の確立された裁判法によると、刑罰を含む虐待が3条に該当するためには、苛酷さの最小限のレベルには達しなくてはならない。この最小限の評価は、物事の性質上相対的である。それは、取扱いとか刑罰の性質及び文脈、その執行の方法及び手順、その期間、その肉体的又は精神的効果、そして幾つかの事例においては、性別、年令及び犠牲者の健康状態というような、事件のあらゆる事情に左右される（Ireland v. U. K., Judgment of 18, Jan., 1978. A. 25, p. 68; Tyrer v. U.K., Judgment of 25, April, 1978. A. 26, pp. 14-15参照）。

3-1 拷問の禁止(1)〔3条〕

　取扱いは、前もって計画して行われ、かつ、一気に何時間も行われそして実際の肉体的危害ではなくとも少なくとも激しい肉体的精神的苦痛を引き起こしたが故に、「非人道的」であり、かつ犠牲者に、恐怖、苦悩そして恥をかかせ品性を落とさせる劣等感を感じさせ、そして多分肉体的若しくは精神的抵抗力を破壊するような事態を引き起こすが故に「品位を傷つける」ものであると、当裁判所は判示している（Ireland v. U.K. op. cit., p. 66 参照）。

　刑罰とか取扱いが、「非人道的」若しくは「品位を傷つける」ものであるためには、そこに含まれる苦しみとか屈辱は、少なくとも、正当な刑罰の所定の形式に関連しての苦痛とか屈辱のもつ避け難い要素を超えなくてはならない。この関係では、経験された肉体的苦痛のみならず、刑罰の執行に相当な遅れが存在する場合に刑を宣告された者が加えられるであろう暴力を予想することによる精神的苦悩もまた、考慮に入れるべきである。

(106)　死刑は、本条約2条1項における幾つかの条件により許される。そして、申立人は、死刑それ自体が3条違反とはいっていない。また、死刑の危険がある国へ引渡すことは、それ自体は2条によっても3条によっても争点を引き起こさないとして、政府同様、人権委員会に賛同している。

　他方、アムネスティ・インターナショナルは、文書による所見で、死刑の存在及び利用に関する西ヨーロッパにおいて進展している基準は、今や死刑が、3条のいうところの非人道的かつ品位を傷つける刑罰として考えられるべきことを求めてい

⑤ ゾーリング事件

(107) 確かに、「条約は生きている文書であって、それは今日の条件に照らして解釈されるべきである」。そして、ある所与の取扱いまたは刑罰が、3条の目的において非人道的若しくは品位を傷つけるものと見做されるべきかどうかを評価する場合に、「この分野におけるヨーロッパ審議会加盟国の刑事政策における発展及び一般的に受け入れられる基準に、影響されざるを得ない。」(The Tyrer Judgment op. cit., pp 15-16 参照)。

死刑は事実上条約締約国において、平時にはもはや存在しない。幾つかの平時の犯罪に法律上死刑を保留している数少ない締約国においても、たとえ死刑が科されたとしても今日では執行されない。アムネスティ・インターナショナルの言うところの、この「死刑は、現況においては、もはやこの地域の正義の基準とは一致しないという、西ヨーロッパ法システムにおける事実上の合意」は、平時における死刑廃止を規定するヨーロッパ人権条約第6議定書の中に、反映されている。同書は、1983年4月署名され1985年3月発効した。もっとも、英国はまだ批准してはいないが。

(108) これらの顕著な変化が、3条における虐待の禁止の中に事実上死刑を持ち込む効果を有するかどうかは、ヨーロッパ人権条約の解釈を支配している諸原則により判定されなくてはならない。

(109) 条約は全体として読まれるべきであり、従って3条は、2条の条項と調和させて解釈されなくてはならない。こう考えると、3条は明らかに、2条1項の文面を明白に無効にするから

3-1 拷問の禁止(1)〔3条〕

死刑の一般的禁止を含むものとなるとは、条約起草者たちにより意図されたとは考えることはできない。

　死刑の一般的廃止という形式による国内刑事政策によるその後の実践は、2条1項において規定されている例外を廃棄し、よって3条の進化的傾向となる解釈に対する条文の限界というものを除去することについて、締約国の合意を形成するものとして解され得よう。しかしながら、その後の成文による合意としての第6議定書は、1983年頃の締約国の意図が、平時において死刑を廃止する新しい義務を導入するために条文修正という通常の手法を採用すること、そして、そうした合意を引き受ける時期を選ぶことを各締約国に許している選択議定書によりそうすることであった、ということを示している。これらの条件により、本条約の特別の性質にもかかわらず（前述(92)参照)、3条は一般的に死刑を禁じているとは解釈され得ない。

(110)　しかしながら、それは、死刑宣告に関連する事情は3条における争点を決して引き起こすことはできない、ということを意味しはしない。死刑執行待ちでの抑留状態と同じく、科せられるあるいは執行される方法、死刑囚の個人的事情、犯された犯罪の重大さとの不均衡は、有罪とされた人が受けた取扱いや刑罰を3条における禁止に該当させることのできる要素の例である。締約国における死刑に対する今日の態度というものは、苦痛とか品位を傷つけることが我慢できる限界を超えているか否かを評価するための、関連要素である。

(111)　では、本件に特有の事情としては、いかなるものがあるであろうか。

⑤ ゾーリング事件

(112) 死刑囚が、死刑を執行されるまでヴァージニアで執行待ちに費すことが予測される期間は、平均6年から8年である。この死を待つ期間の長さは、ある意味、囚人が、ヴァージニア法により可能な上訴手段をすべて利用することにより、囚人自身によりもっぱら作られたものである。

(113) 申立人が死刑を宣告されたなら収監されるであろう刑務所での状態については、申立人により提出された追加証拠の信頼性を判定することの必要性を認定しなくとも、死刑執行待ちの囚人たちによる同性愛の陵辱と肉体的攻撃の危険性という、英国政府により争われなかった事実を、当裁判所は根拠とする。

(114) 殺人が行われた時、申立人はたったの18歳であったのであり、かつ、「自分の行為に対する精神的責任能力を実質上減じられるような精神異常を被っていた」という、争われていない精神医学上の証拠が存在する（前述(1)、(2)、(9)参照）。

本条約2条と異なり、自由権規約6条及び米州人権条約4条は明白に、犯罪時に18歳未満の者に死刑を科すことを禁じている。こうした禁止が、ヨーロッパ人権条約2条の簡略かつ一般的な表現中に内在していようといまいと、後にできた国際文書、特に自由権規約はヨーロッパ人権規約締約国のほとんどにより批准されているのだが、における明白な列挙は、少なくとも一般原則として、問題となっている者の若さは、死刑宣告と関係がある措置の3条との適合性というものを問題視する法的責任がある1つの事実である、ということを示している。

精神障害を、3条の適用において同じ効果を持つものとして扱うことは、当裁判所の判例法の流れである（前述(100)参照）。

3-1 拷問の禁止(1)〔3条〕

(115) 刑事責任と適切な刑の宣告についての争点を前もって判断するのは当裁判所ではないが、精神医学上の証拠が示している犯行時の申立人の若さと精神状態は、本件においては、死刑執行待ちの取扱いを3条の文言に該当させるであろう結果に影響を与える要因として、考慮に入れられるべきである。

(116) 結論として。

死刑を言い渡されたいかなる囚人も、判決を行うことと刑の執行との間の若干の遅れと、投獄に必要な厳しい状況下においてのひどいストレスの経験というものは、避け難い。また、ヴァージニアの法システム一般の民主的性格及び裁判の肯定的な特徴、特に刑の宣告の仕方及び上訴手続におけるそれは、疑いの余地はない。申立人が米国で服するであろう裁判の仕組みは、それ自体恣意的でも不合理でもなく、むしろ法治主義を守りかつ死刑裁判において被告人にかなりの手続上の保障を与えている。

しかしながら、当裁判所の見解では、死刑執行待ちに常に存在しかつどんどん増加していく苦悶を伴う極限の状態の中ですごさせられた長い期間及び、特に犯行時における申立人の年令と精神状態という、申立人の個人的事情を考慮すると、申立人を米国に引渡すことは、3条により設けられた限界を超える取扱いの真の危険に彼を曝すこととなるであろう。関連性について更に考慮すると、特に本件では、犯罪人引渡しの正当な目的は、そうした例外的な熾烈さあるいは期間の苦痛を含まないような、他の手続により達せられ得るであろう。

従って、申立人を米国に引渡すという大臣の決定は、もしも

⑤ ゾーリング事件

実行されたならば、3条違反となるであろう。

（6条違反について）
(117) では、6条違反については、どう考えるか。

6条に具体化されている、刑事手続における公正な裁判を受ける権利は、民主的社会において重要な位置を占めている。当裁判所は、逃亡者が引渡し請求国において、公正な裁判の甚だしい否定を被ったあるいは被る危険のある状況下においては、逃亡犯罪人引渡しの決定により例外的に6条における争点を引き起こすかもしれない、ということを除外しない。

しかし、本件の事実からは、そうした危険は明らかではない。従って、この点に関し、6条3項(c)における争点は生じない。

（13条違反について）
(118) 3条に関する当裁判所の認定によると（前述(117)参照）、3条による申立人の訴えは、条約の条項と適合しないとも又本案において「議論の余地がない」とも見做されることはできない。

しかるに、異議申立ては、米国と英国間の条約の表現についてであり、また、訴えられている実体上の条項違反は先行的性質のものであるから、本件の事情下では13条は適用されることはないと、英国政府は抗弁している。

当裁判所としては、何にせよ13条の要件は侵害されなかったとの結論に達したので、特にこれら2つの異議につき判断する必要はないと考える。

107

3-1 拷問の禁止(1)〔3条〕

(119) 逃亡犯罪人引渡しの決定がなされると、この決定への異議申立ての主な手続は、司法審査手続であるから、当裁判所は、その手続の審理を開始しよう。

申立人と人権委員会は共に、申立人が3条の文脈で行った訴えの対象となるものを斟酌することを裁判所に許すには司法審査の範囲はあまりにも狭すぎる、との意見であったが。

(120) 13条は、国内法秩序においていかなる形式で保証されることとなろうとも、条約上の権利及び自由の趣旨を実現するための国内レベルにおける救済手続の利用可能性というものを保証する。従って、13条の効力は、関連する条約上の訴えの対象を処理しかつ適切な救済を与えるという両方を権限ある「国内当局」に許す、国内的救済措置に関する条項を要求している。

(121) 司法審査手続において裁判所は、違法、不合理又は手続上の誤りというものに毒されていることを理由に、行政の裁量権の行使を不法に判定するかもしれない。

犯罪人引渡し事件における「不合理」のテストは、そこでの事情において、合理的な大臣なら引渡し命令を出すことはできないであろうというものであろう。英国政府によると、事件のあらゆる事情においては合理的な大臣は誰も取り得ないような決定であるという理由で、裁判所は、非人道的若しくは品位を傷つける取扱いの重大な危険が存在すると立証された国へ逃亡者を送るという異議申立てがなされる決定を破棄することができる管轄権を有していよう。

ヨーロッパ人権条約は英国法の一部であるとは考えられないが、当裁判所は、イングランドの裁判所は、3条の文脈におい

⑤ ゾーリング事件

て、ヨーロッパ人権条約の機関への訴えにおいて申立人が依拠したと同じ要素に照らし、犯罪人引渡しの決定の「合理性」を審理することができるということに、満足している。

(12) 申立人は確かに、人身保護令状の申立てと共に、司法審査を申立てた。そして、「不合理性」の争点につき、裁判官の不利な反応に遭遇した（前述(10)参照）。しかし、そこで裁判官が説明したように、裁判所は大臣が現実に決定を行って初めて管轄権を有するのであるから、そこでの申立ては時期尚早であり失敗したのである。

その上、申立人により引証されている議論は、ヨーロッパ人権条約上の機関において3条による訴えを正当化するために依拠された議論とは、決して同じではなかった。合議法廷において、申立人の弁護人は、合理的な大臣ならば引渡し条約に基づき満足していくものと見做し得ないから米国当局による保証は価値がないと主張することに、その発言を限定した。これは、科せられるであろう死刑の見込についての議論であり、申立人の非人道的かつ品位を傷つける取扱いの訴えの本質である死刑の宣告後に申立人に待ちかまえている取扱いの質については、何も述べていない。

13条の目的にとっては、救済措置の実効性は、申立人にとり有利な効果となる確実性次第であるというわけではないし、また、少なくとも、イングランドの裁判所の決定がいかなるものであろうかということを推測するのは、当裁判所ではない。

(12) イングランドの裁判所に、政府に対し暫定的差止め命令を与える管轄権が欠けていることは、事件との関係で司法審査の

3-1 拷問の禁止(1) 〔3条〕

実効性の価値というものを減じはしない。なぜならば、現実には、逃亡者は、合議法廷への申立ての前に引渡されるであろうということを示唆するものは存在しないし、また、いかなる起こり得る申立ても裁定されたのであるから。

(124)　よって、当裁判所は、申立人は、3条による訴えに関連し、イングランド法において効果的な救済措置を与えられていたと、結論する。そうであるならば、英国政府により言及された他の2つの救済措置について審理する必要はない。

　従って、13条違反は存在しない。

(125)　結論として（全員一致）。

①　申立人を米国に引渡すという大臣の決定が実行されるならば、3条違反が存在するであろう。

②　同様の事態において、6条3項(c)違反は存在しない。

③　6条1項及び3項(d)による訴えを考慮する管轄権は、存在しない。

④　13条違反は、存在しない。

3-2 拷問等の禁止(2)〔3条〕

> ### ⑥ チャハル事件
> —— **Chahal and others v. U.K.**
> (Application No. 22414/93) ——
>
> Report of the Commission of 27, June, 1995, J. & D. No. 22 (1996-v)
> Judgment of 15, Nov. 1996, 1 BHRC 405

【事　実】

(1) 申立人は、1948年生れのシークでインド共和国市民である。1971年英国に不法入国したが、不法入国者への恩赦により、1974年に英国滞在の不定期許可を与えられた。

(2) 後にパンシャブを訪問した申立人は、独立シーク国家を支持する消極的レジスタントの組織化に加担し、パンジャブ警察に逮捕・抑留され、中立てによると拷問された。

その後英国に戻り、英国で発生したいくつかのシーク事件の指導的人物となった。

(3) 1985年から1987年に起きた事件に関係した疑いで、申立人は逮捕・抑留されたが、無罪となった。

(4) 1990年8月14日、内務大臣は、国の安全及び国際的なテロとの闘いを根拠として、申立人を国外追放することを決定した。

3-2 拷問等の禁止(2) 〔3条〕

　追放の通告は同月16日に行われ、その後、国外追放を待つ者は内務大臣の権限の下に抑留され得ると規定する1971年移民法3条2項2号により、国外追放の目的で申立人は抑留され、以後収鑑されている。

(5) 申立人は、収鑑されたため、もしもインドに追放されたならば拷問と迫害の犠牲者となろうと主張し、外国人政治犯としての保護を申立てた。

(6) 内務大臣が、申立人の申立てを拒絶したため、この件は、申立人が国の安全に対する脅威であるとする証拠を審理する諮問委員会 (advisory panel) により、検討された。申立人は諮問委員会に出席したが、法律家の代理は許されず、又、委員会の内務大臣への勧告（いかなる場合でも拘束しない）がいかなるものであったかは、知らされなかった。

(7) 内務大臣は、1991年7月29日、最終的に国外追放命令に署名した。

(8) 1991年8月9日、申立人は、難民申立てを拒否し追放命令を行った内務大臣の決定への、司法審査を申立てた。この申立ては、決定の理由の説明が不十分であるとして成功し、難民申立ての拒否は同年12月2日破棄され、内務大臣に戻された。

(9) 内務大臣は、更なる考慮の後、以下の見解を表明し、難民申立て拒否の新たな決定を、1992年6月1日行った。

　① パンジャブにおける法と秩序の崩壊は、シークテロリストの活動のためである。

　② 1951年難民条約の言うところの迫害の証拠はない。

　③ 難民条約32条及び33条に依拠し、たとえ申立人が迫害の

危険があったとしても、彼が国の安全に与えている脅威故に、当条約の保護を受ける権利はない。

(10) この決定の司法審査を求めた申立ては、高等法院により、以下の理由により 1993 年 10 月 22 日に却下された（R v Secretary of State for the Home Dept, ex p Chahal〔1995〕1 ALL ER 658 参照）。

① 1951 年難民条約 32 条及び 33 条と、難民については難民条約の関連条項を考慮することを求める移民規則 161 条（HC Paper (1989-90) No. 251）の合わさった効果として、内務大臣は、申立人が滞在を許可された場合の国の安全への危険と、追放された場合の申立人の生命や自由への脅威を、比べるよう求められている。

② しかし、裁判所は、個人が国の安全のため追放されるべきだとの主張を吟味する権利を有してはいるが、現実には、この吟味は、もしもすべての関連事実が裁判所に提示されなければ不完全なものであろう。

③ 当裁判所は、判断を補う国の安全についての証拠に接する手段を有さないから、申立人を追放する内務大臣の決定が不合理か又は誤ったものであるか否かを、判定することはできない。

④ 不合理又は誤った行為の証拠がない限り、イギリス法においては、内務大臣の決定を無効にすることは不可能である（後述(16)参照）。

(11) 1994 年 3 月 3 日、貴族院によっても拒否された。

3-2 拷問等の禁止(2)〔3条〕

〔関連国内法及び実務〕

(12) 1971年移民法3条5項(b)により、英国市民でない者は、とりわけ内務大臣が「公共の利益になる」と考えるならば、国外追放に処せられる。

(13) 英国は、1951年難民条約の締約国である。

(14) 国外追放を待つ者は、内務大臣の権限の下において抑留され得る（1971年法3条2項(3)及び3項）。

(15) 抑留されている者は誰でも、高等裁判所により出される身柄提出令状により、その抑留の合法性に異議を申立てる権利がある。もしも不法に抑留されていたならば、抑留者は釈放されなくてはならない（Habeas Corpus Act 1679 及び 1816, SZ）。

さらに、抑留者は、抑留決定の司法審査を申立て得る。

(16) 庇護を拒否し、国外追放命令を発し、または追放待ちの抑留を行う内務大臣の決定は、司法審査により争われるべきであり、また、イギリス公法の一般原則に照らし合わせて破棄され得る。

とはいえ、イギリス公法の一般原則は、大臣の職権内の事項に関し、事実認定を行うことを裁判所に許さない。裁判所は、大臣がイギリス法を正しく解釈もしくは適用することに失敗した場合のみ、その決定を破棄し得る（Associated Provincial Houses Ltd. v. Wednesbury Corp〔1948〕1 KB 223 参照）。

(17) つまり、国の安全の問題が絡むところでは、裁判所は審査権を保護するが、それは限定されたものである。なぜならば、特定の事件において、国の安全の要請が公正さの義務を凌駕す

⑥ チャハル事件

るか否かの決定は、政府によるのであり裁判所ではない。政府のみが必要な情報を利用できるのであり、少なくとも司法手続は、国の安全に関する決定に到達するには適していない。

(18) 人権委員会への申立ては、1993年7月27日に行われた。

【申立人主張】

(人権委員会における主張)

(19) インドへの追放は、ヨーロッパ人権条約3条に違反して、拷問又は非人道的若しくは品位を傷つける取扱いの真の危険に曝すであろう。

(20) 争われている国の安全の問題は、3条の争点とは筋違いである。本件において国内裁判所により審理された1951年難民条約と異なり、本条約3条は、そういった真の危険が存在する国へ送られることに対する絶対的保護を規定している。そして、この絶対的保護は、比例性の制限の対象とならない。

　もし比例性が争点となるとしても、申立人は、イギリスの法規に違反していない。

(21) 1990年8月14日以来の抑留期間の大部分は、「国外追放をする目的」ではなかったから、5条1項(f)違反である。又、抑留はあまりにも長く、かつ、国内裁判所により決定された合法的な抑留をされる機会を否定された。それ故に、司法による監視は同項及び5条4項に違反し無効である。

(22) 本件における国の安全の要素のために、13条に反して、申立人の条約による訴えに対し効果的な国内救済措置をうけれなかった。

3-2 拷問等の禁止(2)〔3条〕

(人権裁判所における補足主張)

(23) そもそも、申立人は、英国という国の安全へのいかなる脅威でもない。

それに、いかなる場合にも、国の安全の考慮は、個人を直接に拷問することを正当化し得ない以上に、外国での虐待の危険に曝すことを、正当化し得ない。

(24) 3条の適用問題に関し、危険の評価の時期は、申立人を追放する決定が最終的になされた時期であるから、1992年6月の時点を考えるべきである。

(25) 虐待の危険の評価について

国の安全を根拠として申立人の追放を決定したことにより、政府は実際上、公けに彼にテロリストの汚名を着せた。又、1990年以来、インドの新聞記事は、彼をテロリストと見做し、何人もの親類や知人が、彼との関係故に、パンシャブで抑留され苛い取扱いを受けてきた。その上に、インド政府は、パンジャブその他で、治安部隊をコントロールできないことを自ら示しているから、インド政府の保証は何の価値もない。

(26) 申立人は、1990年8月16日以来、ベッドフォード刑務所に抑留されていたが、この抑留が、5条1項(f)のいうところの「国外追放をするため」であったことに争いはない。

しかし、この抑留は、過度の期間に渡ったが故に、5条1項にいう「法律で定める手続に基づく」ことを止めていた。特に、難民申請を考慮しかつその拒否に要した期間の長さ(1990年8月16日から1991年3月27日)、また、難民申請の拒否決定の司法審査申請と、国内裁判所の決定の間の期間(1991年8月

9日から1991年12月2日)、そして、難民を拒否する新たな決定に対し要求された期間 (1991年12月2日から1992年6月1日) について訴えた。

(27) 国外追放が未決定のための抑留を正当化する根拠としての国の安全への依拠が、抑留が合法的かつ適切であるか否かを国内裁判所が考察することを妨げた。よって、5条4項に違反し、国内裁判所により抑留の合法性を決定する機会を否定された。

(28) 3条、5条による訴えに関し申立人に利用できる救済措置は、諮問委員会の手続は「救済措置」でも「効果的」でもない (前述(6)参照) から、司法審理のみである。

イギリスの裁判所は、受け入れ国の真の危険の存在に関し確信を抱くために相当の根拠が示されたか否かを決定するための事実を吟味することはできない。そうした危険の存在に関する大臣の決定が Wednesbury 原則 (前述(16)、(17)参照) により合理的か否かを判定することができるだけである。よって、イギリスの裁判所による行政機関の決定の一時的棚上げ権限というものは、すべての3条の難民の事件では不十分であった。

【政府主張】

(人権委員会における主張)

(29) 申立人が、本条約3条違反の犠牲者であり得るということを否定する。ソーリング事件における当裁判所の見解とは異なり、3条は域外適用の効果を有さないのであって、管轄内において拷問あるいは非人道的若しくは品位を傷つける取扱いに曝

3-2 拷問等の禁止(2)〔3条〕

すことを、締約国に対し禁止するものと解されなくてはならない（Soering v. U.K., Judgment of 7, July, 1989, A. 161, pp. 32～36参照）。

(30) また、たとえ3条が域外適用の効果を有すとしても、申立人のインドへの帰還は、同条違反を含まないであろう。なぜならば、申立人が提供する過去における迫害及び拷問についての証拠は、間接的もしくはそれ以上に懸け離れたものであり、ものによっては事実というよりはむしろ印象を証拠としていると言わざるを得ない。

(31) 申立人は、単に公共の安全に対する脅威であるのみならず、国外追放が国の安全を理由として十分に正当化されるテロリストである。

(32) 英国の領土内にいる外国人は、3条に反する虐待からの絶対的な保護を享受する。しかし、国の安全を理由として、外国人を本条約の管轄外に追放することが提案される場合、3条は、黙示的制限、資格条件、または権利の停止の対象となる。

(33) 外国人の難民となる権利が必要な条件に従うということは、何世紀にも渡り国際法において不変のテーマであった。庇護は、「社会又は他の人々に有害なことを行った人ではなく、不当な敵意を受ける人」により享受される（Hugo Grotius, "De Jure Belli ac Pocis" (1923)）。そしてこれは、難民条約32条及び33条に反映されている。

(34) 3条は、決して本件のような事件をカバーすることを意図されていなかった。締約国は、外国人の自国領土への継続する滞在により国の安全に対し引き起こされる害を拷問の危険と

⑥ チャハル事件

衡量する権利及び義務を有している。しかし、この衡量は、法的に決着をつけるというものではない。ひとたび締約国により誠実に行われたならば、国の安全に関する事柄について何らかの司法精査を行うことは、国内裁判所あるいはヨーロッパ人権条約の拷問の役割ではあり得ない。行政機関が国の安全に関する決定の根拠とした証拠を評価することは、可能ではない。

(35) 申立人は5条1項(f)により1990年8月14日から国外追放手続がなされているから、その抑留は合法的であった。また、本件における国の安全の理由に鑑みると、保釈は適当ではなかった。

（人権裁判所における補足主張）

(36) 虐待の真の危険が認定されなかったというのが主な主張であったが、また、意図された国外追放の理由は国の安全であったという点を強調する。これに関連してまず、締約国が個人を領土から移送しようとする事件においては、3条により与えられる保証は絶対的ではないと主張した。

なによりもそうした事件では、受け入れ国における将来の出来事の不確かな予測というものを必要条件とするから、受け入れ国の安全に対し当該の人により及ぼされる危険というものを含む、様々な要因を計算に入れなくてはならない。つまり、もしも移送が国の安全を根拠として必要とされるならば、真の虐待が存在する場合でさえも締約国が個人を受け入れ国に追放できる権利というものが、3条の黙示の制限として存在しているのである。

3-2 拷問等の禁止(2)〔3条〕

　政府としては、この主張の第1の根拠として、人権裁判所の判例法、特にソーリング事件において認められている黙示の制限の可能性を挙げる。加えて、外国人の庇護権は、とりわけ難民条約32条及び33条に規定されているように資格を条件とするという、国際法上の原則に言及する。

(37)　一方、締約国の国の安全に個人が及ぼす脅威は、3条における争点を考慮するに際しどちらかに重きを置くための一要因であった。この手法においては、こうした事件では虐待の危険に様々な程度のものが存在するということを、計算に入れている。虐待の危険性が高い程、国の安全への脅威に与えられる重みは少なくされなくてはならない。しかし、虐待の危険性に相当の疑いが存在するところでは、国の安全への脅威は、個人の権利の保護と共同体一般の利益との間の衝突に際しての衡量においては、大いに重んじられるであろう。本件がそうである。本件では、少なくとも訴えられている虐待の危険が現実となるか否かについては、相当な疑いがある。よって、申立人が英国の安全に深刻な脅威となるという事実は、彼の追放を正当化したのである。

(38)　3条の適用問題に関し、危険の評価の時期について（なお、前述(24)参照）。

　追放事件における3条の国家の責任は、個人を虐待の真の危険に曝す行為にあるから、危険の評価の実質的な時期は、提示された追放の時である。本件では、申立人は未だ追放されていなかったのであるから、関連時は、人権裁判所での審議の時である。

⑹ チャハル事件

(39) 虐待の危険の評価について（なお、前述(25)参照）。
　インド政府は、世界中の目が申立人に注がれていることを知っているから、何ら苛い扱いはなされないということを保証するのに、抜け目はないであろう。その上、1992年6月及び1995年12月、インド政府から保証を得た。

(40) 国外追放が国の安全を根拠として命じられた場合、司法審理の範囲はずっと限定されるということは認める（なお、前述(28)参照）。しかし、人権裁判所は、国の安全の問題が争点となっているところでは、13条における「効果的な救済措置」は、秘密の情報源に頼る必要性から、「でき得る限り効果的な救済措置」を意味しなくてはならない、と判示している（Leander v. Sweden (1987) 9 EHRR 460 参照）。
　その上、微妙な証拠を含む関連証拠のすべては、諮問委員会により審理されたという点を心に留めなくてはならない（前述(6)参照）。同委員会における手続は、一方では、国の安全に対する認知された脅威を根拠とした証拠の全体像の独立した審理の必要性を充たし、他方では、秘密の情報が公表されないことを保証するべく、作られていた。従って、それは、独立した準司法的精査を提供した。

【人権委員会意見】

（3条違反について）

(41)　3条における本条約の拷問の不変の判例法に対する政府による異議を拒否し、以下の諸原則を再確認する（Vilvarajah and Others, Judgment of 30, Oct., 1991, A. 215. pp. 34, 36 参

3-2 拷問等の禁止(2) 〔3条〕

照)。

① 締約国の庇護を求める者の追放は、その者が、送り帰された国で、拷問又は非人道的若しくは品位を傷つける取扱い若しくは刑罰の対象となる真の危険に直面すると信ずるに足る根拠が示されたところでは、3条における争点を生じさせ、そして本条約におけるその国の責任を確認するであろう。

② その上、この種の事件における3条による締約国の責任の特質というものは、虐待の危険に個人を曝す行為に存するから、危険の存在は、主に追放時に締約国に知られていたかあるいは知られているべきであった事実に関して、判断されなければならない。もっとも、条約による機関は、追放に続いて明るみに出た情報を顧慮することを妨げられない。

③ 3条に該当するには、過酷さの最小限のレベルには達しなくてはならない。この最小限の評価は、事柄の性質上相対的である。つまり、事件のすべての事情次第である。

④ 関連時における3条違反の虐待の危険性の存在についての条約上の機関による審理は、本条項の絶対的性質の観点、及びそれがヨーロッパ審議会を形成している民主的社会の根本的価値の一つを秘めているという事実から、必然的に厳格なものでなくてはならない。

(42) 国の安全の要請を理由として追放する権利を国家に与えるという黙示の制限を3条は有しているであろうとの政府の主張は、受け入れることはできない。3条は絶対的性格のものであり、例外を許さない。

(43) 非人道的かつ品位を傷つける取扱いの対象となる個人への

危険がひとたび認定されたならば、当の個人の背景とか追放する国の安全に彼が及ぼす脅威というものは、条約により与えられた保護のレベルを減ずるように衡量することができると言うことはできない。この点については、本条約は、難民条約32条及び33条よりも広い保証を規定している。このことは、望ましくない個人が、締約国に安住の地を見い出すという結果となるかもしれないということは認めはするが、同時に、個人は当該国家の通常の刑法の対象となるので、当の締約国は、それにより及ぼされるいかなる脅威も処理する手段がないというわけではない。

(44) 以上のような点を考慮して、申立人はインドに追放されたならば、本条約3条に反して虐待の真の危険に曝されるであろうと信ずる、相当な理由が認定された。よって、当委員会は、全員一致をもって、申立人がインドに追放されたならば本条約3条違反であると結論する。

（5条1項違反について）

(45) 原則として申立人は、「国外追放のための手続がとられている人」として、5条1項(f)により合法的に抑留されてきた。5条1項(f)を、人が国外追放命令が実施されることを可能にするためにのみ抑留された場合に限定して解釈するのは、甚だしく狭いであろう。本条項の文言は、人が元来は国外追放する目的で抑留された事件のみならず、その決定に異議を唱え又は庇護請求を行い、そして、そうした異議や請求の決定を待って抑留され続けている事件をもカバーするに十分な幅をもっている。

3-2 拷問等の禁止(2)〔3条〕

(46) 申立人は、たとえ幾分かはストラスブルグでの手続の結果を待っている期間が入っているとはいえ、今や5年近く抑留されている。にもかかわらず、国内手続の審理は、特殊な注意点を示していない。司法審査の許可の付与と最初の司法審査手続の間に3ヶ月が経過した。最初の国外追放の決定の破棄と2回目の決定の間には、6ヶ月が経過した。2回目の許可の付与と2回目の司法審理手続の間には、7ヶ月が経過した。そして、2回目の司法審理手続と申立人の上訴の決定との間には、8ヶ月が経過した。従って、司法審理手続のみで（2つ目の、6ヶ月を除き）、この期間中ずっと申立人は抑留されていたのだが、18ヶ月の遅れという結果となった。

　よって、当委員会は、全員一致で、申立人の抑留の長さを理由として、5条1項違反が存在したと結論する。

（5条4項違反について）

(47) 申立人の処分についての救済措置の適切さについての争点は、主に13条において、両当事者により主張され、かつ、一般的に司法審理についての議論に限定されたことから、13条において考慮する方が適切であると考える。

　よって、16対1をもって、5条4項における訴えを審理する必要はないと、結論する。

（13条違反について）

(48) 控訴審が指摘したように、国の安全についての考慮が国外追放の決定の一理由として主張されるところでは、国内裁判所

⑥ チャハル事件

の審理権は、第1に、国外追放は国の安全のためとの理由が必要とされていたとの内務大臣の決定は、不合理かどうか、誤っているかどうか、見当違いのことを根拠としていたかどうかを、第2に、内務大臣は、国の安全の危険の重さというものを、その者が追放された場合に被る迫害の危険の見込みを含む、他の全ての事情と衡量したという十分な証拠が存在するか否かを、判定することに限定される。

(49) また、もしも関連事実のすべてが国内裁判所に提出されないならば、国の安全のために国外追放されなければならない人の訴についての精査は、実際問題として欠陥があるかまたは不完全なものであろう。そして、この欠陥は、国内裁判所に対しては英国の安全に対し申立人が及ぼしたと判定された脅威に関し当委員会に提供された新たな情報すら提供されなかった、という本件における事実により例証される。

(50) その上、たとえ関連事実が国内裁判所に提供された場合でも、裁判所は、各々の危険性について自身の評価を行う権限はない。その権限は、必要な衡量が内務大臣により行われたという十分な証拠があるか否かを審理することに限られている。よって、もしもそうした証拠があれば、問題となっている国へ帰還すると申立人が直面するであろう3条に反する取扱いの危険性がいかに強かろうとも、裁判所には介入する権限はない。

(51) つまり、国の安全が主張される時、英国裁判所による審理権は、13条の要件を充たすにはあまりにも限定的すぎる。

　よって、全員一致で、13条違反が存在すると、結論する。

3-2 拷問等の禁止(2) 〔3条〕

(人権裁判所における人権委員会主張)

(52) 人権委員会は、人権裁判所における政府の主張（前述(36)以下参照）を拒否し、3条により与えられる保証は、性質上絶対的であり例外を認めない、という意見を表明した。

そして、人権裁判所での審理において、人権委員会の代表は、以下を指摘した。

政府が依拠するソーリング事件における一節（前述(37)参照）は、3条に反する取扱いもしくは処罰の対象となるであろう見込みについて重大な疑いが存在する事件では、その疑いの恩恵は、その者の引き続いての滞在により国益が脅かされる追放国に与えられ得るという見解の根拠として解されているようである。しかしながら、国益は、もしも追放されたならば虐待の対象となるであろうと信ずるに足る相当な根拠が示されるところでは、個人の利益を超克すると主張することはできない。

【人権裁判所判決】

(3条違反について)

(53) 当裁判所が過去に認めているように、確立した国際法の問題として及びヨーロッパ人権条約を含む条約上の義務に従って、締約国は、外国人の入国、居住及び追放を規制する権利を有している。その上、政治的庇護権は本条約にもその議定書にも含まれていないことを、特記しなくてはならない。

(54) しかしながら、締約国による追放は、3条における争点を惹起し、従って、問題となっている者がもしも追放されたならば、受け入れ国において3条に反する取扱いの対象となるとい

⑥ チャハル事件

う真の危険に直面するであろうと信ずる相当な根拠が示されるところでは、本条約における締約国の責任を負うことは当裁判所の確立された判例法である。

こうした状況においては、3条は、問題となってといる人をその国に追い払わない義務を含んでいる（なお、政府は、この原則を人権委員会においては争ったが、人権裁判所の弁論において認めた）。

(55) 申立人に対する国外追放命令は、引き続いての英国への滞在はテロとの闘いを含む国の安全を理由とした公益にとりプラスとならないという点を根拠として、出されたのである。

両当事者の主張は、申立人が英国の安全にとり危険となるかもしれないという事実が、3条における国家の義務に影響を与えるか否か、もし与えるとしたらどの程度か、という点で異なっている。

(56) 3条は、民主社会の最も基本的価値の1つを記している。

当裁判所は、現代において、テロリストの暴力から社会を守るために国家が直面している途方もない困難に、十分気づいている。しかし、こうした状況においてさえ、犠牲者の行為に関係なく、拷問または非人道的な若しくは品位を傷つける取扱い若しくは刑罰を、本条約は無条件に禁じている。本条約及び第1、第4議定書の実体的条項の大部分と異なり、3条は、例外の規定を置かず、また国民の生存を脅かす公の緊急事態の場合でさえ15条により権利の停止を行うことは許されない。

(57) 虐待に反対する3条に規定されている禁止は、国外追放の事件においても同じように絶対的である。それ故に、個人が、

3-2 拷問等の禁止(2)〔3条〕

　もしも他国へ移送されたならば3条に反する取扱いをうける真の危険に直面するであろうと信じるだけの、実質的な根拠が示されたときはいつでも、そうした取扱いからその対象となる者を保護する締約国の責任は国外追放の事件でも存在する。

　これらの状況においては、問題となっている個人の活動は、いかに望ましくなかろうともあるいは危険なものであろうとも、具体的な考慮事項ではあり得ない。3条により与えられている保護は、それ故に、1951年難民条約32条及び33条に規定されているよりも広いものである。

(58)　米国への追放に関するゾーリング事件における当裁判所の判決（Soering v. U.K. 11 EHRR 467, 468）は、明日かつ強力に、上記の見解を示している。

　3条による国家の責任があるか否かを決定するに際し、虐待の危険と追放の理由を衡量する余地が存在するということは、追放の存在意義を弱める危険について考慮する当裁判所の意見（ゾーリング事件、同上）から推断されるべきではない。

　当裁判所が、立証されないが疑いもなく善意の、申立人のテロ行為及び国の安全に対する彼による脅威についての政府の主張を考慮する必要がないことは、上記より当然である。

(59)　危険の評価の時期について考えるに、インドとパンジャブにおける状況については異なる見解が存在しはするが、暴力と不安定は1992年にピークに達しそれ以後減じてきたことについては、一致している。よって、もしもインドに追放されるならば、申立人への危険の評価にとって、どの時期を基準とするかは重要である。

⑹　チャハル事件

⑹⓪　3条による申立てに関する限り、重要な問題は、もし追放されたならば申立人は3条により禁止された取扱いの対象となるであろう真の危険が存在するということが、実証されているか否かという点である、ということが前述⑸⓸における考察より出てくる。

　そして、未だ申立人は追放はされていないのであるから、その判断時点は、本件を当裁判所が考慮する時でなくてはならない。歴史的状況は、現在の状況及びこれからの進展に光を当てる限り興味がありはするが、決定的であるのは現在の状況であるということとなる。

⑹⑴　本条約のシステムでは、事実の認定及び検証は、主として人権委員会の扱う問題である（28条1項及び31条）。従って、この分野に人権裁判所が権限を行使するのは、例外的な事情に限る。

　とはいえ、人権裁判所は、人権委員会の事実認定に縛られないのであり、独自の評価を行うことは自由である。実際、本件のような事件では、虐待の真の危険の存在についての人権裁判所の審理は、3条の絶対的性格及び3条がヨーロッパ審議会を構成している民主的性格の根本的価値の1つを記すものであるという事実から、必然的に厳格なものでなくてはならない。

⑹⑵　もしも申立人がインドに追放されたならば、3条に反する取扱いの対象となるであろう真の危険が存在することが実証されたか否かを判定するに際しては、人権裁判所は、提示されたすべての証拠及び、もしも必要ならば自身の発意により得られた証拠を、評価することとなろう。その上、危険を評価する具

3-2 拷問等の禁止(2)〔3条〕

体的な時期は本件の人権裁判所の審理の期日であるから、人権委員会の審理以後明らかとなった証拠を考慮に入れることが必要となろう。

(63) 申立人を、本人が選択したインドの空港に送り返すという政府の提案については、当裁判所としては、パンジャブだけでなくむしろ全インドでの状態に関して、苛い取扱いの危険を評価する必要がある。そしてまた、申立人がよく知られたシーク分離主義の支持者であるという点を、心に留めなくてはならない。パンジャブ州の外で治安警察の手に陥ちたシーク好戦主義者の運命に関する証拠は、特に関連すると言うことがこれらから出てくる。

(64) 少なくとも1994年半ばまでは、パンジャブ警察の小部隊が、容疑をかけられたシーク好戦主義者の人権を考慮することなく行動することに慣れていて、かつ、パンジャブから遠く離れたインド各地において目的を追求する能力を十分有していたということを、幾つかの異なる情報源からの証拠により確証された証拠により確信する。

(65) 近年、インド特にパンジャブにおける人権保護は改善されてきたとはいえ、パンジャブにおける治安部隊による人権の尊重に関しては問題がなお存続していることを、証拠が示している。

また、当裁判所は、既述（前述(39)）の保証を与えることについてのインド政府の誠意を疑わないけれども、インド国内人権委員会及び国内裁判所の改良への努力にもかかわらず、パンジャブや他地方における治安警察の人権侵害は、手に負えない

⑥ チャハル事件

つまでも続く問題である。

　こうした背景から、上記の保証は、申立人の安全につき適当な保証を提供するとは思えない。

(66) 以上述べたような理由、特に、州を越えての殺人や誘拐へのパンジャブ警察の立証された加担及びいたる所でのインド治安部隊に浴びせられている重大な人権侵害の訴えから、申立人は、もしもインドに返されたならば、3条に反した取扱いの対象となる真の危険が存在することは、立証されたと認定する。

　従って、インドへの申立人の追放命令は、もしも実行されたならば3条違反を引き起こすであろう。

（5条1項違反について）

(67) 申立人が、5条1項(f)のいう意味での「国外追放するために」抑留されていることに、争いはない。とはいえ、当条項は、国外追放のために抑留された者の抑留は、犯罪を犯すことや逃亡することを防ぐために必要と合理的に考えられるものではなくてはならないということを要求してはいない。この点において、5条1項(f)は、同項(c)とは異なるレベルの保護を規定している。

　実際、当条項が求めているものは、「国外追放をするために取られる行為」が全てである。それ故に、その目的からは、前提となる追放の決定が、国内法又はヨーロッパ人権条約において正当化し得るか否かは重要でない。

(68) しかしながら、5条1項(f)による自由の剥奪は、国外追放手続が進行中の場合に限り正当化されよう。そうした手続が相

3-2　拷問等の禁止(2)〔3条〕

当の注意を欠いて遂行されるならば、抑留は、当条項により許容されることを止めるであろう。

　それ故に、国外追放の手続期間が過度であるか否かを判定することが、必要である。

⑼　ここで、国内手続における様々な決定のために要した期間を、顧慮することとしよう。

　難民申請を拒否した大臣の決定に関しては、その期間（1990年8月16日から1991年3月27日及び1991年12月2日から1992年6月1日）は、申立人の政治難民申立てに求められる詳細かつ注意深い考慮及びそれが陳情や情報の提供を許されている機会を考えると、過度のものではなかった。

⑽　国内裁判所における司法審査手続との関係では、以下を明記しなくてはならない。第1回目の申立て（1991年8月9日）とそれに対する裁判官の決定（1991年12月2日）、第2回目の申立て（1992年7月16日）及びその審理（1991年12月18日より同21日）とその判決（1993年2月12日）、そして、控訴院による1993年10月22日の控訴棄却及び貴族院への上訴許可願いの拒絶、そして、貴族院もまた、1994年3月3日上訴許可願いを却下した。

　思うに、3条の文脈において当裁判所が認めているように、本件は、非常に深刻かつ重要な性質の考慮を要する。すべての関連する争点及び証拠に相当の考慮を払うことなくしての拙速な決定は、申立人の利益のためにもまた正義の遂行という一般公衆の利益のためにもならない。

　こうした背景から、ここで申立人にとり危くなっているもの

⑥ チャハル事件

と申立人の訴えが国内裁判所により審理されることによる利益というものを心に留めると、問題とされている期間は、個々に考えてもまた一緒に考えても、過度のものとは見做され得ない。従って、国内裁判所の手続が行われた際に、注意義務という点において、5条1項違反は存在しない。

(71) 次に、申立人の抑留は、特に国内システムに規定されている保護手段という点において、5条1項(f)の目的において「合法的な」ものであったかどうかを審理することにする。

「法律で定める手続」が踏まれているか否かという問題を含む抑留の「合法性」が争点となっているところでは、本条約は、国内法の実体法及び手続法上の規則に従う義務について言及している。しかしそれに加えて、いかなる自由の剥奪といえども、恣意性から個人を守るという5条の目的に従わなくてはならないということも要求している。

(72) 申立人の抑留は、国内法の下において合法的であり、それ故に「法律で定める手続に基づいて」遂行されたこと（前述(14)参照）に疑いはない。しかしながら、申立人が抑留されていた異様に長い期間を考えると、恣意性に対する十分な保証が存在していたか否かを考えることもまた必要である。

(73) 申立人は、国の安全への脅威となるという理由で抑留されていた。そして、大臣が国の安全が絡んでいると主張したが故に、国内裁判所は、申立人を抑留し続ける決定が正当化されるか否かを効果的に監視する立場にはなかった。なぜならば、これらの決定の根拠とされる証拠のすべてが裁判所に提供されたわけではなかったから。

3-2 拷問等の禁止(2)〔3条〕

(74) とはいえ、5条1項の文脈では、諮問委員会の手続（前述(6)参照）は、恣意性に対する重要な保護手段の1つを提供した。

諮問委員会の報告は開示されはしなかったが、人権裁判所での審理において政府は、同委員会は、申立人は国の安全を根拠として追放されるべきという点において内務大臣に賛同したと述べた。

もしも申立人が自由の身であったならば、国の安全は危険に曝されたであろうこと、従って行政機関は、申立人を抑留しておくよう命令したとき恣意的に行動したわけではないということを信ずるに足る少なくとも外見上の根拠が存在したという点について、当委員会の手続は適当な保証を提供したと当裁判所は考える。

(75) 結論として、申立人は、疑いもなく、深刻な憂慮を引き起こすとされるべき長期間に渡る抑留をされた。しかしながら、本件の例外的事情、及び国内当局は国外追放手続を通し相当の注意をもって行動しかつ申立人の自由の恣意的な剥奪に対し十分な保証があったという事実から、本件の抑留は、5条1項(f)の要件を充たしていたと考える。

従って、5条1項違反は存在しなかった。

（5条4項違反について）

(76) 当裁判所は、まず初めに、13条のより一般的要件との関係で、5条4項は特別法を規定しているということを思い出す (De Jong, Baljet and Van den Brink v. The Netherlands, (1984), 8 EHRR 41参照)。

⑥ チャハル事件

(77) 5条4項における「合法性」の概念は、5条1項におけるのと同じ意味である。それ故に、抑留された人は、国内法の要件に照らしてのみならず、本条約の条文、そこに具体化された一般原則及び5条1項により許された制限の目的に照らして、抑留を審理してもらう権利を有する。

5条4項における義務の範囲は、あらゆる種類の自由の剥奪において全く同じというわけではない（特に、Bouamar v. Belgium,（1987）11 EHRR 19参照）。

5条4項は、純粋に便宜的な問題を含む事件のあらゆる点に関し、意思決定を行う当局の裁量に代えて裁量権を行使する権限を裁判所に与えるまでに、司法審査権を保証してはいないことは明らかである。とはいえ、司法審査は、5条1項によって、人の「合法的な」抑留にとり欠くことのできない諸条件にかかわるに十分なだけの包括的なものではなくてはならない（E v. Norway, 17 EHRR 51 参照）。

(78) 国外追放の抑留の事件における5条1項の要件から（前述67参照）、追放の基礎となる決定が国内法または本条約により正当化し得るか否かを審理する権限を、国内裁判所が有していなくてはならないと5条4項が要求していないことは、当然の結果として出てくる。

(79) 5条1項(f)における「合法性」の概念は、国内法の実定法及び手続法の規定を守る義務にのみ触れているわけではない。それは加えて、いかなる自由の剥奪も5条の目的と歩調を合わせなくてはならないということを求めている（前述71参照）。故に、申立人の抑留の合法性を争いかつ保釈を求めるために利

135

3-2 拷問等の禁止(2)〔3条〕

用できる手続は、国内裁判所による適切な監督を与えたかどうかという問題が出てくる。

(80) 国の安全が絡むから、申立人を抑留し留置するとの決定が国の安全という見地から正当化されるか否かを審理する立場には、国内裁判所はなかった（前述(73)参照）。

その上、諮問委員会における手続は、疑いもなくある程度の監視を規定してはいたが、申立人は同委員会において法的代理人を持つ権利はなく、追放の通知についてもその根拠の概略のみが与えられるにすぎず、また、同委員会は決定権を有さず、内務大臣への勧告は拘束力がなくかつ公表されることもない、ということを心に留めると、同委員会は5条4項の意味する「裁判所」と考えることはできない。

(81) 国の安全を危うくするところでは、秘密証拠の使用は避けられないだろうとは認める。しかしこれは、国内当局が国の安全及びテロリズムが関係していると主張することを選択すればいつでも、国内裁判所による実際の監視から自由であり得る、ということを意味しない（マァーリ事件、Murray v. U.K. (A. 300-A) (1994), 19 EHRR 226 参照）。

(82) 国内裁判所におけるヘイビアス・コープスについての手続も、また申立人の抑留決定の司法審理手続も、5条4項の要件を充たさないと当裁判所は考える。この欠陥は、申立人が深刻な憂慮を生じさせる長期間疑いもなく自由を剥奪されていたことを考慮すると、より一層重大である（前述(75)参照）。

結論として、5条4項違反が存在した。

⑥ チャハル事件

(13条違反について)

(83) 13条は、いかなる形式での国内法秩序における保証であれ本条約の権利及び自由の実質を確保させようとして、国内レベルにおける救済措置の利用を保証するものである。従って、本条項の効果は、この条項の義務にいかに従うかについては締約国に若干の裁量が与えられているとはいえ、関連の条約上の訴えの実質的処理を行い、適切な救済を付与することの双方を、権限を有する国内機関が行うことを許すよう、国内救済についての規定に要求することにある。

(84) ここで、Vilvarajah v. U.K.（14 EHRR 291-292）において、3条における申立人の訴えとの関係で、司法審理の手続は効果的な救済措置であると認定したことを、思い出す。また、イギリスの裁判所は、内務大臣による庇護の拒否決定を審理し、そして不法・不合理又は手続上不適当ということに毒されたという理由で、その決定を不法と判決できることに満足する（前述(17)参照）。特に、すべての事情を考慮に入れると、その決定は合理的な大臣ならば採ることのできないものであったということを理由として、非人道的なまたは品位を傷つける取扱いの重大な危険が存在すると認定される国へ亡命者を送るという争われている決定を破棄するこのできる裁判管轄権を、国内裁判所は有しているということが認められる。

(85) 本件のような追放の事件において、3条違反の取扱いの真の危険が存在するかどうかを評価するに際しては、その者が被告政府の国の安全に危険を与える者として認められているという事実は、考慮すべきものではない（前述(67)参照）。

137

3-2 拷問等の禁止(2)〔3条〕

(86) 13条は、国の安全の考慮によりある微妙な情報を公表することを許さないという事情下では、救済措置は「可能な限り効果的である」ことを要求しているのみであると、当裁判所が判示したのは事実である（たとえば、Leander v. Sweden (1987) 9 EHRR 433）。

しかし、こうした事件は、8条及び10条における訴えに関するものであり、そこでの審理は、政府により主張された国の安全の主張を顧慮することを必要とした。国の安全に関する争点が重要でないところで、追放は3条に違反する取扱いの真の危険に曝すであろうとの訴えに関しては、「可能な限り効果的である」という救済措置の要件は、適切ではない。

(87) そうした事件では、虐待の危険が具体化しかつ裁判所が3条に重要性を置くならば取消せない性質の危害が発生するであろうから、13条における効果的救済措置の概念は、3条に反する取扱いの真の危険を恐れる実質的な理由が存在するとの訴えについて、独立した精査を求める。この精査は、その人が何か国外追放を正当化することを行ったかとか、追放を行う国の安全にいかなる認知された脅威であるかに関係なく、行われなくてはならない。

なお、そうした精査は、司法機関により行われる必要はない。しかし、もしそうでないならば、精査の権限及び保証は、そこでの救済措置が効果的か否かを判定するに際し関連事項である。

(88) 本件においては、諮問委員会も国内裁判所も、国の安全についての考量は別にしても、危険についての問題に言及したの

⑥ チャハル事件

みでインドへ申立人を追放することを決めた内務大臣の決定を審理することはできなかった。それどころか、国内裁判所の手法は、内務大臣が申立人の危険と国の安全への危険を衡量したことで、満足するものであった（前述⑩参照）。こうした点から、これらは、13条の目的からは申立人の3条の訴えに関し効果的な救済措置と考えることはできないと、当然の結果としてなる。

(89) その上、諮問委員会での手続において、申立人は法律家の代理人をもつ権利がなかったし、国外追放通知において理由の概略を告げられただけであるし、同委員会は決定権を有しなかったし、またその内務大臣への勧告は拘束もせずかつ公表されもしなかった、という点を特に記すものである。

こうした事情の下では、諮問委員会は、13条の目的とする十分な手続上の保護手段を提供したと考えられない。

(90) よって、司法審査手続及び諮問委員会双方の欠陥の程度を考慮に入れると、共にとられた救済措置は、3条との関係で13条の要件を充たすと考えることはできない。

従って、13条違反が存在する。

(91) 結論として、

① もしも申立人をインドに追放するという決定が実施されるならば、3条違反が存在しよう（12対7）。

② 5条1項違反は、存在しない（13対6）。

③ 5条4項違反が、存在した（全員一致）。

④ 3条と共に、13条違反が存在した（全員一致）。

⑤ 3条に関する結論を考えると、8条についての訴えを考

139

3-2 拷問等の禁止(2)〔3条〕

慮する必要はない（17対2）。

〔個別意見〕

(92) 国の安全についての考慮が、締約国の管轄権内での国家による虐待を正当化すると主張しえないとする点、及び、この意味では3条による保護はその性質上絶対的であるという点では、多数意見に賛成する。

しかし、本件のように3条の域外（または間接的）適用のみが危機に瀕しているところでは、事情は異なる。そこでは、自国の管轄から他国の管轄へ誰かを移送することを企図している締約国は、一方ではもしもその者が留まるならば国の安全という利益への脅威となる性質と、他方では目的の国における虐待の潜在的危険の程度との間に、正当に公平なバランスをとるであろう。証拠に基づいて、目的国における虐待が現実には起きるであろうということに相当な疑いが存在するところでは、国の安全への脅威がバランス上重くなるであろう。それに対し、虐待の危険が増大すればする程、安全への脅威の比重が少なくなるべきである。

(93) 本件の情況下において、申立人がもしもインドに帰されたならば3条に反する取り扱いの対象となる真の危険が存在するということが実証されているか否かについて、多数意見の結論とは異なる。

従って、申立人をインドへ追放するとの決定が履行されたならば3条違反が存在するであろうとの認定には、賛同しない。

(94) 本質的な困難は、危険の量を測ることである。

多数意見は、その評価に到達するにあたり、インド政府により与えられた保証が、申立人への適切な安全保障を提供するであろうということには説得されないのであって、申立人の有名度がむしろ危険を増大させるであろうと考えると述べている。

　しかしながら、申立人の有名度が特別の保護を与えるであろうということも、同じ程度言えるであろう。インド政府の保証及びもしも危害が加えられたならば生じるであろう国内及び国際社会からの抗議の明白な見込みに鑑みて、インドにおける一遵法市民として、申立人はまさに扱われるであろうことを期待し得る強い根拠が存在するであろう。申立人に対する何らかの潜在的脅威の存在あるいはその程度は、主に申立人の将来の行動次第であると言えよう。

(95)　包括的結論としては、以下のようである。

　多数意見の評価は、あまりにも疑問の余地を残していて、かつ申立人がインドに追放されるならば3条に反する取り扱いの対象となる「真の危険が存在することが実証されて」いない。本件において存在するよりもより高度のそうした取り扱いの予測可能性が、当裁判所が正当とするには3条の潜在的侵害の認定において求められるべきである。

3-3 拷問等の禁止(3) 〔3条〕

⑦ ディー対英国事件
—— D. v. U.K. (Application No. 30240/96) ——

Decision of the Commission on 26, June, 1996
Judgment of 2, May, 1997　2BIIRC 273

【事　実】

(1) セント・キッツ（別名セントクリストファー・ネイビス）市民である申立人は、1993年1月21日ロンドンのガトウィック空港においてコカイン所持により逮捕され、入国を拒否され、公共の利益を理由にセント・キッツへ送還するために抑留された。その後、取締対象とされているドラッグを不法に持ち込もうとした罪で起訴された。そして、1993年5月10日6年の刑が言い渡され、収監された。

　1996年1月24日仮釈放され、セント・キッツへの移送を待つ間移民抑留場に抑留され、同年10月31日、人権委員会の報告書が公表された後、釈放された。

(2) 1994年8月、服役中に申立人は、AIDSにかかっていると診断された。感染は、英国到着前に起きたようである。

(3) 1996年1月20日、仮釈放される直前に、移民局は、申立人

3-3 拷問等の禁止⑶〔3条〕

のセント・キッツへの移送命令を出した。

⑷　1996年1月20日、申立人の弁護士は、内務大臣に対し、セント・キッツへ移送されると、現在受けている治療を失い余命を短くすることとなろうと述べて、憐憫の情を根拠として、国内に留まる許可を与えるよう求めた。

　　この要求は、移民局局長により同月25日拒絶された。理由として以下が述べられた。

　　……申立人の医療環境には憂慮するが、当省の政策として、一般的にまたは本件の個別的事情により、例外的にAIDS患者の滞在を許すことは、我が国の治療は国民健康サービスにより公費で行われていることから、認めることはできない。また、AIDS患者を他の病気の患者と異なる扱いをすることは、公平でもないであろう。……

⑸　1996年2月2日、申立人は、入国許可を拒否する決定についての司法審理を求め高等法院に申立てたが、失敗した。次いで、1996年2月15日、控訴審裁判所は、1971年移民法3条は、入国許可と、在留許可を区別していると認め、移民局局長は正しくも申立人の申請を入国許可の申請として扱ったのであり、在留許可申請に関する内務省指針（以後指針）5項（後述⑿参照）を考慮に入れるよう求められはしないと判示し、申立てを却下した。

⑹　申立人は、AIDSが進行した状態にある。

⑺　1995年5月20日付の手紙で、東カリビア諸国担当大使は、刑務所で申立人を治療している医者に対し、セント・キッツにおける医療施設は、求められるであろう治療を提供する能力を

⑦ ディー対英国事件

有していない、と告げた。

(8) 当地政府によると、申立人は、セント・キッツに家族も、また1人のいとこを除き近親者もいない。

(9) 英国への入国及び滞在に関する規制は、1971年移民法第1編により行われる。なお、入国及び滞在を規制するための当該法の行政による適用の実行については、議会への大臣による規則（移民規則）に関する声明中に含まれている。

　3条1項は、英国市民でない者は、当該法律の条項に従い入国の許可が与えられない限り、英国に入国できないと規定する。

　4条1項によると、入国の許可の付与又は拒絶の権利は、英国への在留許可を付与する権限は内務大臣により行使されるが故に、移民局員により行使される。これらの権限は、これにより影響を被る人に対する文書による通知により、行使され得る。

　申立人のように、入国許可を拒否されているが、移送を待つため身体的には英国内に居てかつ滞在許可を求めている者は、在留許可の申請者として扱われるべきものに当らない。入国許可は申立人に付与されてはいないのだから、R v. Secretary for State for the Home Department, ex p D (15 February 1996, unreported)におけるGlidewell判事の判決によると、移民局員が申立人の申請を、在留許可ではなくむしろ入国許可を求めての申請として扱ったのは、正しかった。

(10) 内務省移民国籍課は、1995年8月にこの問題についての政策文書（BDI 3/95）を発布した。指針第2項は、AIDSにかかっているかHIVポジティブであるという事実は、もしもその者が他の点では移民規則によると資格があるならば、入国許可

3-3 拷問等の禁止(3)〔3条〕

とか在留許可を拒絶する根拠ではない、と明記している。

　また同時に、この事実は、その者が規則の要件を充たしていないところでの裁量行為を実質的に正当化するに十分な根拠ではない。

　指針は、入国許可の申請と在留許可の申請を区別している。

(11)　入国許可（指針第4項）の申請に関し、政策及び実務は、通常の方法で移民規則に忠実に行われる。よって、そうした者が規則によると資格がない場合は、入国は拒否される。

(12)　在留許可（指針第5項）の申請に関しては、準拠規則に基づいて、通常のやり方で実体によって処理されるべきである。しかしながら、強い憐憫の事情の下で行われ得る、規則を超えての裁量が存在している。5.4項は、「……申請者自身の国では、利用できる治療施設が存在しないことが明らかな事例というものが、存在するかもしれない。この治療の欠如は、顕著に申請者の余命を縮めるということが証拠により判明するところでは、在留許可を付与することが、通常適切であろう。」と述べている。

(13)　人権委員会への申立ては、1996年2月15日に行われた。

【申立人主張】

(14)　セント・キッツへの移送は、余生を苦痛の中に過ごさせられ、かつ孤独、浅ましさそして貧困の状態に陥ち入ることとなろう。そもそも、死の床に就いたとき、枕辺に居てくれる近親者も友人もいない。家も収入も、またいかなる社会的支援手段を利用する術もない。

　現在の医療処置を止めることは、セント・キッツでは類似の

⑦ ディー対英国事件

治療を利用できないため死期を早めることとなるということ は、立証された事実である。既に弱っている申立人の免疫システムは、セント・キッツにおいて、家がなく適切な食事も得られず、かつ不十分な衛生状態のために曝されるであろう多くの日和見感染に、抵抗できないであろう。病院の設備は極端に限定されていて、かつ確実に独力でなんとかやっていくことを強要されるであろう。きびしい身体状況により引き起こされる感染の進行は、抑えることができないであろう。

従って、死がより加速されるであろうというだけでなく、また非人道的かつ品位を傷つけるであろう状態となるであろう。

⒂ 1996年6月、余命は、たとえ英国で処置を受け続けたとしても、8ヶ月から12ヶ月の状態にあると告げられた。それ以後、健康状態は悪化している。現在明らかに衰弱しかつ死期が近づいているのであるから、こうした最後の段階においての被告国による移送は、確実に運命を悪化させるであろう。

⒃ よって、提案されているセント・キッツへの移送は、本条約2条、3条、8条に違反するし、また、13条に違反し、移送命令に異議を申し立てるための効果的な救済措置を否定された。

【政府主張】

⒄ 申立人は、3条の基準違反となるようないかなる形態の取扱いにもセント・キッツにおいて曝されはしないであろうから、本件の状況において3条に関する訴えは有効ではない。

彼の難儀と余命の短縮は、貧しい発展途上国の衛生及び社会福祉システムの欠陥と、末期の不治の病気と相まって生じるで

3-3 拷問等の禁止(3)〔3条〕

あろう。そして、それはセント・キッツにおける他のAIDS患者と同じ状態であると、申立人はわかるであろう。

(18) 申立人は、少なくともセント・キッツに住むいとこが1人いる。また、日和見感染を被っている人たちを含むAIDS患者を世話する病院はある。たとえ治療や薬物は、現在英国で行われているものと比べ不足していたとしても、それ自体が3条の基準に違反することにはならない。

(19) 旅行に不適当な者は移送しないというのが、政府の政策である。人権裁判所が判決を下した後に、健康状態を考慮して、申立人が旅行に適していないならば、移送しないということを保証する。

【人権裁判所判決】

(20) まず初めに、確立した国際法の問題として、また本条約を含む条約上の義務に従って、締約国は、外国人の入国、居住及び追放をコントロールする権利を有している、ということを確認する。

また、申立人により犯された犯罪の重大さと、外国からのドラッグの供給により自国の社会に引き起こされている害悪と一生懸命戦っている締約国が直面している問題の深刻さに、当裁判所は気づいているということを特記する。

申立人のような外国人のドラッグ運び人の追放を含む、ドラッグ取引きに加担した人々に対する厳しい制裁の執行は、この社会悪に対する正しい対応の1つである。

(21) しかしながら、そうした外国人を追放する権利を行使する

⑦ ディー対英国事件

に際し、締約国は、民主的社会の基本的価値の1つを記した本条約3条を、顧慮しなくてはならない。当裁判所が、繰り返し、3条は無条件に、拷問または非人道的な若しくは品位を傷つける取扱い若しくは刑罰を禁じ、かつその保証は、問題となっている人の行為の非難される性質に関わりなく適用されるという、第三国への外国人犯罪人引渡し国外追放または国外退去強制を含む、判例の流れを強調しているのは、まさにこの理由による（例えば、Chahal v. U.K. (1996), 1 BHRC 422, 423 参照）。

(22) 上記原則は、1971年移民法による申立人の移送に適用し得る。申立人が専門的な意味で（前述(9)後段参照）英国に入国したことがあるか否かに関係なく、彼は物理的にそこに居るのであり、従って1993年1月21日以来、本条約1条の意味での被告国の管轄内に在るということは、特記されるべきである。それ故に、申立人に対し、犯した犯罪の重大さに関係なく、3条により保証された権利を確保するのは、被告国である。

(23) 受入国の機関が、個人に適切な保護を与えることができない時、禁止されている形態の取扱いのどれかの対象とされる個人に及ぼされる危険は、受け入れ国当局の意図的に苦痛を加える行為とかその国の非国家機関のそうした行為から生ずるという文脈において、この原則は、当人権裁判所によってこれまで適用されてきているのは事実である。

こうした状況はさておき、そしてまた、本条約システムにおける3条の根源的な重要性を考えると、当裁判所は、他の文脈において生ずるであろう3条の適用を検討するに十分な柔軟性を、それ自身残しておかなければならない。従って、受け入れ

149

3-3　拷問等の禁止(3)〔3条〕

国における禁止されている取扱いの危険を生む原因が、直接的にも間接的にもその国の当局の責任とすることができない要因から生じるとか、それ自体は3条の基準には反していない要因から生じるといった場合にも、当裁判所は、3条に基づく申立人の訴えを精査することを妨げられない。そう考えずに3条の申立てを限定することは、その保護の絶対的性格を弱めることとなろう。

　もっとも、いかなる文脈においても、当裁判所は、事件を取り巻くすべての事情、特に追放する国における申立人の個人的立場を、厳しく精査しなければならない。

⑽　こうした背景にもかかわらず、当裁判所は、申立人の現在の健康状態を考慮して、申立人の移送は3条の基準に反するであろうという真の危険が存在するか否かを、判定しよう。そうするに際し、申立人の健康状態についての最新の情報を含む、本件を考慮する時に裁判所に提示された資料に照らし、その危険を評価する。

⑾　申立人は、不治の病いが末期的に進行した段階にある。審理の日には、状態が顕著に悪化し、病院へ移送されなくてはならなかった。申立人の健康状態には、憂慮すべきものがある。現在彼が享受している人生のささやかな質というものは、英国の高度の治療及び薬物の供与そして慈善機関による配慮と思いやりの結果として、生じているのである。彼は、いかにして死を迎えるかの助言を受け、また、世話をする人たちと絆を結んできている。

⑿　こうした便宜の突然の撤回は、必然的に、申立人に対し最

⑦ ディー対英国事件

も劇的な結果を引き起こすであろう。彼の移送が、死期を早めるであろうということに争いはない。セント・キッツにおいて彼を待ち受けている不運な状態には、既に限られた余命を更に減じかつ深刻な精神的かつ肉体的苦痛に会わせるという、重大な危険性が存在している。多分彼がそこで受けたいと望むであろういかなる治療も、セント・キッツの人々を悩ませている健康状態や公衆衛生についての問題に彼もまた身を曝すであろうこと、及び身を寄せる所も適切な食事も欠けていることからおそらくかかるであろう感染には、対抗できないであろう。

　申立人は、セント・キッツにいとこが1人居るけれども、この人が、死期の近づいた病人の必要に嬉しんで答えてくれるかどうか、また答える能力があるかどうかを示す証拠は、提供されていない。また、他の何らかの形式の精神的あるいは社会的支援があるという証拠もない。そしてまた、政府によると、AIDS患者の世話をするとされる病院のどれかに申立人はベッドが保証されているかどうかも、明らかにされていない。

(27)　こうした例外的事情の故に、また申立人の不治の病が最終的段階にあることを心に留めると、申立人をセント・キッツへ移送する決定の実行は、3条に違反し被告国による非人道的取扱いに達するであろう。

　またこの点に関し、被告国は、1994年8月以来申立人の健康状態を取り扱ってきた責任を負っていよう。彼は、現在受けている医学的なそして痛み緩和のための配慮に頼るようになり、慣れ親しんだ憐れみ深い環境において、疑いもなく心理的に死を迎える準備を行っている。

3-3 拷問等の禁止(3)〔3条〕

　受け入れ国において彼が対峙するであろう状況が、3条の基準にそれ自体違反するということはできない。しかし、彼の移送は、最も悲惨な環境の下で死ぬ真の危険に曝すこととなり、それ故に、非人道的取扱いとなるであろう。政府が当裁判所に対し行った約束（前述(19)）の誠実さを疑いはしないが、上記の考慮は、申立人がセント・キッツに旅行で帰るのに耐えられるかどうかの問題よりも範囲においてより広いものと看做されなくてはならない。

(28)　こうした背景にもかかわらず、当裁判所は、服役を済ませ国外追放の対象となっている外国人は、原則として、刑務所に留まっている間追放する国から提供された医学上のあるいは社会的な又はその他の形態の援助から利益を得続けるために締約国領土内に留まるいかなる権利も主張できない、という点を強調しておく。

　とはいえ、本件のまさに例外的な状況及びここで危うくなっているやむにやまれぬ人道的な理由から、申立人を移送するという決定の実行は3条違反となるであろうと、結論しなくてはならない。

(29)　全員一致をもって、以下のように判決する。

①　申立人を移送するとの決定の実行は、条約3条に違反するであろう。

②　3条による結論を考えると、2条による申立人の訴えを審理する必要はない。

③　8条の訴えは、別の争点を生じさせない。

④　13条の違反は存在しない。

3-4 拷問等の禁止(4)〔3条〕

> ### ⑧ エイ対英国事件
> —— A. v. U.K. (Application No. 25599/94) ——
>
> Decision of the Commission on 9, Sept. 1996.
> Judgment of 23, Sept., 1998.　5 B.H.R.C 137

【事　実】

(1) 申立人は、1984年生れの9歳の少年で、英国市民である。

(2) 1993年2月、申立人の通っている学校の校長が、申立人の弟が兄が義父より棒で叩かれていると告げてきたと、地方社会福祉事務所に報告した。そこで、義父は同月5日逮捕され、翌日保釈金を払って釈放された。

(3) 同月5日、申立人は小児科医長の診察を受け、体に幾つもの傷跡が認められた。医者は、傷跡は、何度となくかなりの力をもって庭仕事用の棒を用いたことにより引き起こされた、と考えた。

(4) 義父は、1861年身体犯罪法47条に基づき、現に身体に危害を生じさせる暴行の罪で起訴され、1994年2月裁判にかけられた。

　この裁判において、義父が何度も申立人を棒で叩いたこと

3-4 拷問等の禁止(4)〔3条〕

は、弁護士人により争われなかった。しかし、申立人は親や学校の躾けを受けつけない扱いにくい少年であるため、こうした叩くことは必要かつ合理的であったと義父側は主張し、合理的な懲罰の抗弁を提起した。

(5) 事件概要の説示において裁判官は、以下のように、該当する法律について陪審員に助言した。

　検察当局が証明しなくてはならないものは、何であろうか。もしも人が、意図的にかつ正当化されないのに他人を殴り、傷を作ったり腫れ上がったりするような身体的損傷を生じさせるなら、その者は、現に身体への危害を生じさせた罪で有罪である。では、この事件の文脈において、正当化されないとは何を意味するのであろうか。もしも懲罰が、その方法、道具そして量において節度のあるものであれば、訴えの暴行は、親による、本件では義父による、子供への単なる懲しめにすぎなかったということは、完全に有効な抗弁である。別の表現をすると、合理的である。

　そして、合法的な懲しめであることを証明するのは、被告人ではない。検察当局が、そうでないということを証明するのである。この事件は、非常に扱いにくい少年を陪審員が処罰しなくてはならないか否かということではない。ここで行われた事が合理的か否かということであり、それを陪審員が判断しなくてはならない。

(6) 陪審員は、多数決による評決により、申立人の義父は、現に身体への危害を生じさせる暴行により有罪とはならない、と認定した。

⑧ エイ対英国事件

（関連国内法）

(7) 申立人の義父は、修正された1861年身体犯罪法47条に反したとして、「現実に身体的な危害を生じさせる暴行」の罪で起訴された。この条項の目的のための「暴行」には、人が故意に又は未必の故意により、他人に身体的攻撃を加える行為を包含する。「現実の身体への危害」には、犠牲者の健康や平穏な生活を害すると判断されるいかなる苦痛や損害をも包含する。苦痛や損害は、長く続くものでなくともよいが、一時的あるいはわずかなもの以上のものでなくてはならない。

 有罪の場合の最高刑は、5年の懲役である。

(8) 加えて、不要な苦痛とか健康への危害を生じさせるような方法で、子供に暴力を振ったり酷い扱いをすることは、1993年子供及び青年法1条1項により犯罪である。

 なお、この最高刑は、10年の懲役である。

(9) 子供への暴行に関する刑事法廷手続において、とりわけ当該暴行が合法的な懲罰に該当しなかったということを、合理的な疑いを超えて陪審に納得させることの立証責任は、検察当局にある。

(10) 両親あるいは親代わりの者は、そこでの状況において節度がありかつ合理的である懲罰を行うならば、法律により守られる。「合理的さ」の概念により、子供への肉体的懲罰に関し、現代社会において一般的な基準を適用することを裁判所は認められる。

(11) 教師による子供への体罰は、もしその懲罰が非人道的ある

3-4 拷問等の禁止(4)〔3条〕

いは品位を傷つけるものならば、正当化され得ない。懲罰が、非人道的あるいは品位を傷つけるかどうかを判断するに際しては、以下の点について考慮しなくてはならない。

——懲罰を与えた理由、問題が起きた後いかに早く懲罰を行ったか、懲罰の性質、懲罰が与えられた方法及び状況、関係した人々そして精神的かつ肉体的影響、を含むその事件におけるあらゆる事情（1993年教育法293条により修正された、1986年教育（No.2）法47条1項(a)(b)参照）。——

(12) 1994年7月15日、人権委員会へ申立てがなされた。

【申立人主張】

（人権委員会における主張）

(13) 国家は、義父による虐待から申立人を守ることに失敗したから、ヨーロッパ人権条約3条及び／または8条違反である。

これらの訴えに対し救済手段を否定されたから、13条違反である。

暴行に関する国内法は、子供について差別しているから、3条及び8条に関連して14条違反である。

（人権裁判所への最終付託）

(14) 3条及び8条違反を認定し、かつ国内法は子供に対する意図的な暴力がいかなる程度のものであれ直接または暗に大目に見てはならないということを確認するよう、人権裁判所に求めた。

⑧ エイ対英国事件

【政府主張】

(人権裁判所への最終付託)

(15) 3条違反が存在したという、人権裁判所の理由付け及び結論は認めた。しかし、子供の体罰について、何らの一般的声明も出すことなく、本件の事実を考察することに限定するよう、人権裁判所に求めた。

【人権委員会意見】

(16) 1996年9月9日、申立ての受理を宣言。
1997年9月18日の報告書において以下の意見を表明した。
3条違反が存在した（全員一致）。
8条による訴えは考慮する必要はない（16対1）。
13条違反は存在しない（全員一致）。
3条及び8条に関連し、14条の訴えを考慮する必要はない。

【人権裁判所判決】

(17) 人権委員会も政府も、3条違反が存在したことは認めたにもかかわらず、当裁判所は、本件における争点を自身で審理する必要があると考える。なお、通常通り、この審理は、当裁判所に提示された本件の特別の事実に限定される。

(18) 虐待が3条に該当するには、苛酷さの最小限の程度には違反していなくてはならない。この最小限の評価は、相対的である。それは、懲罰の性質及び文脈、その期間、その肉体的かつ精神的影響、そして幾つかの場合には、犠牲者の性、年令及び

3-4　拷問等の禁止⑷〔3条〕

健康状態といった、事件のあらゆる事情次第である。

　当時9歳であった申立人は、診察した小児科医長により、庭仕事用の棒で何度もかなりの力で叩かれていた、と認定された（前述⑶）。当裁判所は、このような種類の懲罰は、3条により禁じられている苛酷さのレベルに到達すると考える。

⒆　さて、義父が申立人を叩いたことについて、3条による責任を国家が持たされるべきかどうかを決定する、ということが残っている。

　締約国の管轄内にあるすべての人に対しヨーロッパ人権条約に定義された権利及び自由を保障するという、1条による締約国の義務は、3条と一緒に考えると、私人により行われる虐待を含む拷問または非人道的な若しくは品位を傷つける取扱い若しくは刑罰の対象に管轄内にある個人がならないことを保証するよう意図された措置を採ることを国家に求めると、当裁判所は考える。

　子供とかその他傷つきやすい個人は、特に、個人の尊厳のこうした重大な侵害に対する、効果的な抑止の形態による国家の保護を受ける権利が与えられる（Stubbings v. U.K. (1996), 1 BHRC 330-331 及び子供の権利条約19条、37条参照）。

⒇　イングランド法においては、問題となっている扱いが「合理的な懲罰」になったことは、子供に対する暴行での起訴に対する抗弁の1つである。その暴行が合法的処罰の限度を超えたということを合理的な疑いを超えて立証することの責任は、検察当局にある。

　本件において、申立人は3条に該当するに十分なひどい懲罰

の対象となっていたという事実にもかかわらず、陪審は、その懲罰を行った義父を、無罪とした（前述(4)、(5)、(6)参照）。

(21) 当裁判所の見解では、イギリス法は、3条に反する取扱いまたは刑罰に対して、申立人への適切な保護を提供していなかった。

実際にも、政府は、この法律は現今子供に対し適切な保護を提供することに失敗しているのであり修正されなくてはならない、と認めている。

(22) よって、本件の事情においては、適切な保護を提供することに失敗したことは、ヨーロッパ人権条約3条違反となる。

(23) 結論として、全員一致をもって、以下のように判決する。

① 3条違反が存在した。

② 8条、13条あるいは14条における申立人の訴えは、考慮する必要はない。

⑨ マァーリ事件

4-1 逮捕抑留の条件(1)〔5条〕

> **⑨ マァーリ事件**
> —— **Murray v. U.K.** (Application No. 14310/88) ——
>
> Opinion of the Commission of 17, Feb. 1993.
> Judgment of 28, Oct., 1994.　A. 300-A

【事　実】

(1)　申立人は、ベルファストに住んでいる。1982年6月22日、申立人の兄弟が、暫定アイルランド共和国軍（以後「IRA」）のための武器購入に関与したとして、米国で有罪となった。

(2)　申立人は、米国におけるIRAの武器購入のための資金集めに加担していたとの疑いで、1982年7月2日午前7時自宅にやってきた兵士により自宅から連行される途中同7時30分に、北アイルランド（非常事態規定）1978年法（以後「1978年法」）14条に基づき逮捕された。

　なお、IRAの武器購入資金を集めることへの加担は、1978年法21条及びテロ防止（暫定規定）1976年法10条により、刑事犯罪である。

(3)　申立人は、ベルファストの軍検査センターに連行され、午前8時5分に尋問が始まった。

161

4-1　逮捕抑留の条件(1)〔5条〕

　なお、センターで、申立人は本人の承諾なくまた知ることもなく、写真を撮られた。この写真と、申立人、家族及びその家についての詳細は、記録に残された。

　標準記録様式紙の「嫌疑犯罪」の欄には、何らの記載もされなかった。

(4)　申立人は、名前を告げたのみで、それ以外のいかなる質問にも答えることを拒否したため、尋問により何ら情報が得られなかった。

(5)　同日午前9時45分、起訴されることなく、釈放された。

(6)　1984年2月9日、申立人は、誤った抑留及び他の不法行為につき、国防省を国内裁判所に訴えた。

　申立人の主張によると、本件における「1978年法」14条の使用は、低次情報を得る意図をもち、犯罪を犯したという真の疑いとか嫌疑をかけられている犯罪について尋問しようという真の意図のない、軍当局による不法な検査の制度化された例の1つである。

(7)　第1審裁判所（高等法院）の裁判官は、「1978年法」14条は、低次情報を得る目的で調べるために用いられたとの訴えを、1985年10月25日棄却した。

　ここで同裁判官は、同条に基づく申立人の逮捕及び抑留の目的は、申立人が疑いをかけられた犯罪に関する事実を立証するためであったと認め、また、たとえその意志に反したとしても、個人を身体的に邪魔したりあるいは害したりすることなく単に個人の写真を撮るということは、不法ではないとも判示した。

⑨ マァーリ事件

(8) そこで申立人は、以下の理由に基づき逮捕の合法性を争って、控訴院に上訴した。
① 逮捕した者が、必要とされる嫌疑を有していなかったかあるいは有していることが、十分に証明されなかった。
② 申立人は、逮捕を正当とする犯罪であるとの結論を正当化する原告に対して申立てられているものについて、十分に詳細な知識あるいは理解をもっていなかった。
(9) 1987年2月20日の判決で、控訴院は、全員一致をもって、これらの理由を却下した。とくに、裁判官は、上記2番目の理由につき、「嫌疑は、立証を下回るものであり、何らかの理由により裏付けされなくてはならないが、証拠なしに存在し得る。」と認めた。
(10) 控訴院は更に、逮捕や抑留の目的及び尋問の全ての意図は、嫌疑をかけられた事柄に関連なくかつ申立人等に関する低次の情報を得ることを意図しての情報収集であったとの申立人の訴えを、全員一致で棄却した。この訴えを棄却するに際し控訴院は、両当事者より引証された証拠を考慮に入れ、以下のように述べた。
　……証人により明らかなことは、申立人が故意に非協力的でありかつ質問の大部分に答えることを拒否した、ということである。確かなことは、I.R.A.が使用するための小火器の米国での購入に関係してその前の月有罪となった兄弟について尋ねられたということである。申立人が金を集めたと疑われているのは、こうした購入のためであったことは明らかである。従って、尋問者が、逮捕時に嫌疑の対象としようとしたが、何らの

4-1 逮捕抑留の条件(1)〔5条〕

進捗をみることができなかったことは疑いもない。

(11) 申立人はまた、家宅捜索の合法性といった、幾つかの関連事項についても訴えた。これについて控訴院は、「1978年法」14条3項（後述(17)、(18)ⓓ参照）に十分な根拠があったと、判示した。

なお、その理由として、14条に基づいて軍に付与されたものに事実上に含まれた権能には、抑留者を尋問する権限及び実務上の必要から逮捕及び抑留に際し個人の詳細を記録する権限を含むし、また「審査の見積り」として知られる標準記録様式紙は、嫌疑に関連しないであろう情報は含んでいない、と認定している。

(12) 申立人は貴族院に上告したが、1988年5月25日棄却された。

(13) 貴族院において、申立人は、犯罪を犯したという真正かつ正当な嫌疑に基づいて逮捕されたのではないという訴えは行わなかった。

申立人は、特に以下の2点についての主張を行った。① 以前控訴院で提起したように、午前7時30分になって合法的に逮捕されたから、7時から7時30分までの間は不法に抑留されていた。② 兵士が家を離れるまで逮捕することを告げなかったことは、逮捕を不法とする。

(14) 貴族院は、上記①については、以下のように述べている。

人は、拘束の対象となる瞬間から逮捕される。従って、兵士が午前7時に家に入り申立人を識別した瞬間から、申立人は逮捕の状態に置かれたのである。逮捕という形式的な表現が、7

⑨ マァーリ事件

時30分に申立人に対し発せられたことは、異いを生じさせなかった。

そして、②については、以下のような理由で、その主張は却下された。

……軍隊の一員は、逮捕者に対し、嫌疑をかけられている犯罪を告げなくともよいということは、14条に含まれる非常に限定された逮捕権の特例の1つである。なぜならば、兵士が軍隊の一員として逮捕を行っていると告げれば十分であることは、特に14条2項に規定されている。

逮捕した兵士は、14条に従って自宅監禁を行うよう指示され、手続に従ってこの逮捕を行っている。この手続は、兵士及び家に居る者を含む関係者に損傷を負わせる危険を少なくして逮捕を行うよう、意図されているように思われる。I.R.A.に加担の嫌疑での逮捕においては、猛烈な抵抗を受けるであろうという危険を、正しく評価するべきであろう。……

(15) 結局、申立人は不必要なあるいは不合理な質問を受けたのではないとの、第1審裁判官の結論、及び、尋問者は逮捕時に存在した嫌疑を追求しようとしたが何らの進捗はなかったという控訴院の結論は、明らかに正当化されると、貴族院は判示した。

〔関連国内法及び実務〕

(16) 20年以上に渡り、約150万人を数える北アイルランドの人々は、テロ行為のキャンペーンの対象となっている。この間、北アイルランドにおいて2,000人もの人々が、殺されたり

4-1 逮捕抑留の条件⑴〔5条〕

不具にされたり傷つけられている。恐怖キャンペーンは、英国の他の地方そしてヨーロッパ本土へも広がっている。

「1978年法」は、治安部隊がテロリストの暴力による脅威に効果的に対処できるようするための試みの1つとして、やっと制定された特別立法の1つである。

⒄ 申立人がそれに基づいて逮捕された「1978年法」14条は以下の通りである。

① 勤務時間中の軍人は、何らかの犯罪を犯している、犯した、あるいは犯そうとしているとの疑いを抱いた者を、令状なしに逮捕し、四時間以内抑留することができる。

② 本条項に基づいて逮捕を行う者は、もしも軍隊の一員として逮捕を行っていると告げるならば、逮捕根拠を告げるよう求めているあらゆる法律の規則に合致している。

③ 本条項に基づき人を逮捕する目的のために、軍隊の一員は、以下のいかなる家屋あるいは場所に入り、捜索し得る。

(a) その者が居る場所、あるいは、

(b) もしもその者が、テロリストであるとか、爆発物、その材料あるいは小火器の使用または所持を伴う犯罪を犯したと疑われている時、その者が居ると疑われる場所。

⒅ 国内裁判所の判例に述べられているように、14条による逮捕または抑留の合法性が争われる時(人身保護令状により、または誤逮捕あるいは誤抑留に対する損害賠償手続において)、自身の行為を正当化すること、特に以下の要件の立証責任は軍隊にある、というのが準拠法である。

⑨ マァーリ事件

ⓐ 逮捕のための形式的要件の履行
ⓑ 逮捕の根拠とされる容疑の真正さ
ⓒ 逮捕及び抑留の権限が、例えば情報収集といったような、いかなる不適当な目的のためにも用いられないこと。
ⓓ 捜索権限は、逮捕を容易にするためにのみ用いられるのであって、有罪とする証拠を得るためのものではない。
ⓔ 逮捕抑留に責任ある者は、抑留者を釈放するか警察に引き渡すかを決定するために必要とされる合理的な時間を超えてはならない。

(19) 写真について

「1978年法」11条（警察による逮捕）4項は、「本項に基づき逮捕された場合には、警部以上の王立アルスター警察隊の警官は、写真を撮り指紋及び掌紋を採るよう巡査に命ずることができる。そして、巡査は、そうした目的のために必要な合理的な力を用いることができる。」と規定している。

なお、北アイルランドの一般法では、イングランド法と同じく、力が用いられずかつ写真が当該者の名誉を毀損するような方法で利用されるのでなければ、その者の同意なしに写真を撮ることは合法である。

これは、写真を撮ることについて、軍隊に写真を撮る権利を与えるコモン・ローのルールと同じく法的根拠を提供する。

(20) 標準記録様式紙

特に本体に関し控訴院及び貴族院において確認されたように、標準記録様式紙（「審査の見積り」として知られる）は、逮捕後の申立人尋問の不可欠な部分であり、かつ、その様式に申

4-1 逮捕抑留の条件(1)〔5条〕

立人についての幾つかの個人データを記録するための法的根拠は、「1978年法」14条に基づく申立人の逮捕、抑留及び尋問の合法性から導びき出された（前述⑾、⒂参照）。

　また、申立人についての情報を記録することについて同条により与えられた暗黙の合法的根拠は、同じように、情報を保存するための法的根拠も与えていた。

⑵ 人権委員会に対する申立ては、1988年9月28日に行われた。

【申立人主張】

（人権委員会における主張）

⑵ 逮捕及び抑留は、北アイルランド法においては「合法的」であり、5条1項にいうところの「法律で定める手続に基づき」行われていることは、争わない。

　しかしながら、「1978年法」14項による逮捕及び抑留は、ヨーロッパ人権条約5条1項に違反する。特に5条1項(c)の要件を満たさない限りにおいて。

⑵ 申立人は、権限ある法的機関に連れて行く目的ではなく、単に尋問する目的で逮捕された。

⑷ 申立人の抑留を正当と認める法律には、合理的な疑いについてのいかなる基準も欠けている。逮捕した者が、主観的にかつ正当に（honestly）申立人が犯罪を犯したと疑ったとはいえ、「1978年法」14項は、逮捕したが合理的な程度の疑いを抱くことを要件としていないから、その嫌疑が客観的あるいは合理的であったということは示されていない。そして、合理的さの要

⑨ マァーリ事件

件を欠いていることは、Fox, Campbell and Hartley 判決（Judgment of 30, August, 1990, A. 182, pp. 16-18）で、本条約5条1項違反とされている。

（人権裁判所における補足主張）

⑳ 政府は、人権委員会及び同裁判所が、申立人の担保を根拠づけている嫌疑は、合理的なものであるか、または北アイルランド法に要求されている「正当な」（honest）疑い以上のものである、と結論できるに十分な事実を明らかにする義務を果すのに失敗した。政府が述べた事情は、嫌疑の合理的さに疑いを抱かせる。たとえば、もしも嫌疑が本当に合理的なのであったら、「1978年法」14条により与えられた四時間の権限によるのではなく、もっと広範な権限により逮捕されたであろう。軍によるのではなく、警察により尋問されたであろう。個人の詳細な情報を集めたり申立人の写真を撮ったりするために、時間を費さなかったであろう。実際の尋問時間1時間15分以上に、尋問されたであろう。米国にいる兄弟についてだけでなく、申立人本人の事件への関与についても尋問されたであろう。

㉖ 軍のセンターでの記録様式紙に書き込まれた記録（前述⑶参照）、尋問に際し警察官を加えることに失敗したこと、尋問時間の短かさ（1時間余り）などの一連の状況から、「権限のある法的機関」に連れて行く目的ではなく、単に一般的情報を集めるために、申立人は逮捕されたということは明らかである。

4-1　逮捕抑留の条件(1)〔5条〕

【政府主張】

（人権委員会における主張）

(27)　法律は、逮捕に関し合理的な疑いを要求してはいないけれども、本件では、逮捕した者は、申立人が米国における兄弟の有罪判決に関係し、IRAのための資金集めという刑事犯罪を犯したことについて、合理的な疑いを抱いた。信頼できる筋からの情報に基づいた、申立人に対する軍の疑いについて特別かつ強力な根拠が存在する。しかしながら、この嫌疑の基礎をなす資料の微妙さゆえに、政府は、それを公けにすることはできない。

（人権裁判所における補足主張）

(28)　信頼できる秘密の情報源からの情報を根拠とした、申立人がテロ目的のための資金集めを行ったと疑うに足る強力かつ明確な根拠が、軍には存在した。しかしながら、提供された「主たる」情報は、生命及び個人の安全を守るために知らせることはできない。

　なお、間接的とはいえ嫌疑の合理的さを補強することのできる他の事実を、幾つか指摘しておく。これには特に、申立人が起こした訴訟における国内裁判所の認定、IRAのための武器購入に関する罪についての、米国における申立人の兄弟の直近の有罪判決、申立人本人の米国への訪問及びそこでの兄弟との接触が含まれる。

(29)　こうした事をすべて一緒にすると、本件の事情においては、

合理的な疑いが存在するということを客観的な観察者に満足さすに十分な事実及び情報が、提供されている。

　人権裁判所によるいかなる異なる結論といえども、信頼できるが秘密の情報に主に根拠を置いてテロリストの疑いをかけられた者の逮捕を当局が効果的に行うことを禁ずることとなろうし、また、逮捕を行う当局に、組織的テロ行為に対し効果的措置を採ることを禁ずるであろう。

【人権委員会意見】

(30) 警察による逮捕に関する「1978年法」の類似の条項による合法的逮捕の基準は、本条約5条1項(c)が合理的疑いについて客観的な基準を求めているのに対し、逮捕した者の正当な疑いという主観的な基準であった、とFox, Campbell and Hartley事件で人権裁判所は述べている。

(31) これは、当該者が犯罪を犯したであろうと客観的観察者を満足さすであろう、事実や情報の存在というものを前提としている。しかしながら、何が合理的であると見做されるかは、ある特定の事件のそのおかれた状況次第である。

　テロ犯罪は、特殊な問題を引き起こし、そして権限ある当局は、情報源の保護及び将来の有効性のため秘密にしておかなければならない信頼できる情報源に頼って誰かを逮捕するかもしれないとはいえ、テロ犯罪の処理の急迫性により、5条1項(c)の保護の本質が損われるところまでも、「合理的さ（reasonableness）」という概念を引き伸ばすことを正当化することはできない。

4-1　逮捕抑留の条件(1)〔5条〕

(32)　締約国に、情報の秘密の情報源を明らかにするよう求めることはできない。けれども、人権委員会及び同裁判所としては、締約国が当該者に対する合理的な疑いが存在するということを示すことのできる、少なくとも幾つかの事実や情報を提供しないならば、5条1項の要件は履行されたと納得することはできない。

(33)　Fox, Campbell and Hartley 判決についてみてみることとしよう。

　申立人 Fox 及び Campbell は、IRA のために情報収集及び密使としての役割を果していた疑いで逮捕された。なお彼等は、テロ犯罪で有罪の前科があった。また、Hartley は、誘拐事件に加担した疑いが持たれていた。被告政府は、申立人を逮捕に導いた情報もその情報源も明らかにすることはできないけれども、Fox と Campbell については、逮捕当時テロリストのための情報収集と密使としての行動に従事していたことを示す、強力な根拠が存在したし、Hartley については、テロリストによる誘拐に関与していたとする警察資料を提供できると主張した。

　これについて人権裁判所は、警察は、申立人のテロ犯罪への加担に関し、正当な嫌疑を抱いていたということは認めた。また、Fox 及び Campbell の有罪の前科を特記し、また、警察の正当な嫌疑の裏づけとして、申立人は特定のテロ行為に関し尋問されたという点を強調した。しかし、それ以上の資料が欠如しているため、政府の説明は、本条約5条1項(c)に規定される合理的な疑いの客観的基準に合致しないと、結論した。この認

定により、裁判所は、申立人たちの逮捕の目的についての問題にまでも立ち入る必要はないと考えた。

(34) ここで本件の事実について考えると、当委員会は、前述のFox, Campbell and Hartley事件の事情との間に、顕著な違いを見い出すことはできない。

本件では、政府は、何らの詳細も提供せず、また補強することもせず、安全のために秘密にしなくてはならない信頼できる情報源からの情報によって、軍は、申立人がテロ関連の犯罪に加担していると真正に疑った、と述べている。

しかしながら、申立人の有罪となった兄弟との血族関係以外に、申立人がIRAの武器購入のための資金集めに加担したという嫌疑を支持するいかなる客観的証拠も主張されていないと、当委員会は特に強調しておく。当委員会は、本件における政府の説明は、Fox, Campbell and Hartley事件において提供された説明と著しく区別できるものではないと考える。それに加えて、「1978年法」14条という法律自体が、逮捕する軍人に合理的な疑いを抱くことを要求していなかったのであり、その後この条項は、合理的さの基準を含むように修正されたという点を、当委員会は特記する。

(35) こうした事情においては、当委員会は、政府により提供されたものは、本条約5条1項(c)により設けられた最小限の基準に合致する「合理的な疑い」が申立人に対し存在するとの結論を支持するには、不十分であるとの意見である。

そしてこの意見に照らし、当委員会は、申立人の逮捕の目的に関する5条1項(c)における申立人の他の訴えについては、審

4-1 逮捕抑留の条件(1)〔5条〕

理する必要はないと考える。

(36) よって、5条1項違反が存在すると結論する（11対3）。

【人権裁判所判決】

(37) 本件の申立ては、北アイルランドでの事態に関係したテロ行為を処理するために制定された特別刑事法に基づく、軍隊による逮捕及び抑留に関するものである。

当裁判所の幾つかの判決で述べたように、この四半世紀以上北アイルランドで行われているテロ行為活動は、特に人命及び苦難という点でおそろしく高くついている。

当裁判所としては、似たような性質の事件で適用された一般的手法からわざわざ離れなくてはならない理由を、見い出せない。従って、ヨーロッパ人権条約の関連条項の解釈及び適用の目的のために、民主的社会にテロ犯罪が与える脅威及びそれを扱うことの急迫性という、テロ犯罪特有の性質が十分に考慮されることとなる。

(38) 申立人は、自分の逮捕及び抑留は、北アイルランドの法律によれば「合法的」であること、特に5条1項に要件とされる「法律で定める手続に基づく」ことを争っていない。

申立人は、刑事犯罪を犯したという「合理的な疑い」により逮捕されたのではなく、また、逮捕及びそれに続く抑留の目的は、5条1項(c)の意味での権限のある法的機関に連れて行くことではなかったと、申立てている。

(39) まず、「合理的な疑い」について述べることとしよう。

申立人は、「1978年法」14条によって逮捕及び抑留された。

⑨ マァーリ事件

この条項は、もしも逮捕する者の疑いが正当かつ真正なものであれば、犯罪を犯したと疑われている者を逮捕し抑留する権限を、軍に与えた。ここで、当時の国内法がこの本質的に主観的な基準を単に課していたということは、関連してはいるが決定的ではない。当裁判所の任務は、本条約5条1項に規定されている「合理的な疑い」の客観的基準が、本件における法律の適用状況下において満たされているか否かを、決定することである。

⑷ 「1978年法」の似た文面の条項に基づき、北アイルランド警察により行われた逮捕に関する前述 Fox, Campbell and Hartley 判決において、当裁判所は、以下のように述べている。

逮捕が根拠としなくてはならない「合理的さ」は、5条1項(c)に規定される恣意的な逮捕及び抑留に対する保護手段の、重要な一部分を形成する。……「合理的な疑い」を持つことは、当該の者が犯罪を犯したであろうと、客観的観察者を満足させるだろう事実や情報の存在を前提とする。そして、何が「合理的」と見做されるであろうかということは、あらゆる事情に依存する。

この点において、テロ犯罪は、特別のカテゴリーに当る。人命の損失及び人的苦難という付随する危険のため、警察は、秘密の情報源よりの情報を含むあらゆる情報を徹底的に究明するため、最大限の緊急性をもって行動することを余儀なくされる。

その上、警察はしばしば、信頼がおける情報ではあるけれども、情報源を危険に曝さないために、容疑者に示すことも起訴

4-1　逮捕抑留の条件(1)〔5条〕

を補強するために法廷に提出することもできないものを根拠として、テロ容疑者を逮捕しなくてはなるまい。

……北アイルランドにおけるテロタイプの犯罪の捜査及び起訴に内在する困難さのゆえに、そうした逮捕を正当化する嫌疑の「合理的さ」は、通常の犯罪を扱う際適用されるとまったく同じ基準に従って常に裁判されることはできない。とはいえ、テロ犯罪を扱うことの緊急性が、5条1項により保証されている保護手段の核心的部分を損なうところまで、「合理的さ」の概念を伸長することを正当化することはできない。……

確かに、5条1項(c)は、締約国の警察当局が、組織的テロ行為に対抗するために効果的措置を採るのに不釣合いな困難さを与えるようなやり方で、適用されてはならない。……つまり、締約国は、補強する情報の秘密の情報源あるいはそうした情報源もしくはその正体を暗に示し得るような事実をさえ明らかにすることにより、テロ容疑者の逮捕の根拠となる嫌疑の合理的さを立証することを、求められることはできない。

とはいえ、当裁判所は、5条1項により与えられた保護手段の核心的部分が保証されているか否かを、確かめることができなくてはならない。その結果として、被告の立場にある政府は、逮捕された者に申立てられた犯罪を犯したという嫌疑を合理的にかけることができると、当裁判所が納得することのできる少なくとも幾つかの事実または情報を、提供しなくてはならない。本件においてのように、国内法が合理的な疑いを要求せず単なる正当な疑いを要求することにより、より低い敷居を設定したところでは、このことはより一層必要である。

⑨ マァーリ事件

(41) 「嫌疑」のレベルに関しては、当裁判所は他の判決において認めたように、まず第1に、5条1項(c)は、捜査当局が、逮捕時あるいは逮捕者の抑留中に、起訴するのに十分な証拠を得ていなければならないということを、必要条件としていない。そうした証拠は、入手できなかったかもしれないし、また、嫌疑をかけられた犯罪の性質ゆえに、他者の生命を危険に曝すことなく法廷に提出することは、不可能であったかもしれない。

5条1項(c)による抑留中の尋問の目的は、逮捕に根拠を与える具体的疑いを確認したり消散させるために、犯罪捜査を進めることにある。よって、容疑を生じさせる事実は、有罪判決どころか起訴をすら正当化するのに必要であるのと、まったく同じレベルのものである必要はない。起訴は、犯罪捜査の過程の、次の段階にくるものである。

(42) 問題となる自由剥奪の長さには、要求されている嫌疑のレベルが重要であろう。だから、申立人が逮捕された条項すなわち「1978年法」14項により許された抑留期間は、最大四時間に限られていた。

(43) Fox, Campbell and Hartley判決でも指摘されたように、具体的事件における合理的な疑いの存在・不存在は、結局は個々の事実次第ではあるが、嫌疑の「合理的さ」に特に関しては、同判決で述べられた原則（前述(40)）が本件に適用されなくてはならない。

(44) 秘密の情報の使用は、テロリストの暴力及び組織的テロが市民の生命そして民主的社会全体に及ぼす脅威と闘うには、欠くことはできない。しかしながら、捜査当局は、5条により、

177

4-1 逮捕抑留の条件(1) 〔5条〕

テロ行為を伴っていると主張することを選びさえすればいつでも、尋問のために容疑者を逮捕することや国内裁判所や本条約の監視機関からの効果的監視から自由であるという白紙委任状を持っていることを、これは意味しはしない（同旨、Klass and Others v. Germany, Judgment of 6, September, 1978, A. 28）。

(45) 本件においては、北アイルランドにおけるテロキャンペーン、長年に渡って引き起こされている殺戮、そしてそのキャンペーンにおけるIRAの活発な活動については、疑いもなく立証された。また、「1978年法」14条により軍に付与された逮捕権限は、法治主義にのっとりテロ犯罪に対処するために、民主的に選出された議会による善意の試みの表われであったことを、当裁判所は認める。

(46) Fox, Campbell and Hartley判決で述べたように（前述(40)参照）、被告政府は、逮捕された者は容疑をかけられた犯罪を犯したということが合理的に推測されると、当裁判所に納得させることのできる幾つかの事実または情報を、少なくとも提供しなくてはならない。

(47) 申立人が逮捕された根拠となる嫌疑の真正さに関連し、国内裁判所に引証されたすべてのまたは幾つかの証拠は、また嫌疑が本条約5条1項(c)の目的にとって「合理的」であるか否かという争点にとり重要であるかもしれない、ということを除外することはできない。

　誤った抑留及び他の不法行為について、国防省を相手として申立人が起こした訴訟において、第1審裁判官は、証人を尋問しその信憑性を評価した後に、申立人は、本当にIRAのため

⑨ マァーリ事件

の米国での武器購入資金収集に加わっていたと疑われていた、と認定した。

(48) 嫌疑の段階で要求される事実に基づく弁明のレベル及びテロ犯罪捜査の特別の急迫性を顧慮し、前述したすべての考慮すべき事実に鑑みると、申立人が、IRAのための資金集めに加わるという犯罪を犯したかもしれないという嫌疑に対し、妥当かつ客観的な根拠を提供するであろう十分な事実や情報が存在していたと、当裁判所は認定する。

　それ故に、本件の特有の事実により、国内法によるより低次の嫌疑の基準にもかかわらず、申立人は、5条1項(c)の言うところの刑事犯罪を犯したという「合理的な疑い」に基づいて逮捕及び抑留されたと言うことができるということに、当裁判所は満足する。

(49) では、逮捕の目的について、述べるとしよう。

　北アイルランドの準拠法では、「1978年法」14条により軍に付与された逮捕及び抑留の権限は、情報収集というようないかなる不適当な目的のためにも用いてはならない（前述(18)ⓒ参照）。申立人による国防省を相手とする民事訴訟において、第一審裁判官は、「1978年法」14条に基づく申立人の逮捕及び抑留は、証拠によると、嫌疑をかけられている犯罪に対する事実を立証しようとしてであったと、認定した（前述(7)参照）。

(50) 当人権裁判所の任務は、定められた正統な目的の追求を含む5条1項(c)に規定された条件が、特定の事例の事情において満たされたか否かを、判定することである。しかしながら、この文脈において、提出された証拠を評価するのにより良い立場

179

4-1 逮捕抑留の条件(1)〔5条〕

に置かれた国内裁判所の認定に当裁判所の認定を置き換えることは、当裁判所の職分ではないのが通例である。

そして、本件においては、北アイルランドの裁判所によりなされた事実認定に反する方向へ当裁判所を導き得る説得力ある証拠は、申立人により提出されていない。

(51) 申立人は、起訴されることも裁判にかけられることもなかったのであり、1時間余り続いた面談（interview）の後に解放された。そもそも5条1項(c)の目的の存在は、その目的の達成とは無関係に考えられなくてはならないから、申立人の逮捕及び抑留の目的が5条1項(c)に一致しないということを、これは必然的に意味するわけではない。

軍検査センターにおいて、申立人は一貫していかなる質問にも答えなかった点（前述(4)参照）を鑑みると、当局が申立人に対する嫌疑の追求に何らの進捗を見い出すことができなかったことは、驚きではない。もしもこれらの嫌疑が確証されたならば、起訴され、権限ある法機関に連れて行かれていたであろうと、推測し得る。

(52) 本条約の義務を履行するという目的にとり重要なことは、形式ではなく内容である。逮捕及び抑留の目的が、真正に当該者を権限ある法的機関に連れて行くことにあるのならば、これがいかにして達成されるべきかというメカニズムは、決定的とはなるまい。

ゆえに、申立人の逮捕及び抑留は、5条1項(c)に明記された目的を遂行したと、解されなくてはならない。

(53) 結論として、申立人に関し5条1項違反は存在しなかった

⑨ マァーリ事件

(14対4)。

なお、5条2項、5項についても違反は存在しなかったされた（13対5）。

また、訴えられている様々な措置は、8条2項のいう犯罪の防止のため民主的社会において必要であったと、見做し得る。

よって、8条違反は存在しない（15対3）。

【個別意見】

(54) ヨーロッパ人権条約を解釈・適用するとき、テロ犯罪の特別の性質、テロリストの行動捜査の急迫性そして頼るに足る情報源の秘密保持を危くしないことの必要性に適切な考慮をしなくてはならないとする多数意見に賛成はするけれども、本件において5条1項、2項、5項及び8条違反は存在しないとするその結論には、同意することはできない。

(55) 申立人の逮捕及び抑留に関しては、特に申立人が、問題とされている犯罪を犯したという嫌疑の合理性については（前述(48)参照）、残念ながら多数意見の議論には説得されない。また、本体の事実は、当人権裁判所が5条1項違反を認定したFox, Campbell and Hartley判決のそれとは著しく異なっているとは認めない。

(56) I.R.A.のための武器購入に関係しての犯罪で申立人の兄弟が米国で有罪となったことや米国へ兄弟に会いに出かけたことなどは、テロ目的のために米国で武器を購入するために北アイルランドで資金を集めるという犯罪への申立人の加担を、合理的に疑わせるに十分な根拠ではないと考える。家族の絆は、犯

4-1 逮捕抑留の条件⑴〔5条〕

罪者とその家族との間に犯罪的関係を含めることはできないし、また「協調的」な犯罪の性質は、犯罪者の家族または友だちに対する共謀の合理的嫌疑についての有効な根拠と考えられることはできない。犯罪に直接関係する他の事実と結合しないならば、こうした事実は、申立人に対しとられた重大な措置を正当化するための「合理的な」嫌疑を生じさせない。

しかしながら、情報提供者の生命及び個人的安全を保護するために必要な情報源の秘密性を危険に曝すことなく、こうした類いの事実は提供され得たであろうに、被告政府によって何ら提出されなかった。

(57) 当裁判所の任務は、多数意見により述べられているように（前述(50)参照）、5条1項cに規定された条件が、特定の事例の事情の下で満たされたか否かを判定することにある。

国内裁判所が事件の事実に対し行なった審理について、及び、申立人により起こされた法廷手続における認定及び結論について、管轄内にあるすべての人に身体の自由への権利及び私生活の尊重を受ける権利などを保護するということは、当裁判所にふりかかる。この審査権限の行使において、人権裁判所は、当人権条約のこの条項により与えられた保証の核心の部分が確保されたか否かを確かめなくてはならない。必然的に、被告国は、逮捕された者が申立てられた犯罪を犯したと合理的に疑われているということにつき、当裁判所を満足さすに十分の少なくとも幾つかの事実あるいは情報を提供しなくてはならない。

(58) 本件においては、軍隊による申立人の家への侵入及び捜査

の特別の状況、英国法におけるテロリストの犯罪捜査についての軍隊の限定された役割（「1978年法」14条参照）、そしてまた、申立人の個人的事情（4人の子供の母で、犯罪歴が無いなど）から、より高いレベルの嫌疑と、当裁判所において嫌疑の「合理性」を充たすにあたりより厳格な基準の被告国への適用が求められる。

　言うまでもなく、国内裁判所は、合理的というよりもむしろ正当かつ真正な嫌疑を要求する「1978年法」14条の観点から、争点を審理したのである。国内裁判所の審理の範囲は、それに限られた。

(59)　5条2項の申立てられた違反に関していえば、軍検査センターでの申立人の尋問についての証拠、申立人になされた漠然とした指摘及び質問というものは、申立人が逮捕の理由を告げられたとの結論を正当化するのに必要な正確さを、欠いていると思われる。

(60)　Fox, Campbell and Hartley 判決において（p. 19）、人権裁判所は、「5条2項は、逮捕された者は誰であれ、自由を剝奪されている理由を知らなくてはならないという基礎的な保護手段を含んでいる」と宣言した。この条項は、5条により与えられた保護システムの不可欠な部分である。よって、2項によって、逮捕された者は誰であれ、もしも条件を充たすならば4項に従って合法性を争うため裁判所に訴えることができるように、彼が理解できる簡単かつ専門用的でない言葉で、逮捕の重要な法的及び事実的根拠を、告げられなくてはならない。

　しかるに、尋問中に申立人に行った質問の性質を含む状況全

4-1　逮捕抑留の条件(1)〔5条〕

体を心に留めてみると、申立人に与えられた情報は、この根本的基準に合致していなかったと、我々は考える。

4-2 逮捕抑留の条件(2)〔5条〕

⑩ アーツ事件
── **Aerts v. Belgium** (Application No. 25357/94) ──

Decision of the Commission on 2, Sept. 1996
Judgment of 30, July, 1998, 5 B.H.R.C. 382

【事　実】

(1) ベルギー人である申立人は、1992年11月14日暴行罪で逮捕された。

(2) 第1審裁判所の精神病患者収容命令は、申立人は、犯行時及び出廷時共に、自己の行動の刑事責任をとらせるにはあまりにも精神的に病んでいると認定し、有罪の判決を下すことなく、権限のある精神衛生委員会により適当と指定される社会保護センターへの移送を待つために、刑務所の精神病棟に収容するように命じた。

(3) しかし、適当と指定されたセンターに余裕がないため、申立人は、監督はほとんど行われず、かつ医者や精神科医の注意もめったに払われることのない刑務所精神病棟に留めおかれた。

(4) 申立人は、そのまま暫定的措置として、7ヶ月間刑務所の精神病棟に留められた。

4-2 逮捕抑留の条件(2)〔5条〕

(関連法)

(5) 精神的欠陥者および矯正できない犯罪者から社会を守るための1964年社会保護法(以後、1964年法)。

1項：被告人が精神障害又はひどい精神障害にかかっているか若しくは行動のコントロールを不能とする精神欠損であると信ずる理由がある場合、捜査当局は、未決勾留が法律で規定されているところでは、その者を監視下に置くために逮捕状を交付することができる。……

12項：各精神病棟には、精神衛生委員会が置かれなくてはならない。同委員会は、委員長を務める現職又は退職司法官、弁護士及び医者の3人より構成される。……

14項：抑留は、精神衛生委員会により指定された機関において行われなくてはならない。これは、政府により組織された機関から選ばれなくてはならない。しかしながら、委員会は、治療上の理由のためでかつ明確な理由を述べた決定によって、適切なレベルの警備及び治療を提供することのできる他の機関に、当該者を移し留めるよう命ずることができる。…抑留命令が発せられた時に被告人が刑務所に居るならば、暫定的に刑務所の精神病棟に抑留されるか、あるいは、精神病棟がないところでは、抑留を命じた裁判所により指定された棟に抑留されなくてはならない。

15項：委員会は、自ら又は司法大臣、検察官、抑留者若しくはその弁護士の要請により、抑留者を他の機関へ移送するよう命ずることができる。……

(6) 1994年8月8日、人権委員会に対し申立てが行われた。

⑩ アーツ事件

【申立人主張】

（5条1項違反の訴えに関連するもの）

(7) 抑留されるべき機関と指定されたセンターへの移送を待っていることは、精神的に病む者を刑務所に抑留することは暫定的措置に限ると規定する1964年法14項違反となる。従って、申立人の抑留の継続には、もはやいかなる法的根拠もない。

(8) 刑務所から指定されたセンターに移されなかったため、申立人自身の精神状態が必要とする抑留管理体制による恩恵を享受することができなかった。本件では、精神病棟は、精神的な病気の治療にとり適切な機関ではなかった。とりわけ、彼が受けた治療は有害であった。

(9) よって、刑務所の精神病棟への抑留は不法であり、従って本条約5条1項に基づく身体の自由への権利を侵害する。

（なお、他にも、5条4項、6条及び3条違反を訴えた。）

【人権委員会意見】

(10) 申立人は、犯罪を犯したとして有罪とはされていないこと及びその精神状態のため、本条約5条1項(e)のみが適用される。

(11) 精神病棟は、適当な治療機関と見做すことはできない。従って、申立人の抑留は、彼の精神状態を考え命じられた措置に従ったものではなく、国内裁判所の決定を執行し国内法を履行することに失敗したため、不法であった。

(12) よって、5条1項違反が存在する。

（なお、3条違反も認めた。）

4-2 逮捕抑留の条件(2)〔5条〕

【人権裁判所判決】

(13) 当裁判所は、申立人の抑留に適用されるのは、5条1項(e)のみであると考える。第1審裁判所の施設収容手続においては、申立人の暴力行為が認定されたが、抑留命令は、申立人は犯行時及び出廷時にひどい精神障害があったため自己の行動をコントロールすることができなかったことを根拠として、発せられたものである。申立人は、刑法上有責ではないから、5条1項(a)における意味での「有罪」は存在し得ない。

(14) 5条1項を満たすためには、争点となっている抑留が、「法律で定める手続に基づき」行われかつ「合法的」なものでなければならない。ここで本条約は、本来国内法に言及しているのであり、国内法における実体法及び手続法の諸規則に従う義務を規定している。しかし、それに加え、身体の自由のいかなる剝奪といえども、5条の目的、すなわち個人を恣意性から守るという目的を、維持し続けなくてはならないということをも要求している。

(15) その上、当てにされる許された身体の自由の剝奪の根拠と抑留の場所及び状態の間には、何らかの関係が存在しなくてはならない。原則として、精神的に病んでいる患者の「抑留」は、5条1項(e)の目的のためには、病院や他の適当な機関に収容してのみ、「合法的」であろう。

(16) 移送を待つための暫定的抑留の長さについては、いかなる法律にもまた条項にも明記されていないことを、特に記しておく。とはいえこうした抑留命令の目的に鑑みて、本件における7ヶ

⑩ アーツ事件

月という長さの暫定的抑留の継続は、合法的と見做され得るか否かを、判断しなくてはならない。

(17) 当該刑務所を含む幾つかの抑留場についての、「拷問又は非人道的若しくは品位を傷つける取扱い若しくは刑罰の防止に関する欧州委員会」の調査報告及びその報告に関するベルギー政府の所見は、明らかに、当該刑務所の精神病棟は、定期的に医者の手当てを受けることもなくあるいは治療を受ける得る状況にもなかったから精神障害者の抑留にとり適切な機関と見做すことはできない、ということを示している。

また、申立人からの許可申請に答えて、精神衛生委員会は、自身の抑留を生じさせた状態というものが必要としている扱いを受けていない申立人にとり、置かれている状況は有害であるとの見解を表明した。その上、政府は、当該刑務所における申立人の扱いは治療という見地からは不満足なものであるということを、否定しなかった。

従って、抑留の目的とそれが行われる状態との間の適切な関係というものは、不十分である。

(18) よって、全員一致をもって、本条約5条1項違反が存在したと結論する。

また、6条1項違反は、存在した。

5条4項、3条の違反は、存在しなかった。

5-1 公正な裁判を受ける権利(I)〔6条〕

⑪ ヴァンクルヌ事件
── van Mechelen and others v. The Netherlands
(Application Nos. 21363/93, 21364/93, 21427/93, 22056/93)──

Opinion of the Commissions of 27, Feb. 1996. J. & D. No. 36 (1997-III) 725
Judgment of 18, March, 1997. 2BHRC 486

【事　実】

(1) 警察は、申立人（複数）が何件かの強盗の犯人であるとの情報を得て、1989年1月25日より、2つの居住用キャラバンサイトを警察の監視チームの監視下に置いた。

(2) 同月26日午後5時15分頃、3台の車が次々にサイトを出るのが観察された。

　同日6時頃郵便局が襲われ、警察官と撃ち合いとなった犯人は、警察官に傷を負わせ、追跡をふり切り車を乗り換えて逃走した。なお、ここで次々に乗り換えられた3台の車は、すべて上記サイトから出て行くのが直前に目撃された車であった。

(3) 申立人は、1989年5月19日、殺人未遂及び暴力による脅し

5-1 公正な裁判を受ける権利(1)〔6条〕

を伴う強盗の罪で裁判にかけられるために、地方裁判所に召喚された。

検察官により提出された証拠には、名前を公にされた1人の警察官に対して数字でのみ識別された警察官により行われた陳述書が、含まれていた。

(4) 1989年6月2日中間判決により、地方裁判所は、数字でのみ識別された警察官は、捜査管轄権を有するか否かを認定する必要があると、判決した。その目的のため、同地方裁判所は事件を捜査裁判官に付託し、7月20日まで審議を延期した。

捜査裁判官は、問題の警察官は実際捜査管轄権を有していると、認定した。

申立人の弁護士は、数字でのみ識別される警察官は匿名の証人なのであり、そのためその陳述は、補強証拠が欠けている本件では有罪を証拠立てるに十分な証拠とならないと、とくに強調した。

地方裁判所は、問題の警察官は捜査管轄権を有していたから、彼等の陳述の証拠価値は匿名性によって影響を受けないと判示し、この議論を却下した。

地方裁判所は、被告人たる申立人を、故殺未遂及び暴力による脅しを伴う強盗で有罪とした。申立人をこれらの犯罪の犯人と認定した証拠は、誰1人として地方裁判所においても又捜査裁判官に対しても証拠事実を述べなかった匿名の警察官により、公判においてなされた陳述によるものであった。

被告人は全て、10年間の懲役刑を宣告された。

(5) 被告人は、控訴裁判所へ上訴した。

⑪ ヴァンクルヌ事件

　1990年5月2日の控訴裁判所の公判において、申立人の弁護士は、幾人かの名前の知られた証人及び匿名の証人の尋問を求めた。

　そこで控訴裁判所は、第1に、匿名の警察官は、匿名性を取り下げることにいかなる反対理由を有しているかを、知る必要があること、第2に、尋問されるべき証人の数は、公開法廷で都合よく行われ得ないほどのものであったこと、を理由として事件を捜査裁判官に付託した。なお、尋問されるべき人々は、4名の名前を知られた警察官と、11名の匿名の警察官（弁護士と裁判所には数字でのみ識別された）及び2名の一般市民であった。

(6) 匿名の証人はすべて、捜査管轄権を付与された警察官であった。

　尋問手続は、以下のようであった。捜査裁判官、証人及び記録官が同室し、被告人、弁護士及び法務官は別室に居た。被告人、弁護士及び法務官は、証人への質問及びその答えのすべてを、音声管を通して聞くことができた。証人の陳述は、捜査裁判官により繰り返され、記録官により書き留められた。

(7) 1990年9月24日から、4名の証人が尋問された。第1の証人は、警察監視チームの一員であった。任務のために匿名でいたいというのが、本人及び上司の望みであった。又、彼の家族は、過去に脅かされたことがあった。第2の証人は、逮捕チームの一員であった。匿名でいたいとの彼の望みは、主に家族及び友だちの安全を確実なものにしたいという理由からのものであった。彼は、過去に脅かされたことがあった。第3の証人

5-1 公正な裁判を受ける権利(1)〔6条〕

は、監視チームの一員であった。彼は、家族、友だち及び同僚の安全を確実なものにするために、匿名でいたいと望んだ。そして、警察官の家族が脅かされた事例を知っていた。第四の証人は、逮捕チームの一員であった。彼は、任務のため及び家族の安全のために、匿名でいることを望んだ。

(8) 1990年9月27日、捜査裁判官は、上記4名の匿名の証人に関する認定についての、公式報告書を書き上げた。同裁判官は、これら証人は匿名性に影響を与えるであろう質問には多大な注意を払ってはいたが、彼等はすべて信頼に足ると考えた。また、匿名でいたいと望む理由は、十分理由があるとも考えた。

(9) 同日、捜査裁判官は、名前を知られている警察官2人に加え、名前を知られている市民エンゲレン氏を、証人として尋問した。同氏は事件を傍観していた市民であり、男が発砲するのを見たと述べた。そしてその後、マジックミラー越しに、その男は申立人の1人であったということを、確認した。

(10) 1990年11月5日、再び捜査裁判官による審理が始まり、他の匿名を望む証人たちも、前述の4人と同じような陳述を行った。

また、名前を知られた様々な警察官が、捜査及びそれに続く手続に関する参考となる情報を捜査裁判官に提供したが、どの申立人についても、犯人とは明確には確認しなかった。また、何人かは、他の事件で脅かされた同僚を知っていると述べたが、本件で脅かされた者は未だ1人もいなかった。

(11) 同月19日、捜査裁判官は、証人尋問に関する認定報告書を

⑪ ヴァンクルヌ事件

書き上げた。それは、以下のようなものであった。

……被告人、弁護士及び法務官は、常に審理に加わるよう勧められた。加わる時はいつでも、質問する機会を与えられた。そして彼等は、広範囲に渡って質問を行った。…尋問は、多大な時間を割いて行われた。短いもので2時間程、長いもので5時間続いた。

証人が質問に答えなかった箇所は、陳述書においてそう指摘された。

本件において、証人が匿名でいたいと望む理由については、審理記録中に記されている。

……逮捕チーム及び監視チームのメンバーの名前及び容ぼうを広く社会に知らせることに大反対があることは、理解できる。つまり、非常に重大な犯罪が解決されることについての社会の明白な利益は、衡量に際し重きをなすべきだといいたい。また同時に、本件において出頭している身元未確認の証人（もはや私自身には匿名ではないが）の行為は、適切な司法による監督の対象となる、という意見である。捜査裁判官としての私には、「数字を付された証人」が、不注意に行動したとは思われない。いやむしろ、私の意見では、その反対である。

⑿　名前の知られた証人エンゲレン氏は、控訴裁判所公開法廷で、尋問された。彼は、1989年3月警察官に、そして1990年9月捜査裁判官に、申立人の1人がパトカーに対し軽機関銃を発砲した男であると確認した、と述べていた。しかし控訴裁判所においては、武器も発砲した者も確認できたかどうかはもはや確かではない、と述べた。また、本件に関し脅かされてはい

195

5-1 公正な裁判を受ける権利(1)〔6条〕

ない、とも述べた。

(13) 控訴裁判所は、1991年2月4日、申立人全員が、殺人未遂及び暴力による脅しを伴う強盗で有罪とし、14年の懲役刑を宣告した。

控訴裁判所は、以下のような判決を行った。

……証拠として用いられる匿名の者の陳述書に関し考察すると、これらの陳述書は、1人の裁判官もっと詳しくは地方裁判所管轄内の刑事事件に責任をもつ捜査裁判官により、聴取された。この裁判官自身は、証人たちの正体を知っているし、これら証人が宣誓するのを聞いている。彼は、認定についての公式記録に、証人の信頼性及びその匿名を望む理由に関する熟考した上での意見を付している。その上、被告人及び弁護士に、これらの証人を尋問する機会を与えたこと、そしてこの機会は広範に利用されたことは、尋問に関する公式記録に明らかである。

捜査裁判官により尋問されかつ匿名性を守るために数字によってのみ識別された証人の反論は、当控訴裁判所にとり、この匿名性を維持し続けるに十分な理由である。これらの証人を公開法廷で尋問したいとする弁護士による要求は、たとえこれが証人を変装させることを含むと解されるべきとしても、証人が公開法廷では識別され得るという可能性を除外できない以上、当裁判所は拒否する。

証人の匿名性を維持するとの議論において、当裁判所は、これら証人及びその家族の個人的安全が、特に説得的と考える。そして、証人が未だ脅かされていないということは、何らの違

いも生じさせない。本件における殺人未遂は、警察により身元が確認され逮捕されることを避けるために犯されたのであり、本件は、犯人たちは何人もの人命を犠牲にするつもりであったということのできる、非常に重大な犯罪に関するものである。こうした事情においては、もしも数字でのみ識別される証人の匿名性が、解かれたり不十分にしか保証されないならば、証人及びその家族への危険は決定的である。匿名の証人が質問に答えることを拒否するということは、捜査方法を洩らさないため、または、本件に関与する他の捜査官の匿名性を守るがために限りなされた。

　当裁判所は、匿名の警察官による陳述は、各々の陳述及び匿名ではない情報源から得られる証拠により補強される、と考える。但し、当裁判所は、エンゲレン氏の陳述には依存しなかった。

⒁　申立人は、法的争点について、最高裁判所へ上訴した。

　最高裁判所は、法務官の助言的意見に従って、1992年6月9日上告を却下した。

⒂　名前を知られた又は匿名の証人の誰かが、申立人によりあるいは申立人のために行動する者により脅かされた、との訴えはない。

〔関連国内法及び実務〕

⒃　被告人が起訴されている行為を犯したとの認定は、「法的証拠手段」に基づかなければならない（刑事訴訟法338条）。

　「法的証拠手段」には、証人自身が目撃した事実あるいは事

5-1　公正な裁判を受ける権利(1)〔6条〕

情に関連した証人の陳述（同法339条1項、3項及び342条1項及び書面記録（同法339条1項、5項及び344条1項）等を含む。そうした証拠は、他の証拠により通常補強されなくてはならない（同法342条2項、344条1項、5項）。しかし、捜査権限を付与された警察官により適切な形式で作られた公式記録は、補強証拠がなくても認められ得る（同法344条2項）。

(17)　検察官は、審理に証人や鑑定人を召喚する権限を有する（刑訴法260条）。被告人への召喚状に、検察官は、起訴により公けとなる証人や鑑定人のリストを加える。もしも被告人が証人の召喚を望むならば、263条により、被告人は、証人を法廷に召喚するために、法廷での審理の少なくとも3日前までに、検察官に要求を申し出ることができる。263条4項により、もしも証人が公開法廷で尋問されなくとも、防禦の権利を害するということが生じないと合理的に推測されるならば、検察官はそうすることを拒否し得る。

(18)　もしも検察官が、被告人の要求する証人の召喚に失敗するかあるいはそうすることを断わったならば、被告人側は、裁判所に証人の召喚を求め得る（280条3項）。

(19)　315条により、事実審裁判所は、未だ尋問されていない証人の召喚を含む証拠の提出を自発的に命ずる権限を有している。

　　もしも公判において、事実審裁判所が、何らかの事実に基づく質問を捜査裁判官により調査してもらう必要性を見い出したならば、審理を中断し、事件書類と一緒にこの質問を捜査裁判官に委託しなくてはならない。

(20)　最高裁判所は、1990年1月9日の判決（NJ 1990, No. 409）

⑪ ヴァンクルヌ事件

において、もしも事実審裁判所が、まず警察官が脅かされているとの明白なしるしの存在を立証した場合のみ匿名警察官による陳述は認められ得るという一般的ルールはオランダの法律には存在しない、と判示した。

(21) 最高裁判所は、1990年7月2日の判決（NJ 1990, No. 692）において、Kostovski v. The Netherlands（12 EHRR 434）に鑑みて、匿名の証人による陳述書の使用は、それまで判例法で規定されていたよりもより厳格な要件に服すると考え、以下のような要件を規定した。

　こうした陳述書は、次の①から③を充たす裁判官により書き留められなくてはならない。①証人の身元を知っていること。②そうした証人の尋問の公式記録において、証人の信頼性及び匿名でいたいという証人が望む理由について、理由をつけて意見を表明すること。③被告人側に、証人に対し質問する何らかの機会を与えること。

　他方同じ判決によると、匿名の証人による陳述を含む書類は、もしも以下の条件を充たせば証拠として用いられ得る。①被告人側は、法廷手続のいかなる段階においてであれ、当の証人の尋問を許すよう求めていない。②有罪の判決は、匿名の情報源より引き出されたのではない他の証拠に、かなりの部分根拠を於いていること。③事実審裁判所が、匿名の証人の陳述の使用を注意深くかつ用心して行ったことを明確にすること。

(22) 1993年11月11日法（Official Gazette 1993, No. 603）——1994年2月1日発効——は、「証人の保護」に関し、幾つかの

5-1 公正な裁判を受ける権利⑴〔6条〕

詳細な条項を、刑事訴訟法に付け加えた。この追加条項は、以下を含む。

- 226a条：もしも証人の身元を明らかにすると、証人の生命、健康、安全、家族生活あるいは社会経済的な存在を脅かされ、かつ、証人がこれを理由として、いかなる陳述も行いたくないと明らかとしている場合には、証人の身元は秘密にできる。その決定は、捜査裁判官により行われるが、同裁判官は、まず検察官、弁護人及び証人自身から言い分を聴取しなくてはならない。

- 226d条：捜査裁判官は、脅かされている証人の身元を明らかにしないために、そうした証人は、被告人、弁護士あるいは両方の居ない所で証言を聴取されるよう、命令し得る。その場合、検察当局もまた、証人尋問に立ち合い得ない。その時、捜査裁判官は、被告人側に、電話により又は文書により証人に質問することを、許さなくてはならない。

- 280条5項：もしも事実審裁判所が、証人の尋問を命じかつその証人が脅かされていることが判明したならば、証人は、捜査裁判官により非公開で尋問されなくてはならない。

- 344条に付け加えられた新条項：身元が明らかでない者の陳述を含む記録文書は、もしも有罪の判決が、他の証拠にかなりの程度基づいていて、かつ弁護士が公判中においてその者を尋問するとかあるいは尋問されることを求めなかったならば、その場合のみ証拠として用い得る。

(23) 前述の法についての、解釈覚え書きからの抜粋。

「本法は、脅かされた証人のみが、完全な匿名性を主張し得

⑪ ヴァンクルヌ事件

る立場に在るべきだとの仮定に、基づいている。若干の警察官（例えば、麻薬の買い手を装った秘密捜査官、逮捕チームあるいは監視チームのメンバー）の有用性は、明らかとすることにより減じられるであろうということはわかっている。しかしながら、重大犯罪を捜査する公共の利益のみでは、完全な匿名性を保証することを正当化し得ない。もしも法律が、身元を明らかにするような幾つかの質問を当該警察官に尋ねることを禁じ得る可能性を設け、かつ、たとえばメイク・アップをするとか、変装するとかあるいは被告人と当該警察官が視線を交えることを防ぐことにより、当該警察官が識別されないようにするといった、身元を明らかとする情報洩れを防ぐために合理的に求めることのできるあらゆる手数をとる権限を捜査裁判官に付与することにより、この利益は十分に保護され得ると考える。」(Explaratory Memorandum, Lower House of Parliament 1991-92, 22483, No. 3, p. 17)

(24) 1992年11月24日、27日及び12月8日に、各々人権委員会に対し申立てが行われた。

【申立人主張】

（人権委員会における主張）

(25) 自分たちの有罪判決は、防禦権が受け入れ難い程制限されていた匿名の証人による証拠に、決定的なまで基づいていた。よって、ヨーロッパ人権条約6条1項及び3項(d)に依拠して訴える。

(26) 事実審裁判所が判決を下すに際し依拠した身元未確認の証

5-1 公正な裁判を受ける権利(1)〔6条〕

人による陳述について、申立人の防禦権の行使に受け入れ難い制限がなされたから、申立人は公正な裁判を受ける権利を有していなかった。

また、事件を扱う司法当局は、不当にも、証人の匿名性の保証は正当化されると判示した。しかし、主張されている報復の怖れは、それを正当化するであろう現実の脅かしなどといったものの具体的証拠は何もないのであるから、もっともだというわけにはいかない。

(27) 公正な裁判を受ける権利の重要な要素の1つ、すなわち有罪となる証拠を提出する証人への事実審裁判所での反対尋問を、否定された。また、捜査裁判官から、身元未確認の証人の信頼性を試す適切な機会を与えられなかった。証人を尋問する若干の機会が単に存在するということは、必然的にその機会が適切なものであるということを意味しない。

申立人の事件において、捜査裁判官による尋問の方法は適切ではなかった。重要な質問が回答されないままにされたし、証人を尋問中監視できなかった。

(28) 「直接性」の原則すなわち、証拠は事実審裁判所に提出されかつその裁判所により採られなくてはならないという原則は、身元未確認の証人の陳述に関しては侵害されている。事実審裁判所に与えられた証拠の信頼性に関し、裁判所自身の意見を形成させる機会を、彼等は否定された。有罪の判決は主に身元未確認の証人による証拠に基づいていたことから、このことは決定的な欠陥であると考える。

たとえ身元を明らかにされない証人を尋問することが必要だ

としても、非公開であるいは被告人側を欠席させて証人尋問するといった、幾つかの代替手続が採られ得たであろう。

（人権裁判所における補足主張）

(29) 有罪の判決は、身元が明らかにされないでかつ公開の場でも申立人の前でも尋問されなかった警察官による証拠に本質的に基づいていたから、6条1項及び3項(d)違反である。

(30) 警察官の匿名性を維持することの必要性を、疑問視する。そもそも警察官にもまたその家族にも、いかなる危険も存在しなかった。このことについては、法廷手続の早い時期において、申立人の1人に罪を負わせる陳述を行った名前を明らかにした証人であるエンゲレン氏が、匿名性を付与されなかったにもかかわらず、1度も脅かされたとほのめかしもしなかったという事実が、証拠となる。

(31) その上、証人の尋問は、捜査裁判官により取り行われるべきではなかった。もしも必要ならば、変装させて公開法廷で警察官を尋問することが可能であったと考える。

(32) 加えて、警察官の陳述に対し、異議を申立てかつ尋問する十分な機会を与えられなかった。

ここで、匿名の証人の尋問が、いかなる条件下で取り行われたかに注意を喚起する。

匿名の警察官は、申立人及びその弁護士と切り離され、捜査裁判官と一緒に1つの部屋に閉じ込められた。その部屋に他に人が居たかどうか、そこで何が行われていたかを知ることは、申立人及び弁護士にとっては可能ではなかった。

5-1 公正な裁判を受ける権利(1)〔6条〕

(33) 弁護側の質問の全てが、回答を与えられたわけではなかった。答えてもらえなかった質問には、例えば、容疑者を監視していた時尋問を受けている警察官はどこに居たのか、メガネをかけていたのかどうか、あるいはキャラバンサイトでの監視には双眼鏡の類いあるいは指向性マイクの使用があったのかどうか、といったものが含まれていた。

(34) 申立人への有罪判決は、匿名の証人が提供した証拠に、「決定的なところまで」基づいていた。つまり、申立人の同一性の確認を明確に行った控訴裁判所により依拠された唯一の証拠は、匿名の警察官により提供されたものであった。

【政府主張】

(人権委員会における主張)

(35) 身元未確認の人により行われた陳述を証拠として用いることに関し、ヨーロッパ人権裁判所の二判決 (Kostovski v. The Netherlands, Judgment of 20, November, 1989. A. 166 及び Lüdi v. Switzerland, Judgment of 15, June, 1992. A. 238) を引用し、争点となっている手続は、これら2判決においてヨーロッパ人権裁判所により体系化された原則を適合していたと主張する。従って、本件における法廷手続は、6条1項及び3項(d)の要件を充たす。

(36) 本件における身元未確認の証人による陳述の使用は、その上ヨーロッパ人権裁判所の Kostovski 判決に続く最高裁判所の判例法において規定された条件（前述(21)参照）を、十分に充たしていた。その陳述は、1人の裁判官すなわち捜査裁判官に

より書き留められたのであり、この裁判官は、証人の身元を知っていて、自身の認定について調書に意見を表明し、身元を明らかにしないでほしいとする証人の希望の正当性に関しまたこれら証人の信頼性に関し、理由を付しかつ各証言を検討する十分な機会を被告人側に提供し、宣誓または確約して尋問される。

(37) 控訴裁判所は、身元を明らかにしないでほしいとの証人の希望する理由を認め、また、これらの証人に対する幾つかの質問は回答されないままに残されていたという事実も認めた、という点を指摘する。とはいえ、控訴裁判所においてこれらの証人が尋問されるべきとする被告人側の要求に関する決定において、控訴裁判所は、捜査裁判官による尋問中被告人側は十分に質問する機会を利用できたと特に記している。その上、被告人側は、――捜査裁判官による尋問において、これらの証人に対し未だ尋ねられていない――どの質問を、控訴裁判所において身元未確認の証人に対し尋ねたいと望むのかについて、十分な明瞭さで示すことに失敗している。

(38) オランダ国内法もヨーロッパ人権条約もどちらも、証人を尋問する無制限の権利というものは認めないし、また申立人は、身元未確認の証人による陳述のみを証拠として有罪と判決されたのではなく、身元の明らかな証人による陳述及び他の独立した補強証拠を根拠として有罪と判決されたのである。

（人権裁判所における補足主張）

(39) 6条1項及び3項(d)違反は存在しなかった、と考える。

5-1　公正な裁判を受ける権利(1)〔6条〕

⑷0　警察官自身及びその家族の安全と、他の類似の作戦におけるこれら警察官の有用性を減じないことの必要性は、匿名性を維持するための十分な正当化の理由を与える。

⑷1　ここで従った手続は、Kostovski 事件におけるヨーロッパ人権裁判所判決に引き続いての、1990年7月2日オランダ最高裁判所判決（前述⑵1）によって定立されたものであった。この手続は、Doorson v. The Netherlands (Appl. No. 20524/92 (1996) 22 EHRR 330) において、ヨーロッパ人権裁判所に認められた。

　この手続に従って、匿名の警察官の陳述は、(a)、1名の裁判官により、(b)、問題の警察官の身元を、この裁判官自身が確かめ、(c)、公式な報告書に、これら警察官の信頼性及び信用性について意見を記し、(d)、匿名にしておく理由についての根拠を記し、かつそれが十分なものであると認定し、かつ(e)、弁護側に、警察官を質問するあるいは質問を行ってもらうに十分な機会を与えた上で、書き留められた（なお、この主張は、人権委員会も共に述べた）。

　加えて、匿名でない情報源すなわち、匿名の警察官の陳述を補強するであろう、録音された電話での会話、名前を明らかにした警察官の陳述及び幾つかの専門的証拠による証拠が、存在した。従って、申立人の有罪の判決は、匿名の警察官の陳述にのみ依拠しては、いなかった。

【人権委員会意見】

⑷2　証拠能力は、主として国内法のルールによって決定される

⑪ ヴァンクルヌ事件

のであり、一般的に国内裁判所が証拠を評価する。

　しかしながら、ヨーロッパ人権条約の目的からいって、証拠の採取方法を含む手続全体が公正であったかどうかは、当委員会において確認されなければならない。

(43) 敵対的議論に関しては、公開審理において被告人側の出席の下で、すべての証拠が通常提出されなくてはならない。しかしながら、警察による尋問または司法捜査の段階で得られた陳述を証拠として用いることは、もしも防禦権が尊重されるならば6条1項及び3項(d)と本質的に矛盾するわけではない。たいていこれらの権利は、証人が陳述する時にあるいは法廷手続の後の段階において、被告人が、自分に敵対的な証人に対し反論したり尋問したりする十分かつ適切な機会を与えられることを、要求する。

(44) しかしながら、防禦の権利が侵害されない限りにおいて、敵対的議論に関しては、公開審理において被告人側の面前にすべての証拠を提出しなくてはならないという一般原則には、例外が存在するということもまた、人権裁判所は認めている（例えば、The Kostovski Case, loc. cit., p. 20）。

(45) 争点となっている手続において、証拠についての疑問を審理する最後の手段は控訴裁判所であったことは、特記しなくてはならない。そしてその裁判所の判決からは、全面的とはいえないけれども大部分身元未確認の警察官の陳述に、有罪の認定の根拠を置いたようにみえる。

　従って、これらの身元未確認の警察官は、申立人の防禦権及び公正な裁判を受ける権利を保証する条件の下において、証拠

207

5-1 公正な裁判を受ける権利(1) 〔6条〕

事実を述べたのであるかどうかを、当委員会は審理しなくてはならない。

(46) 本件においては、控訴裁判所は、効率性を理由として、被告人側が証人に尋ねたいと望む質問は全て尋ねなくてはならないという明白な指示の下に、11名の身元未確認の警察官を含む21名の証人全てを尋問するために、捜査裁判官に事件を付託すると決定した。

(47) 捜査裁判官は、個々の身元未確認証人の身元及びその役割及び、これらの証人の身元を明らかにされないでいたいという望みの私的あるいは／かつ職業上の理由を知っていた。また、捜査裁判官は、これらの理由の信用性及び証人の信頼性に関する自身の認定も、表明した。

(48) また被告人側は、尋問中証人の態度を直接観察できる捜査裁判官により尋問される個々の証人に対し、(捜査裁判官を通し)質問を行う十分な機会が与えられた。個々の証人が尋問された時間の長さを考慮すると、被告人側は明らかに、これらの証人に対し質問を行う機会を十二分に用いた。

(49) どの質問をこれらの証人に対しまだ行いたいかということを被告人側に不適切にしか示さなかったとして、控訴裁判所は、その裁判において身元未確認の証人に更に尋問を行いたいとの被告人側からのその後の要請は、拒否した。

(50) 6条は、被告人に対して、法廷に証人が出廷することを保証する無制限の権利というものを付与しはしないということを、当委員会は確認する。証人を尋問することが必要であるかどうかあるいは望まないかどうかを決めるのは、通常国内裁判

所である（例えば、Bricmont v. Belgium, Judgment of 7, July, 1989, A. 158, p. 31 参照）。

(51) 捜査裁判官の面前においても又控訴裁判所においても、被告人の弁護士は身元未確認の証人と直接対決することはできなかったのであり、かつこの証人たちは控訴裁判所で尋問されなかった。よって、人権委員会としては、控訴裁判所が裁判において直接身元未確認の証人を更に尋問することを命じることを拒否したことによって申立人の防禦権の行使が害されたか否かを、審理しなくてはならない。

(52) 申立人たちは、警察官の殺人未遂を含む暴力を伴う重大な犯罪を犯したという、容疑をかけられている。さらに、身元未確認の証人を更に尋問してほしいという被告人側の要請を却下するまえに、控訴裁判所は既に、これらの証人は身元を明らかにしたくないとの望みを正当化する理由を有していると認定していた。

(53) ヨーロッパ人権裁判所は、組織犯罪の増加は適切なる手段の導入を疑いもなく求めている、と認めている。

(54) 本件においては、身元未確認の証人たちは、その独立性及び不偏性は疑いをはさむ余地もなく、かつ、身元未確認の証人の身元、役割、及び身元を明らかにしたくないと望む理由を知っていた捜査裁判官により尋問された。また、これらの理由及びこれら証人の信用性及び信頼性に関する捜査裁判官の認定は、控訴裁判所により受け入れられた。

(55) 身元未確認の証人による証拠は、捜査裁判官への陳述をこれらの証人が行っているとき及びその後の控訴裁判所での法廷

5-1　公正な裁判を受ける権利(1)〔6条〕

手続においての両方においての、この証拠に異議を申立てる十分すぎるほどの機会が申立人に与えられた対審手続において、論じられた。そして、控訴審での法廷手続において、事件に関連すると考えるいかなるものをも提出することを申立人が妨げられたというしるしは、当委員会は見い出さない。

(56)　身元未確認の証人の更なる尋問に関する被告人側の要求が確証がないとして却下されたという事実に関しては、こうした証人の更なる尋問は命じないとの控訴裁判所の決定が申立人の防禦権の行使を不当にあるいは実質上害するとは、当委員会は認定することはできない。

(57)　最後に、申立人の有罪判決は、これら身元未確認の証人による陳述に全面的に頼ってはいなかった。法廷での証拠及び傍受された申立人の家族の間に行われた電話での会話の内容は別として、控訴裁判所はまた、そこで尋問した身元の明らかな証人による陳述も証拠として用いた。控訴裁判所は、これらの独立した証拠という他の手段は、身元未確認の警察官の陳述を補強すると認定した。

(58)　これらの事情の下では、すべてを考慮して、申立人に対し採られた手続は全体としてみると不公平なものと見做すことはできない。

(59)　よって、6条1項及び3項(d)違反は存在しなかったと結論する（12対8）。

(60)　但し、人権委員会は申立人に対する刑事手続において、防禦権の行使が受け入れ難いまでに規制されていた身元未確認の人の陳述を、証拠として国内裁判所は使用したのであるから、

⑪ ヴァンクルヌ事件

申立人は公正な審理を受けなかったとして、申立人の訴えを受理すると、1995年5月15日に宣言した（なお、(58)の結論は、1996年2月27日の報告書の中で表明された、委員会の意見である）。

【人権裁判所判決】

（適用されるべき原則）

(61) 6条3項の要件は、6条1項により保証される公正な裁判を受ける権利の特定の局面についてのものと見做されるから、当裁判所は、6条1項と3項(d)をひとまとめにして、本件の訴えを審理する。

(62) 証拠能力は、主に国内法による規定の問題であり、一般的ルールとして、提示された証拠を評価するのはその国内裁判所であることは、繰り返し述べてきたところである。ヨーロッパ人権条約における当裁判所の任務は、証人の陳述が証拠として適切に認められるか否かに関し判定を行うことではなく、むしろ証拠がとられる方法を含む法廷手続全体が、公正なものであるか否かを確かめることである（例えば、Doorson v The Netherlands 22 EHRR 357–358参照。）。

(63) 加えて、すべての証拠は、当事者による議論が行われるために、被告人の出席した公開の審理の場において、提出されなくてはならない。この原則には、例外はある。しかし、例外の場合といえども、防禦の権利を侵害してはならない。一般的ルールとして、6条1項及び3項(d)は、被告人側に、証人の陳述時あるいはその後においてのいずれかにおいて、証人に反論し

5-1 公正な裁判を受ける権利(1)〔6条〕

又尋問する十分かつ適切な機会が与えられることを、要求している。

(64) 当裁判所が、Doorson v. The Netherlands 判決で述べたように（前述(61) p. 358 参照）、有罪判決を根拠づける匿名の証人が行った陳述の使用は、あらゆる場合においてヨーロッパ人権条約と矛盾するわけではない。

　この判決において、ヨーロッパ人権裁判所は、以下のように述べている。

　6条が、証人の利益一般、特に証言を求められている犠牲者の利益が考慮に入れられるべきだということを明示的には求めていない、というのは事実である。しかし、ヨーロッパ人権条約8条に通常該当するであろう利益である、生命、自由若しくは安全が危くなるかもしれない。こうした証人や犠牲者の利益は、彼等の利益が弁解できない程危険に曝されることのないような方法によって締約国は刑事手続を整えなくてはならないということを含むヨーロッパ人権条約の実体規定により、他の者から原則として保護される。こうしたことにもかかわらず、公正な裁判の原則はまた、特定の事件では、被告人側の利益が、証言することを求められている証人あるいは犠牲者の利益と衡量されることを要求している。

(65) しかしながら、もしも検察側証人の匿名性が維持されるならば、被告人側は、刑事手続に通常伴うべきではない困難に遭遇するであろう。従って、こうした事件では、6条1項を3項(d)とひとまめにして考えるならば、被告人側が苦しむ不利な条件は、司法当局により踏襲される法廷手続によって十分に相殺

⑪ ヴァンクルヌ事件

されるであろうことを求められているということを、当裁判所は認めている（The Doorson Case, 前述, p. 359 参照）。

(66) なお、有罪の判決は、匿名の陳述に、全てまたは決定的なところまで、基づくべきではない（The Doorson Case, p. 360 参照）。

（原則の適用）

(67) 証人の匿名性を維持することに賛同する論拠に対し、被告人側の利益を釣り合わせることには、もしも問題となる証人が国家警察の一員であるならば、特別の問題が生ずる。彼等の利益——そして実際にその家庭の利益——もまたヨーロッパ人権条約上の保護を受ける価値があるけれども、彼等の立場は、利害関係のない証人あるいは犠牲者の立場とはある程度異なるということは、認められなくてはならない。

警察官は、国の行政当局に従う一般的義務を負い、かつ検察当局と通常つながりを有している。こうした理由だけでも、匿名の証人として彼等を用いることは、例外的な事情においてのみ行われるべきである。それに加えて、特に逮捕する警察官の場合には、彼等の義務に公開法廷で事実を述べるということを含み得るということは、自然の理である。

(68) 他方、被告人側の権利が尊重されるという条件で、警察官自身のためまたはその家族のために及び将来の作戦におけるその警察官の有用性を害さないために、秘密調査活動に従事しているエィジェントの匿名性を保ちたいと望むことは、警察当局にとり正当なことであろう。

213

5-1　公正な裁判を受ける権利(1)〔6条〕

⑹⑼　裁判の公正な執行への権利が、民主的社会において保持している立場を顧慮すると、被告人側の権利を制限するいかなる措置といえども、厳格に必要なものでなくてはならない。もしもより制限的でない措置で十分であるならば、その時はそのより制限的でない措置が適用されなくてはならない。

⑺⓪　本件においては、問題となっている警察官は捜査裁判官と共に別室にいて、被告人ひいてはその弁護士すらも排除された。従って被告人側は、当該警察官の証人の身元を知らないのみならず、直接の質問に際しての態度を観察することそしてそれ故にその信頼性を判断することもまた妨げられた。

⑺①　なぜに、証拠は被告人側の出席しているところで採られるべきという被告人側の権利に対する、こうした極端な制限手段に訴える必要があったのか。あるいは、なぜもっとも影響の少ない措置が考慮されなかったかについて、当裁判所が満足のいく説明は行われなかった。

　これ以上の何らかの情報なくしては、当裁判所としては、警察の作戦上の必要性が十分な正当性というものを提供すると認定することはできない。1993年11月11日法となった法案の解釈覚え書き（前述㉓参照）が、この関係でメイク・アップとか変装や視線を交えることを防ぐという手段の使用の可能性に言及していることを、特記しなくてはならない。

⑺②　また、控訴裁判所が、警察官又はその家族への報復の脅威を評価するための十分な努力をしたとは思えない。控訴裁判所の判決からは、申立人が自らのそうした脅かしを実行するとか他人にそうするよう扇動する立場にあったか否かについての疑

⑪ ヴァンクルヌ事件

問を、検討したようには見えない。その決定は、もっぱら犯罪の重大さに根拠を置いていた（前述(13)参照）。この点に関連して、審理の早い時期に申立人の1人を犯人と認める陳述を行った市民である証人エンゲレン氏は、匿名性の保護を享受しなかったが一度として脅かされたとは訴えていないということは、特記されるべきである。

(73) 匿名の警察官は、――政府及び人権委員会により主張されているように（前述(41)）――自身で彼等の身元を確かめ、かつ非常に詳細な調査結果についての公式報告書において彼等の匿名性を維持する理由と同時にその信頼性及び信用性に対する意見を述べている捜査裁判官の面前で尋問を受けたというのは、事実である。

しかし、これらの措置も、面前で証人尋問を行いそして証人の態度や信頼性に関する自身の判断を行うという、被告人側にとっての可能性に対する適切な代替策と考えることはできない。従って、被告人側が苦しんだハンディは、上記手続により相殺されたと言うことはできない。

(74) その上、申立人を本件犯罪の犯人として積極的に特定するに際し、控訴裁判所が依拠した唯一の証拠は、匿名警察官による陳述であった。そうであるならば、申立人の有罪の判決は、これらの匿名による陳述に「決定的なところまで」基礎を置いたものであった。

(75) 当裁判所の見解では、本件はDoorson事件とは区別される。Doorson事件では、2人の証人――共に市民でありかつ被告人を個人的に知っていた――が、被告人が暴力に訴えるであろ

5-1 公正な裁判を受ける権利(1)〔6条〕

うと信ずる十分な理由を有するということは、その事件の事件簿に含まれていた情報を基に判断されたのであり、かつこれら証人は弁護士の出席の場で尋問された（The Doorson Case，前述，pp. 336-337, 338, 358-359）。

加えて、Doorson事件では、起訴された犯罪の犯人として被告人を積極的に特定する他の証拠が、匿名の証人に関係しない情報から供された（The Doorson Case, pp. 340-341, 360参照）。

(76) こうした背景から、当裁判所は、採られた手続は、全体として公平なものであったとは認定することはできない。

よって、6条1項と3項(d)を一緒にしたものの違反が、存在する（6対3）。

【個別意見(1)】

(77) 本件は、境界線上の事件の1つである。6条の要件に合致させるために、匿名の証人の尋問手続に関するオランダ法を作る努力がなされたことは認めなくてはならないとしても、公判及び証人の審理が行われた状況は、確かに完全に満足のいくものとは言えなかったし、もっと改善の余地があり得たことは疑いもない。

とはいえ、本件は武器の所持による強盗事件であり、——たとえ警察官であっても——証人は、すぐ発砲する犯罪者の仕返しを恐れびくびくするにちがいないということも、理解できる。もし将来似た状況が起きたならば、処置を講ずるに際し6条の要件に対しもっと注意を払うことが望ましいことは、確か

⑪ ヴァンクルヌ事件

であろうが。
⒄ しかしながら、本体においては、すべての情況を考慮すると、6条違反を認定することはできないので、次の個別意見(2)に、全面的に同意する。

【個別意見(2)】

⒆ 残念ながら、6条3項(d)と関連して6条1項の違反が存在するとの多数意見の結論には、賛同することはできない。また、その結論を裏付ける理由とされるものについても、多数意見に追随することはできない。

⒇ 刑事手続による有罪判決が部分的に匿名の証人の証言に根拠を置く場合の条件について、たとえ当裁判所の判例法は未だ完全には発達していないとはいえ、これに当裁判所は一定の線を引いてきている。しかるに、本判決は、これらの線の内にも果たまたその論理的線上にあるわけでもないというのが、私の意見である。本件の事実は、オランダが6条3項(d)と関連して6条1項に違反してはいないと認定されたDoorson v. the Netherlands事件と本件を区別することを正当化する程特殊なものではない。

　たとえ当裁判所は先例に拘束されないとはいえ、法的確実性及び法的平等は、当裁判所の判例法が、事件の事実が以前の事件の事実と類似する限り合理的に予測し得ることは勿論矛盾なくかつ明白であることを求めている。

(81) 「証拠の許容性は、主に国内法の規則の問題であり、かつ一般原則として、提示された証拠を評価するのは国内裁判所であ

5-1 公正な裁判を受ける権利(1)〔6条〕

る」(Doorson v. the Netherlands (1996), 22 EHRR 357-8 参照)から、適用できる国内法と判例そして国内裁判所により踏襲される慣行は、ある程度当裁判所にとってもまた関連している。

オランダ最高裁判所は、Kostovski v. the Netherlands 判決(1989)(12 EHRR 434)を考慮して有罪判決を下すに際し、匿名の証人の証言に根拠を置く条件について、その判例法を修正した。その上、その修正された判例法を出発点として、かつ刑事手続における匿名の証人による証言の許容性と関連国内法及びオランダでの法的慣行についての人権裁判所の判例法の推定に関する人権裁判所の判例法の分析にそれ自体根拠を置いて、オランダ政府は、刑事訴訟法に幾つかの改正を提案し、立法府はそれを採択した（前述本文㉒、㉓参照）。

1993年法は、本件に対し国内裁判所が判断をした時には未だ発効していなかった。しかしながら、もしも発効していたならば、控訴裁判所が従った手続きは、そこに導入された規則に合致していたであろう。この法律の解釈覚え書きは、重大事件の捜査についての公益のみでは、完全な匿名性の保証を正当化することはできないとするのが政府の考えであると、何度も述べている（前述本文㉒、㉓参照）。そして控訴裁判所は、この理由ではなく、証人及び家族の生命と安全への恐怖を理由として、匿名でいたいとする証人の希望を受け入れた。

⑫ 含まれている様々な争点の考慮から、本件においては、6条1項及び3項(d)の違反はないとの結論に導かれた。この結論に到達したことにつき、以下の点を強調しておく。

(a) 匿名の証人は、検察当局による尋問のみならず、面と向っ

⑪ ヴァンクルヌ事件

ての対決がない結果生じるハンディを防禦側に償うために非常に気を使った、1人の独立かつ公平な裁判官によっても尋問された。また、申立人及びその弁護士は、捜査裁判官による尋問を傍聴することもまた自身で質問することもできた。
(b) 捜査裁判官の面前でなされた証言は、捜査裁判官により宣誓した警察官と確認された証人により行われたものであった。
(c) 尋問中証人を観察していた捜査裁判官は、その信頼性について、詳しい理由の付いた意見を述べた。
(d) 捜査裁判官は、警察官の匿名でいたいという希望が正当化されるか否かについて、詳しい理由の付いた意見を述べた。
　6条は、証人を尋問する無制限の権利を保証してはいない。適切な司法行政の緊急性との適合性を維持する権限のある国内裁判所の裁量権を認めるのみならず、本条約の他の実体条項により守られている証人の利益と、6条による防禦側の利益の間にバランスをとることも、また必要である。
(e) 防禦側は、証人を傍聴し質問すること及び証人の答を録音したものを批評する十分な機会を与えられたし、実際その機会を広範囲に渡り用いた。
(f) 有罪は、匿名の証人による証言にのみ根拠を置いたわけではなかった。これらは、疑いもなく証拠の中核ではあったが、識別された証人による証言もあったし、幾つかの専門的証拠や電話の会話を録音したものもあった。この点に関してもまた、当裁判所は、「一般原則として、提示された証拠を評価するのは、国内裁判所である」という点を認めるべきで

5-1 公正な裁判を受ける権利(1)〔6条〕

ある。

(83) 本件のこれらすべての面から、私は、申立人を有罪へと導びいた裁判は、人権裁判所の以前の判例法に解釈されているように、6条のいうところの「公正な」ものであるとの結論に達する。

5-2 公正な裁判を受ける権利(2)〔6条〕

⑫ ダード事件
—— **Daud v. Portugal** (Application No. 22600/93) ——

Opinion of the Commission of 2, Dec. 1996. J. & D. No. 69 (1998-II)
Judgment of 21, April, 1998. 4BHRC 522

【事　実】

(1) 申立人は、アルゼンチン国民であるが、1992年3月10日、麻薬不正取引及び偽造パスポート使用の疑いで、リスボン空港において逮捕された。

(2) 1992年3月11日、リスボン刑事捜査裁判所裁判官が、国選弁護士と通訳の面前で、申立人の尋問を行った。申立人が合法的に逮捕されたと確証した後、裁判官は、裁判中拘留するよう命令した。

(3) 1992年10月15日、申立人は司法捜査を開始するよう求めた。しかし10月26日、捜査裁判官は、刑事訴訟法92条1項を引用し、法に規定されている最小限の形式要件を充たしていないという理由で、特にスペイン語で書かれているために、この要求を拒否した。

5-2　公正な裁判を受ける権利(2)〔6条〕

(4) 1992年11月16日、事件書類は、検察官の意見を添えて、リスボン刑事裁判所へ送付された。

(5) 同年12月15日付けの手紙で、申立人は、何人かの証人を尋問すること、及び申立人のものでないと主張しているスーツケースの調査を命ずることを、裁判所に要求した。また、申立人は、通訳を代えて欲しいという点及び未だ連絡をとってこない国選弁護士との会見を、要求した。

(6) 同年同月22日の決定において、事件を扱う裁判官は、刑事訴訟法92条1項を引用し、申立書は、スペイン語で書かれていてその上何らの翻訳も付けられていないため、「判読困難」であるという理由で、考慮することを拒んだ。

(7) 1993年1月14日、国選弁護士が、健康状態を理由に、解任を求めた。同月18日、裁判官は、他の国選弁護士を選任したが、申立人はそれを同月23日に知らされた。

(8) 裁判は、通訳付きで1993年1月26日に始まり、同年2月1日まで続いた。

(9) 1993年2月8日、申立人は、麻薬不正取引及び偽造パスポート使用に関し、9年の刑を宣告され又裁判費用の支払いを命じられた。

(10) 有罪判決を言い渡された日、申立人は、国選弁護士に代理されて、最高裁判所に上告した。意見書において、申立人は、捜査裁判官は刑事訴訟法の関連条項を誤って解釈したのであって、申立人の要求の拒絶及び捜査の欠如は、訴訟手続を無効としたと主張した。

(11) 1993年6月30日判決において、最高裁判所は、刑事訴訟法

⑫ ダード事件

412条に基づき、申立ては理由の不十分な提示のため不受理となると判示した。判決書は、法律に違反したと主張する制定法の条項も、果たまた申立人の見解による条項の解釈や適用の方法についても、何ら指摘していなかった。

⑿ 刑事訴訟法の関連条項

92条1項：訴訟手続きのすべての行程が有効であるためには、書面か口頭かを問わず、ポルトガル語でなされなくてはならない。

412条1項：訴答書は、上訴理由を詳細に示しかつ上訴人が逐一詳しく上訴理由を要約した意見書で、終わらなくてはならない。

同条2項：もしも理由が法律に関するものであるならば、意見書は以下の点を指摘しなくてはならない。失敗すれば、上訴は棄却される。(a) 侵害されている法律条項……

⒀ 1993年3月5日、人権委員会に対し申立てが行われた。

【申立人主張】

（人権委員会における主張）

⒁ 国選弁護士により申立人に与えられた不適切な助力に関しては、Artico v. Italy 事件判決 (Judgment of 13, May, 1980, A. 37) などからも明らかなように、国家は被告人に、効果的で単に形式的ではない弁護士を与えなくてはならない。この点に関しては、ヨーロッパ人権条約は、理論上のあるいは架空の権利ではなく、実用的かつ効果的な権利を保障することを意図している。本件においては、申立人の弁護士が効果的な助力を

5-2 公正な裁判を受ける権利(2)〔6条〕

与えなかったため、申立人は、ポルトガルの裁判所で必要な措置を確保することなく、自身で裁判所へ申立てなければならなかった。

(15) また、申立人の要求を認めることを拒否した国内裁判所の判断についても、訴える。この点に関し特に、ポルトガル刑事手続において重要でありかつ不起訴の決定をも導びき得る捜査を行わなかったことに、言及する。

(16) よって、6条1項及び3項(c)(e)を頼みとして、特に不適切な弁護人を与えられたこと、国選弁護士の怠慢、司法捜査申請及び証拠提出申請の拒否、そして公判における通訳の質の低さにより、公正な審理を行ってもらえなかったと訴えた。

(人権裁判所における補足主張)

(17) 法的な補助としてポルトガル当局により任命された弁護士、特に最初の弁護士は、弁護準備及び弁護活動に関し効果的な法的な補助を与えず、その結果申立人は、捜査裁判官、そしてその後の刑事裁判所に、個人的に申立てざるを得なかった。

(18) 司法捜査手続を行うことの拒否は、申立人の権利を著しく侵害した。

(19) 申立人は外国人であるから、適切な助力を与えられなくてはならなかった。

【政府主張】

(人権委員会における主張)

(20) 6条1項及び3項違反は、何ら存在しなかった。申立人は、

⑫ ダード事件

法廷手続を通し国選弁護士に助けられていた。

　弁護側の行為は、本来被告人とその弁護士間の問題であり、国家当局は、国選弁護士の怠慢に責任を持たされることはできない。申立人は1度として、別の弁護士を任命するよう事件を扱う裁判所に要求しなかった

(21)　捜査が行われなかったことは、何にせよ法廷手続の公正さを傷つけはしなかった。申立人は、もし存在するならば捜査段階で提出したであろう同じ証拠を、公判において提出し得た。この点に関し、ポルトガル法によると、公判において提出された証拠のみが裁判所の判断の基礎を形成し得る。とにかく、国内裁判所の決定は法律に従って行われた。

(22)　申立人に提供された通訳サービスは、適切なものであり、また、関連法廷において申立人は、何ら不満を述べたことはない。

（人権裁判所における補足主張）

(23)　法的な補助を与える義務は、国選弁護士を任命し、また交替させ、彼等の弁護料を支払ったことにより果された。

　事情から必要となるや否や、弁護士の交替は行われた。申立人は裁判官に対し、1度として代理人について不服を告げはしなかったしまた別の弁護士を求めもしなかった。

(24)　申立人の要求に対する国内裁判所の拒否、より詳しくは何らの司法捜査も行われなかったということは、裁判の公正さを害しはしない。なぜならば、司法捜査において提出できると同じ証拠を公判において引証できたのであるから。

225

5-2 公正な裁判を受ける権利(2)〔6条〕

【人権委員会意見】

⑮　最初に、6条3項に規定された特定の保証は、典型的な手続的状態に関し公正な裁判の概念を例証するものであるが、これらの本質的目的は、常に全体として刑事手続きの公正さを保証するか、あるいは保証することに寄与することである。従って、第1項に内在する諸原則と共に、3項(c)(e)の観点から、申立人の訴えを審理する。

⑯　不適切な弁護士に関する訴えについては、前述のArtico判決 (14)において人権裁判所により主張された諸原則を確認する。ヨーロッパ人権条約は、理論上のあるいは架空の権利を保障することを意図されたものではなく、実用的かつ効果的な権利を保障することを意図されているという点を強調して、人権裁判所は、6条3項(c)は「助力」について言及しているのであって「任命」について言及していないということを述べている。国選弁護士がその任務を縮小させるかもしれないから、単なる任命では効果的な助力を保証しない。

⑰　確かに、国選弁護士の怠慢のすべてが国家の責任となりはしない。この点に関しては、民事手続に関する事件において、国選弁護士の作為あるいは不作為は理論的には直接的に国家当局に帰しはしないのであり、それ自体特別の事情の場合以外はヨーロッパ人権条約における国家当局の責任になるということはできないと判示したM.P.M.L. v. Spain事件での当人権委員会の決定を思い出す（Application No. 27266/95, Decision of the Commission of 21, Oct., 1996. D. & R. 87-B, p. 100）。

⑫ ダード事件

(28) さて、事件の状況から、申立人が権利を与えられていると当局が認めたその権利を申立人が効果的に享受することを保証するための処置を採るのは権限を有する当局であるか否かを、考えなくてはならない。

　この点に関しては、国選弁護士による怠慢が明白であるかあるいは他の何らかの方法により当局の関心を十分に引いた場合のみ、権限を有する国家当局は、6条3項(c)により介入することを求められているという点を当委員会は思い出す（Kamasinski v. Austria, Judgment of 19, Dec., 1989. A. 168, p. 33 参照）。

(29) 本件においては、最初の国選弁護士（1992年3月11日任命）は、病気のため事件から退くよう求められた1993年1月14日まで、法廷手続に関与してこなかった。第2番目の弁護士は、1993年1月18日に任命され、公判が始まる3日前の同月23日になって申立人は任命されたとの通知を受けた。

　そこで申立人は、公判が開始される前に、未だ国選弁護士と何の連絡も取っていないと裁判所に対し手紙を書いた。しかし、その手紙が「読みづらく」かつスペイン語で書かれていたとの理由で、裁判官はその手紙を審理しなかった。

(30) 申立人の要求に応ずることを拒否したり、彼の要求を翻訳しなかったことがポルトガル法に従っているかどうかを決めるのは、当人権委員会ではない。しかしこうした行動をとることにより、申立人の弁護人に関し手をうつよう求めていたであろう状況の存在というものに、裁判所の注意を向けさせた。

　その上、2番目の国選弁護士を通して申立人が最高裁判所に行った申立ては、申立人が依拠した理由と侵害されたとする条

5-2 公正な裁判を受ける権利(2) 〔6条〕

項が適切に提示されていないという理由で、不受理を宣言された。従って、申立人の申立ては、失敗が運命づけられていた。

(31) これが、国選弁護士の怠慢が明白であり、かつ最高裁判所の利用を拒否されるという申立人の防禦にとり重大な結果となった、状況であった。

事件の特別の事情及び申立人は外国人であるという事実をまた顧慮すると、申立人が弁護士の助けを借りる権利を効果的に享受することを保証するための措置をとるのは、権限を有するポルトガルの当局である。

(32) すべての前述の理由が、申立人は、ヨーロッパ人権条約の要件に従っての効果的な防禦を与えられていないという結論に導びいている。

(33) 当委員会は、法廷手続の公正さに関する訴えを受理すると宣言する（1995年6月28日）。

そして、1996年12月2日の報告書において、6条1項と共に3項(c)の違反が存在するとの意見を表明する（26対3）。なお、3項(e)に関しては、侵害は存在しなかった。（27対2）。

【人権裁判所判決】

(34) 6条3項の要件は、6条1項により保証された裁判への権利の特定の局面として考えるべきだから、6条1項に共通の核心的部分から孤立させることなく、引き続いて6条3項(c)と(e)により申立人の訴えを審理して行くとしよう。

そのために適切な法的な助けがないということに関する一般的訴え、もっと詳しく言うと申立人の申請が捜査裁判官及び裁

判所により拒否されたことについての訴えについて、考察するとしよう（前述(3)、(6)参照）。

(35) ヨーロッパ人権条約は、理論上のまたは架空の権利を保障することではなく、実用的かつ効果的な権利を保障することを、また、国選弁護士は、被告人に与えるであろう助力の実効性を本来保証しないということを予定されているということを、繰り返しておく（Imbrioscia v. Italy (1993), 17 EHRR 441参照）。

とにかく、法的な補助の目的で任命された弁護人の怠慢のすべてについて、国家に責任を負わすことはできない。弁護士が法律扶助システムにより任命されたのであれ私費により任命されたのであれ、弁護側の行為は、本質的に被告人とその弁護士との間の問題であることは、国家からの弁護士の独立ということから導びかれる。

権限を有する国家当局は、法律扶助により弁護士の効果的な代理提供の失敗が、明白であるかあるいは何らかの他の手段によりその関心を十分に引いた場合のみ、6条3項(c)において介入することを求められる。

(36) 本件においての出発点は、国選弁護士による本事件の準備及び行動に着目して、6条3項が予定した結果が達成されなかったという点でなくてはならない。

ここで、最初の国選弁護士は、成功しなかったとはいえ自ら弁護を行おうとした申立人に対し、病気と告げる前に弁護士として何もしなかったことを特記しておく。刑事裁判所での公判開始のたった3日前に申立人がその任命を知った2番目の弁護

5-2 公正な裁判を受ける権利(2)〔6条〕

士については、その弁護士は、事件記録を調べ必要ならば刑務所に依頼人を訪ねるなどして申立人の弁護の準備をするのに必要な時間がなかったと、当裁判所は考える。弁護士の交替の通告（1993年1月23日）と審理（1993年1月26日）との間の時間は、司法捜査がなくかつ重い刑期を引き出すような重大かつ複雑な事件に対しては、あまりにも短か過ぎた。

　最高裁判所は、1993年6月30日判決で、理由の不適切な提示のため上訴を不受理とすると宣告したから（前述(11)参照）、状況を救済しなかった。

　よって、申立人は、6条3項(c)により求められている実用的かつ効果的な防禦の恩恵を受けなかった。

(37)　従って、弁護士の独立という基本的原則を尊重しつつ、関連当局が、自ら認めてきた申立人の権利について、申立人が効果的にその恩恵を受けることを保証するために行動したか否かを、当裁判所は確かめなくてはならない。

(38)　1992年10月15日に申立人よりなされた司法捜査の申請は、その申請書がスペイン語で書かれていたということを主な理由として、捜査裁判官により拒否された（前述(3)参照）。また、幾つかの捜査手段を実行して欲しいとの申立人からの要請は、同じ理由により、事件担当裁判官により拒否された（前述(5)、(6)参照）。とはいえ、申立人により要求された様々な捜査手段が裁判において実行されたので、こうした拒否それ自体は裁判の公正さに影響を与えなかった。

(39)　1992年12月15日付の手紙で、8ヶ月以上後になって、申立人は未だ連絡してこない弁護士と会いたいと裁判所に求めた

⑫ ダード事件

（前述(5)参照）。この手紙は外国語で書かれていたので、裁判官はこの要求を無視した。とはいえ、特に最初の国選弁護士は、1992年3月に任命されて以来何もしていないのであるから、この弁護士の明白な怠慢に関連当局は気付くべきであった。この理由及び被告人自身により同時期において行われた2つの申立ての拒否に鑑みると、弁護士が申立人のために弁護士としての活動が出来ないと言い出すまで待つことなく、弁護士がその任務を遂行しているやり方を調査し多分もっと早く代えるべきであった。

その上、代わりの弁護士を任命した後、それまで申立人は何ら適切な法的助力を受けていなかったということを知っていたにちがいないリスボン刑事裁判所は、率先して公判を延期し得たであろう。2番目の弁護士が公判延期の申立てを行わなかったということは、重要ではない。

事件の状況は、裁判所は受け身でいるべきではないということを要求した。

(40) 全体として考えると、こうした理由から、予備的尋問の段階からリスボン刑事裁判所での審理の始まるまでにおいて、6条3項(c)と関連して1項の要件を充たすことに失敗したと、認定する。

従って、これら条項違反が存在する。

(41) 結論として、6条3項(c)と関連して6条1項違反が存在した（全員一致）。

231

⑬ ダジェン事件

6-1　プライヴァシーの権利(1)〔8条〕

> ⑬ **ダジェン事件**
> —— **Dudgeon v. U.K.**　(Application No. 7525/76) ——
>
> Decision of the Commission on 3, March, 1978,　D. & R. No. 11
> (1978) 117
> Judgment of 22, Oct. 1981,　A. 45

【事　実】

(1) 申立人は、北アイルランドに住む同性愛の男性である。
(2) 申立人は、仲間と共に、北アイルランドにおける法律（同性愛を犯罪とする法律）を、イングランドとウェールズにおいて施行されていると同じレベルにもっていくこと、そしてもし可能なら同意最小年齢を21歳以下にすることを目指したキャンペーンを行っている。
(3) 1976年1月21日、麻薬使用の疑いで、警察は、申立人の自宅を捜索した。その際、同性愛行為を描写した申立人の私信及び日記を含む個人文書が発見され、押収された。
　その結果として、申立人は警察署に連行され、これらの文書に基づいて性生活につき質問された。警察の調査書類は、公訴局長官に送付された。この書類では、この件は男性間の著しく

6-1 プライヴァシーの権利(1)〔8条〕

猥褻な犯罪として訴訟手続を行うという立場がとられた。

　公訴局長官は、法務総裁と相談し、訴訟手続を提起することは公益ではないであろうと判断した。この判断は、1977年2月申立人に通知され、彼の個人文書は返還された。

（関連国内法及びその実行）

(4)　現在北アイルランドにおいて有効な関連規定は、1861年人間に対する犯罪法（以後、「1861年法」）、1885年修正刑法（以後、「1885年法」）及びコモン・ローの中に含まれている。

　「1861年法」61条及び62条により、男色（また又は反自然的性交）を犯すこと及びその未遂は、最高各々終身刑及び10年の自由刑を科すことのできる犯罪とされる。また、男色（または反自然的性交）は、男性または女性との男性による肛門性交または動物との男性または女性による肛門または性器性交より成る。

　「1885年法」11条によると、いかなる男性といえども、他の男性と「著しく猥褻な」行為を人前でまたは私生活において行うことは、最高2年の自由刑を科すことのできる犯罪である。「著しく猥褻な」とは制定法上定義されていないが、男性間の性的な猥褻行為を伴うあらゆる行為に関連している。

　コモン・ローでは、犯罪の未遂は、それ自体が犯罪であり、従って「1885年法」11条に規定される行為の未遂は、犯罪である。理論上未遂は、無制限の刑期をもって北アイルランドでは罰せられる。ただし、猥褻な行為の未遂は、実際には既遂の場合に適当とされる以上の刑を言い渡されることはない。一般

的には、著しく軽い刑である。

　同意は、これらの犯罪のいずれにおいても抗弁とはならず、また、上記法律の条文には、年令に関する区別はなされていない。

(5)　強制猥褻は、17歳未満の女性に対し、女性が行い得るけれども、女性間の同性愛行為は、昔からずっと刑事犯罪ではなかった。異性間に関しては、幾つかの例外はあるが、男性が17歳未満の女性と性交することは、犯罪である。1950年までは、イングランド、ウェールズそして北アイルランドにおける、性交につき女性の同意できる年令は16歳であったが、同年導入された法律により、同意年令は、北アイルランドにおいて17歳とされた。

(6)　「1861年法」及び「1885年法」は、当時支配的であった性道徳の概念を実施さすために可決された。元来は、これらはイングランド、ウェールズ、アイルランド（当時は、分離していなかった）そして、「1885年法」についてはスコットランドにも、適用された。

　近年これらの法律の適用は、イングランドとウェールズ（1967年の法律により）及びスコットランド（1980年の法律により）において、制限されている。つまり、幾つかの例外を除き、私生活において同性愛行為を行うことは、21歳以上の2人の同意ある男性間においては、もはや刑事犯罪ではない。

　これと対照的に、北アイルランドにおいては、これらの法律は変わることなく残っている。なお、北アイルランドにおいてもこれらの法律の修正の動きはあるが、未だ具体的な立法化と

6-1 プライヴァシーの権利(1)〔8条〕

はなっていない。

(北アイルランドにおける法の執行)

(7) 一般法に従うと、私人を含む誰もが、訴訟手続行為を行いまた取下げる公訴局長官の権限に服する条件で、同性愛犯罪を告発できる。

1972年から1981年の間における同性愛犯罪についての告発をみると、その間私人によりなされたものはない。

(8) 1972年1月から1980年10月の間に、北アイルランドにおいて同性愛犯罪につき62件の起訴があった。これらの事件のほとんどは、18歳以下の未成年者に関するものであり、幾つかは18歳から21歳の者又は精神病患者そして囚人に関するものであった。

政府によると、この間の記録による限りにおいては、イングランドやウェールズで行われたら明らかに犯罪ではない行為について、この期間に北アイルランドで起訴された者はいない。とはいえ、そうした行為に関し起訴しないとする政府の政策は存在しない。

(9) 人権委員会に対し、1976年5月22日申立てがなされた。

【申立人主張】

(25条に関して)

(10) 起訴の恐怖により侵害を受けた限りにおいて及び以下の点において、本条約25条のいうところの「犠牲者」である。

刑法は、性についての自由な表現の行使に対し、萎縮効果ま

たは制限効果をもたらした。

　心理的損傷及び危害を被った。

　同性愛者としての地位に対する禁止及び法的制限は、社会的恥辱、自尊心及び尊敬の喪失を引き起こした。

　重大な刑事犯罪の存在は、強請り、脅し、いやがらせを受けやすくした。

　居所及び性を根拠として、英国市民としての地位につき差別扱いを受けた。

（8条に関して）
(11)　同性愛者であるがため、北アイルランドの刑法上の罪が、刑事訴追の方法により適用される。そしてまた、起訴の可能性により恐怖と苦痛を引き起こす。よって、この点に関し本条約8条違反を訴える。
(12)　同性愛者として、私生活に関し不法な侵害を被った点につき、8条違反があった。人権委員会の判例法から、私生活の尊重を受ける権利には、同性愛者のプライヴァシーへの権利に対する尊重を含むことは明らかである。
(13)　男性同性愛者の私的性生活に関する当局によるいかなる制限も、8条2項により正当化されるものでなくてはならない。ある制限が民主的社会において必要なものであるとの立証責任は、政府にある。政府は、Application No. 104/55 の事件（X v. F.R.G., Yearbook I (1955-57) p. 228）に言及し、「健康若しくは道徳の保護」のため必要であることを根拠として、北アイルランドにおける同性愛法を正当化していると思われる。しか

6-1 プライヴァシーの権利(1)〔8条〕

しその決定は、22年前のものである。

　いかなる制限が必要かということの評価は、常に絶対的なものではあり得ない。人権委員会は、同性愛者の行動の性質及び道徳的意見の変化に関する知識の進展を、考慮に入れるかもしれない。ヨーロッパにおける意見の変化の証拠として、ヨーロッパにおける同性愛者法の概要を提出し言及する。

(14)　同性愛者の健康を守ることからは程遠く、刑法による制限は、個人の性に関する側面への抑圧を含みかつ強請り及び暴露の恐怖に曝す限りにおいて、それ自体同性愛者の健康に対する精神的危害の源である。もしも問題となっている制限が解かれたならば同性愛者以外の誰かの健康への危険となるということの、人を承服させる証拠は存在しない。

　「健康の保護」は、社会の健康を意味するであろう。そして、イングランド及びウェールズの社会の健康が、1967年性犯罪法（前述(6)参照）が通ってから悪化したとの証拠は、存在しない。

(15)　国家の「裁量権」の概念は、10条に適用されるように8条にも適用され得るであろうことは認める。しかし、本条約の各条項は、まず第1に、それ自体の表現においてかつ各々それ自体の実体の状況において、考慮されなくてはならない。

　裁量権についての人権委員会及び同裁判所による監督の行為となる、10条2項における人権裁判所により規定された原則（例えば、The Handyside Case, Judgment of 7, Dec., 1976, A. 24）は、細部に必要な変更を加えて8条2項に適用される。

(16)　「1861年法」、「1885年法」及びコモン・ローは、本条約8条

⑬ ダジェン事件

に違反している。

　これらの法律は、第1に、男性同性愛者としての申立人の私的性生活に対し女性同性愛者及び異性愛者のそれに対するよりも大きな制限を課しているし、第2に、英国の他所での男性同性愛者よりも北アイルランドに居所を置く者により大きな制限を課しているが、これらの扱いの異いは「必要な」ものとはいえず、それ故に8条2項により正当化されない。

（8条に関連しての14条に関して）

⒄　性による差別の問題に関し、もしも同性愛行為に関する制限が正当化されるとしても、8条2項の表現において、男性同性愛行為と女性のそれを区別する論理的根拠は存在しない。現存の差別の不合理性は、性差別を非合法化する条項の採択の増大により強調される。英国では、これらの条項は、男性及び女性に平等に適用される。男性による同性愛行為のみを目的とする北アイルランドの刑法における制限は、8条2項におけるいかなる客観的または合理的な正当性も有さない。

　それ故に、申立人は、14条と共に8条の違反の犠牲者である。

⒅　居所により異なった扱いを受けている（前述⑴参照）ことは、14条に違反している。

⒆　もしも、申立人の行為に課された制限が14条と共に8条の違反であるならば、異性愛者及び女性同性愛者に与えられたように、8条1項による私的性生活への尊重に対する権利を与えられる。北アイルランド法は、適切にも幾つかの制限（例え

6-1 プライヴァシーの権利(1)〔8条〕

ば、同意年令について)内に異性愛行為を制限している。そして、そうした制限のみが、同性愛者である申立人に適用されるべきである。

【政府主張】

(20) 訴えられている法律の条項は、それらが申立人に影響を及ぼす限りにおいて、原則として8条1項のいうところの私生活への干渉を構成し得ると認める。

申立人は、制限は「必要な」ものでなくてはならないとの8条2項における要件を強調した。この点に関し政府としては、Handyside事件における人権裁判所の判断中、10条2項は締約国に裁量の余地を残しているとの趣旨の一節に言及する(Judgment of 7, Dec., 1976, A. 24, para. 48)。8条2項の文脈において「必要な」という言葉がもたらす重要さは、10条2項におけるそれと似ている。訴えられている条項は、8条2項における裁量権の範囲内である。

(21) 申立人は、英国の他の地域における類似犯罪の不発生に言及している。しかし似た議論は、Handyside事件でなされた。人権裁判所は、道徳的要件に関しては法律は場所によって異なり得ると、そこで強調している。また、10条2項は、表現の自由の分野において、当局に「制限」とか「刑罰」を課すよう強いていないなどと、どの事件においても述べてもいない。

(22) Handyside事件において、道徳の保護のためにいかなる措置が必要であるかを決めるに際しては、締約国は裁量権を与えられなくてはならないという結論に人権裁判所を導びいた考慮

は、主に道徳的判断に関する事柄について本件申立てで生じたような争点には勿論適用される。北アイルランドは、価値観が宗教的土壌に強い根拠を置く地方であるという事実は、それらの価値観を強化し維持することを予測する法律の条項の保持について、本質的な議論を提供する。

(23) こうした微妙かつ個人的領域について立法する前に、北アイルランドの人々の幅広い同意を確保することが、最も重要である。一般的に、この分野における民衆の意見は、イングランドより北アイルランドではもっと保守的である。法律の過度の速度での進展により敵対的意見を醸し出すことは、同性愛者に何らの利益ももたらさない。

　直接統治以来、政府は、北アイルランドに対する恒常的憲法上の取決めを樹立しようとかなりの努力を行ってきた。そして当然といえるが、多くの人々が留保するであろう措置の導入には躊躇してきた。

(24) つまり、8条に関し、北アイルランドにおける同性愛行為に関連する現行法は、8条2項の目的とする道徳の保護及び他の者の権利及び自由の保護のために民主的社会において必要なものであるから、本条約8条違反を生じさせない。

(25) 14条は、8条2項において同性愛者に関し取られた措置につき両性間の異なる扱いの可能性を排除しない。異なる法システムの国家において、ある特別のシステム内で適用される法律が扱いの違いを生み出す場合のみ、14条における争点が起き得る。

6-1　プライヴァシーの権利⑴〔8条〕

【人権委員会決定】

⒆　問題となっている法律の存在の故に被っている恐怖と苦悩に関する申立人の訴えが事実であることについて、疑う理由は見い出せない。当委員会は、全員一致をもって、当該法律は、同意ある男性間において私生活上行われる同性愛行為を禁ずる限りにおいて、8条1項に保証されている私生活に対し尊重を受ける申立人の権利に対し干渉していると、結論する。

⒇　よって、北アイルランドで有効な、男性間の同性愛行為（または、そうした行為を試みること）を禁じている法律に関する申立人による訴えを、受理する。

　しかしながら、北アイルランドにおける幾つかのコモン・ローによる犯罪の存在に関する訴えについては、明白に根拠不十分であるから、不受理とする。

【人権裁判所判決】

(28)　同性愛そのものではなく、男性間の特定の著しく猥褻な行為及び男色が禁じられているとはいえ（前述⑷参照）、申立人の訴えの対象となっている男性同性愛の実践が、非難されている法律により処罰され得る犯罪に該当することは、疑うことはできない。その上、行為が人前で行われようと私生活において行われようと、当事者の年齢または関係が何であれまた当事者が同意していようといまいと、犯罪となる。

(29)　もっとも、申立人の訴えが、特に北アイルランドの法律によると、他の男性との間の有効な同意を伴う私生活において行

⑬ ダジェン事件

うであろう同性愛行為が刑事犯罪であるという事実に対し向けられたことは、申立人の主張から明らかである。

（8条について）

(30) 当裁判所は、人権委員会の見解（前述㉖）と異なる理由を見い出さない。つまり、非難されている法律の効力の維持は、8条1項のいうところの私生活（性生活を含む）を尊重される申立人の権利への、継続する干渉となる。なぜならば、申立人の個人的状況では、この法律のまさに存在は、継続的かつ直接的に私生活に影響を与える。また、法律を重んじ処分の対象となるような禁じられた性行為を同性愛性向のため行うこと——たとえ同意する男性パートナーと、私生活においてであれ——を我慢するか、それともそうした行為を犯し刑事訴追の対象となるかになるからである。

　問題となっている法律は、この領域においては空文化していると言うことはできない。21歳以下の男性との個人的な同性愛行為について、起訴するように適用されたし、なお適用されてもいる。また、精神病患者を除き、21歳以上の男性だけとのそうした行為に関しては、近年法廷手続はとられていないように思われるが、この点に関し法律を実施しないとの当局による定まった政策というものは存在しない。

(31) もしも「法律に基づ」き、8条2項において正統とされる目的を有し、そうした目的のために「民主的社会において必要」であるというのでないならば、8条の権利の行使に対する干渉は8条2項と適合しない。

243

6-1　プライヴァシーの権利(1)〔8条〕

(32)　上記3条件中、最初のものが満たされていることは争われていない。当該干渉は、「1861年法」及び「1885年法」の幾つかの条項及びコモン・ローが存在していることから、「法律に基づ」いていることははっきりしている。

(33)　次に、当該干渉は、政府が主張している「道徳の保護」または「他の者の権利及び自由の保護」を目的とするものか否かを、判定することとなる。

(34)　既存の法律を修正しようとの提案に関し、何らの行動もとらないとの1979年7月に宣告された決定（前述(6)参照）は、北アイルランドにおける修正提案に対する強い感情、特に、それは北アイルランド社会の道徳構造に深刻なダメージを与えるであろうという強い見解を英国政府が考慮して行った判断であると、当裁判所は認める。

　そうであるとすれば、この法律により追求される一般的目的は、北アイルランドにおいて得ることのできる道徳基準という意味での道徳の保護を残している。

(35)　法律の目的の1つが、同性愛の実行行為から若者のような社会における弱い者を守ることであることを認める。しかし、この文脈において、「他の者の権利及び自由の保護」と「道徳の保護」の間に厳密な区別を引くことは、少々不自然である。後者は、社会全体の道徳的風潮とか道徳的基準を守ることを含むかもしれないが、また社会の特定の一部例えば生徒の道徳的利益及び福利の保護をもカバーするかもしれない。従って、未成熟、精神的障害または依存症といった理由により特別の保護が必要な一定の個人またはグループの道徳的利益及び福利の保

⑬ ダジェン事件

護を意味するとき、これは「道徳の保護」の一側面になる。

(36) そこで、本件における 8 条において生ずる主要争点は、いったいこの法律の効力を維持することはどこまでこれらの目的のために「民主的社会において必要」なのか、という点である。

(37) 他の形式の性行為におけると同じく、刑法という手段により男性同性愛行為をある程度規律することは、「民主的社会において必要な」ものとして正当化され得ることは否定しない。この分野における刑法により果される総合的な機能は、公共の秩序及び体面を保ち、攻撃的であったり有害であることから市民を守ることにある。その上、若干のコントロールの必要性は、特に若かったり、肉体的または精神的に弱かったり、未熟であったり、または特別の職務上あるいは肉体的若しくは経済的依存状態にあるといった、他の者の搾取及び堕落に対する十分な保護手段を提供することが特に必要とされるところでは、私生活において行われる同意行為にも及びさえするかもしれない。

現実に、ヨーロッパ審議会全加盟国において、この件に関する法律が存在する。しかし、北アイルランドの法律が加盟国の大部分において存在する法律と違っているのは、北アイルランドの法律は、いかなる状況においてであれ男性間の著しい猥褻行為及び男色を一般的に禁じている点である。

社会全体の道徳的風潮のみならず、社会の特定の部分を守るためにも、何らかの形での立法が「必要だ」ということは認められているので、本件での問題は、北アイルランド法における

6-1 プライヴァシーの権利(1)〔8条〕

争われている条項及びその実施が、民主的社会においてこれらの目的を果たすために必要であると見做され得るものの範囲内に留まっているかどうかである。

(38) 「必要な」、「民主的社会において」及び本条約における正統な目的の推進のために採られた措置の評価に関する幾つかの原則は、以下 (39) から (41) に述べるように、これまでの当裁判所の判決中に既に述べられてきている。

(39) 第1に、この文脈での「必要な」とは、「有用な」、「合理的な」または「望ましい」というような表現のように融通自在ではないが、問題となっている干渉に対する「差し迫った社会的必要性」の存在を含む。

(40) 第2に、各事件における差し迫った社会的必要性について最初の評価を行うのは、国家当局である。とはいえ、その決定は当裁判所による再審理の対象に留まるが。

ザ・サンディ・タイムズ判決（The Sunday Times Case, Judgment of 26, April, 1979, A. 30）により描き出されたように、国家の裁量権の範囲は、ある権利に対する権限を正当化する目的の各々において、同じではない。政府は、道徳の保護が争点となっているところでは、裁量権はもっと幅広いであろうと、Handyside 判決（The Handyside Judgment of 7, December, 1976, A. 24）から推論した。確かに、当裁判所が同判決で述べたように、「道徳が要請していると考えられるものは、時々によって、また、場所によって、現代においては異なる。」そして、国内のきわめて重大な社会勢力と直接かつ継続して接触するが故に、国家当局は原則として、それらの要請の正確な内容

⑬ ダジェン事件

に関し意見を述べるに際し国際裁判官よりも適している。

しかし、制限の目的の性質のみならず、それに伴う活動の性質もまた、裁量権の範囲に影響を与える。本件は、私生活の最も個人的な側面の1つに関わっている。従って、公的機関の干渉が8条2項の目的のために正統であり得るためには、特に重大な理由が存在しなくてはならない。

(41) 最後に、本条約の幾つかの他の条項におけるように、8条においても、「必要性」の概念は、「民主的社会」のそれと関連している。当裁判所の判例法によると、本条約の権利に対する制限は、とりわけ追求される正統な目的に比例していなければ、「民主的社会において必要な」——このことの2大特徴は、寛容と寛大である——とは見做され得ない。

(42) 当裁判所の任務は、問題となっている「干渉」を正当化すると主張される理由が、8条2項において関連しかつ十分なものであるかどうかについて、前述の諸原則に基づいて判断を下すことである。

(43) まず初めに、政府は、道徳の問題に関し、北アイルランドとこれを除いた英国との間の態度及び世論の大きな違いと主張されるものに注意を向けた。北アイルランド社会は、異性間性行為の分野においてさえ、より制限的な法律が存在することにより例証されるように、ずっと保守的でありかつ宗教的要因をより重要視すると言われる。

申立人が、これは過大視していると述べはしたが、当裁判所は、そのような違いはある程度は存在するのであり、これは関連する要素の1つであると認める。北アイルランドにおける道

6-1 プライヴァシーの権利(1)〔8条〕

徳の保護の要請を評価するに際し、争われている措置については北アイルランド社会の文脈で考えなくてはならない。

　似たような措置は、英国の他の地方やヨーロッパ審議会の他の加盟国においては必要とは考えられないという事実は、それらが北アイルランドにおいて必要ではあり得ないということを意味しない。同じ国家の中に異なる文化の地域共同体が存在するところでは、道徳的かつ社会的に異なる要請に統治当局は直面することがあろう。

(44)　政府が正しくも主張するように、性に関する北アイルランドの道徳的風潮は、特に提案された法律の変更に対する反対からも明らかなように、国家当局がその裁量権を行使するに際し正当に考慮に入れ得る事柄の1つである。こうした法律の変更は社会の道徳構造に深刻なダメージを与えるであろうという、北アイルランド社会の責任ある構成員の多くに共有される正真正銘の誠実な確信から生れた強固な反対集団が存在していることを、当裁判所は認める。

　この反対は、北アイルランドの道徳の要請と支配的な道徳基盤の保持のための必要性という、この社会内で考えられているこの措置についての2つの見解を反映している。

　こうした見解が正しいか否かは問わず、それは他の社会における現代の意見とは一致しないとはいえ、北アイルランド社会の1つの重要な層の間にそれが存在していることは、確かに8条2項の目的にとって関連するものである。

(45)　疑いもなく、こうした様々な要因に直面して英国政府は注意深くかつ誠実に行動した。その上、政府は、北アイルランド

のかなりの人々の意見は新たな行動を採るべきではないとするものだとして法律の変更に反対しているという結論に到達する前に、異なる見解間においてバランスのとれた判断を行うためにあらゆる努力を行った。

　とはいえ、こうしたことは、問題視されている措置の結果である申立人の私生活に対する干渉にとり必要なものとして、それ自体で決定的ではあり得ない。国内当局に残された裁量権にもかかわらず、関連していると認定された理由がその状況では十分であるかどうか、特に訴えられた干渉は社会的必要性に比例しているか否かについて最終的に評価するのは、当裁判所である。

(46)　非難されている法律により影響を受ける本条約の権利は、本来人格の私的表示を保護するものである（前述(40)参照）。

　この法律が制定された時代と比べると、ヨーロッパ審議会加盟国の大部分において、ここで問題となっているような同性愛行為を刑法の制裁が適用されなくてはならないような事柄として扱うことはもはや必要でも適切でもないと考えることから、同性愛的ふるまいへのよりよい理解とその結果としての寛容の増大というものが、今や存在している。北アイルランド自体においても、当局は近年、有効な同意を行う能力のある21歳以上の同意した男性間の私的同性愛行為に関し、法律の適用を控えてきている。このことが、北アイルランドの道徳規範にとり有害であったとか、法律のより厳格な施行を求める何らかの公けの要求が存在していたということを示す証拠はない。

　保護を必要とする社会の傷つきやすい人々に害を加えるおそ

6-1 プライヴァシーの権利(1)〔8条〕

れ又は公衆への影響により生ずる十分な正当化事由が存在しないから、こうした状況では、そうした行為を刑事犯罪とする「差し迫った社会的必要性」が存在するとは主張され得ない。

(47) 比例性の争点に関しては、修正せずにこの法律を実施し続けることについての正当性は、問題となっている法律の条項のまさに存在が申立人のような同性愛性向の人の人生に及ぼす有害な効果により凌駕されると、当裁判所は考える。同性愛を不道徳と見做す人々は、他人の私的同性愛行為という犯罪の実行によりショックを受け傷つきまたは悩まされるかもしれないが、同意する成人のみが関係するとき、このこと自体により刑法の制裁の適用を正当化することはできない。

(48) 従って、政府により与えられた理由は関連してはいるが、有効な同意を行うことができる成人男子間における私的同性愛関係を犯罪化する一般的効果を持つ限りにおいて、非難されている立法の効力を維持することを正当化するには十分ではない。特に、北アイルランドにおける男性同性愛に対する道徳的態度及び法律のいかなる緩和も、既存の道徳規範を貶める方向へ行くであろうとの憂慮は、そうまでも申立人の私的生活に干渉することを正当化することはできない。「非犯罪化」は承認ということを黙示してはいないし、また、大衆の中にはこの法律の修正に関し誤った結論を引き出す者がいるのではという恐れは、正当化できない効力の維持のための有効な根拠ではない。

要約すると、北アイルランド法により申立人に課せられる制限は、規定されている起こり得る刑罰の苛酷さは全く別として

⑬ ダジェン事件

も、その幅と絶対的性格を理由として、達成されるべく追求されている目的とは釣り合っていない。

(49) 人権委員会の意見では、申立人より訴えられている干渉は、21歳以下の若者と性的関係を持つことを妨げる限りにおいて、他の者の権利の保護のため必要なものとして正当化され得る。

　この結論は、政府に受け入れられ採用された。しかし、男性同性愛関係の同意年令は、異性愛及び女性同性愛関係の同意年令と同じつまり現在の北アイルランド法では17歳であるべきだと、申立人は主張した。

　当裁判所は既に、例えば若さゆえに特に傷つき易い人々の搾取及び堕落に対する保護手段を提供するために、同性愛行為に対し何らかのコントロールを行うことの、民主的社会における正統な必要性というものを認めている（前述(37)参照）。そして、自分たちの社会における道徳の防禦のために必要とされるこの種の適切な保護手段を決めること、特に若者が刑法による保護を受けるべき年令を定めることは、第1に国内当局に任される（前述(40)参照）。

(50) 結論としては、申立人は、私生活を尊重される権利への正当化し得ない干渉を被りまた被り続けている。従って、8条違反が存在する。

（8条に関連しての14条に関し）

(51) 申立人は、8条に関連しての14条違反による差別の犠牲者であると主張した。それによると彼は、訴えられている刑法により、英国の他の地方の男性同性愛者並びに北アイルランドの

6-1　プライヴァシーの権利(1)〔8条〕

異性愛者及び女性同性愛者よりも、私生活に対するより大きな干渉の対象となっている。

(52)　14条による争点を扱うに際し、政府同様人権委員会は、21歳以上及び以下の者との男性同愛行為を区別した。

　当裁判所は既に、8条との関係において、若者が刑法による保護を受けるべき年令を定めるのは、第1に国内当局に任されると判示した（前述(49)）。しかるに、北アイルランドにおける現行法は、禁じられる男性同性愛行為に関して、この点については沈黙している。この年令が定められれば、14条における争点が生じ得るであろうが、現時点においては、発生していない争点について当裁判所は判決を申し渡さしはしない。

(53)　本条約のある実体条項がそれ自体についてと同時に14条と共に訴えられ、そしてその実体条項の個別の違反が認定されたところでは、問題となっている権利の享受における明らかな不平等な扱いがその事件の重要な一面であるのでない限り、当裁判所が14条により事件を審理することは一般的にはない。

(54)　申立人による14条の訴えの重要な面は、北アイルランドにおいては、異性愛及び女性同性愛行為に比べ男性同性愛行為は、同意した成人間で私的に行われたときですら刑事制裁の対象であるという点である。

　本件における中心的争点は、あらゆる状況下において幾つかの同性愛行為を刑法で処罰し得るとする立法の、北アイルランドにおける存在そのものにある。とはいえ、14条における申立人の訴えのこの面は、異なる角度から見てはいるが、当裁判所が既に8条との関係で考慮した訴えと要するに同じとなる。

⑬ ダジェン事件

(55) より広い争点の一部でありかつ吸収される特定の争点についての本案に関し、判決する義務は存在しない。ひとたび申立人の私的性生活を尊重する権利に対する制限が、その幅及び絶対的性格を理由として8条違反となると判示されたならば、他者が同じ権利についてより制限されていないことを理由として更に差別を被っているかどうかを決定するための、実質的な法的目的は存在しない。そうであるならば、明らかに不平等な扱いが、相変わらず本件の重要な一面であるということはできない。

(56) 従って、当裁判所は、14条について、本件を審理する必要はないと考える（14対5）。

なお、8条については既述のように(50)違反が存在する（15対4）。

【個別意見】

(57) 北アイルランドにおいて今なお効力を有する「1861年法」及び「1885年法」は、男性と男色家間の著しく猥褻な行為を禁じている。未修正の形態でのこれら法規は、同性愛者たる申立人の私生活の尊重を受ける権利に対する干渉が、認定される。

従って、本件における決定的かつ中心的争点は、同性愛関係を犯罪とする上記法律の条項は、道徳の保護や他の者の権利及び自由の保護のために民主的社会において必要であったか否かである。なお、こうした必要性は、8条2項によって法規が合法性をもつための必要条件の1つである。

6-1 プライヴァシーの権利(1)〔8条〕

　本件における関連事実及び提出された意見すべてを考慮に入れた為、多数意見とは反対の結論に達した。では以下において、本件において被告国が違反していないと認定する理由を、できるだけ簡単に述べる。

(58)　キリスト教徒と回教徒は、同性愛関係と男色を共に非難する。道徳的概念は、宗教的信念に深く起源を有する。

(59)　すべての文明国は、つい最近まで、男色や類似の自然に反する行為を、犯罪としていた。

(60)　8条1項によって同性愛者の私生活への尊重を考慮するに際し、特に大多数の人が自然に反する反道徳的行為に全く反対している国において、そうした反対の見解を有する人々への尊重を忘れてはならないし、また心に留めなくてはならない。とはいえ確かに、民主的社会において間違いなく多数派は、8条、9条及び10条そして第1議定書2条によって、自身の宗教的及び道徳的信念の尊重を受ける権利を与えられ、かつ自身の宗教的及び哲学的信念に適合するよう子供を教育し育てる権利を与えられている。

　民主的社会というものは、多数決のルールにより統治される。私生活の尊重の必要性を考えるとき、多数派の人々により高い評価を得ている道徳の保護のための法律を維持することの必要性というものを過小評価することは、少々奇妙で当惑させられる。

　成人による私生活での同性愛行為を合法化するための法律の変更は、問題となっている国に多くの騒動を大いに引き起こしそうである。被告国は、公共の平和を保つため及び道徳の保護

⑬ ダジェン事件

のために、法規集に関連法を残すことが必要であると認定することは正当化された。

(61) もしも同性愛者が、生理学上、心理学上あるいは他の理由により、受難者であり、かつ法律はそうした状況を無視していると主張するならば、その者の事例は、嗜好が直せるものか否かにより、無罪か減刑の事例の1つとなるであろう。しかるに、こうした議論は何らなされていない。もしも申立人がこうした議論を行っていたならば、その場合には国内的救済措置が尽されていなくてはならなかった。しかるに実際は、申立人はいかなる罪でも起訴されていない。

本件における法廷手続から、申立人が8条1項及び2項により主張していることは、私的に同性愛関係に浸ることは自由だということであるのは、明らかである。

ここで議論している法律の禁止条項に基づいて法廷に持ち込まれた事件などはほとんどない、と言われている。そして、このことは、同性愛犯罪を犯した者を起訴しないことに北アイルランドの人々が無関心であることを示していると抗弁された。しかしながら、同じ事実は、同性愛犯罪が犯されることが稀であること、そしてまた法律を変えることが不必要かつ不適当であるということを示していたでもあろう。

(62) 国内の法律に関連するそうした道徳の保護に対応した、8条、9条そして10条に言及されている道徳の性質、範囲そして必要性の程度を確かめるために、当裁判所判例法は既に、ガイドラインを提供している。

"A"「道徳の概念は、時によりまた場所により、変化する。

6-1　プライヴァシーの権利(1)〔8条〕

　道徳についての統一的ヨーロッパ概念というものは、存在しない。各国の国家当局は、その国において支配的な道徳基準について意見を述べることに関し、国際裁判官よりもより適した立場にある（The Handyside Judgment of 7, December, 1976. A. 24, p. 22)」。

　北アイルランドにおける道徳環境が、現在考慮中の法律の変更に反対するものだということは、争われ得ない。もしもこの変更がなされたとすると、これは何らかの意味で反道徳を合法化するであろう。

　〝B〟「道徳及び他の者の権利の保護のために、ヨーロッパ人権条約の関連条文により保証される諸権利を、国内立法が制限することを余儀なくされる程度というものを評価するについては、国家当局はまたより良い立場にある。」

　再審理中の法律の変更権限を有する立法議会は、同国において支配的な道徳を保護し平和を保つために、これらの法律を維持することは必要であると信じ、変更を控えたのであった。

　関連事実及び法律の問題点そして本件状況の総合的評価のための基礎となる諸原則のすべてを考慮に入れて、成人男性間の著しく猥褻な行為や男色を禁止する北アイルランドの法律——それは、19世紀に遡る——の効力を保つことが、その国の道徳及び他の者の権利の保護にとり必要ではなくなったとは、認定しない。

　従って、被告国は本条約に違反していない、との結論に到達した。

⑭ エムエス事件

6-2 プライヴァシーの権利(2)〔8条〕

⑭ エムエス事件
—— **MS v. Sweden**（Application No. 20837/92）——

Decision of the Commission on 22, May, 1995.
Judgment of 27, August, 1997. 3 BIIRC 248

【事　実】

(1) 申立人は、1951年生れのスウェーデン女性であるが、1981年10月におきた仕事中の事故により背中を痛め、そのひどい痛みのため長い間仕事に復帰できなかった。そして何年も経った1991年3月になってから、労務災害保障法に基づき補償請求を行った。

(2) その請求に際し、申立人の弁護士が、社会保険局が背中の治療を行ったクリニックに対し当時の医療記録のコピーを請求する文書を送り、その結果それらの記録はその後の治療に関連した記録（1982年3月、1985年10月から1986年2月の治療記録）と伴に保険局に正式に提出されていたということを発見した。

記録には、妊娠が背中の痛みを激化させたため行われた1985年10月に行った緊急を要しない堕胎の詳細も含まれていた。なお、この点に関する記載記録には、「中絶の理由は、特

6-2 プライヴァシーの権利(2)〔8条〕

に前回の妊娠中、信じられない程背中が痛かったことである」と述べられていた。

(3) 社会保険局に提出された情報の秘密性は、1980年秘密厳守法により守られていた。そして、法律により秘密を守らなくてはならない情報を明らかにした医者は、スウェーデン刑法により職業上の守秘義務違反で有罪となる。

(4) 申立人よりの補償請求は、第1審そしてそれに続く上訴審において、却下された。

そこで申立人は、社会保険局への医療記録の提出は、ヨーロッパ人権条約8条における私生活の尊重を受ける権利に対する正当化されない干渉を構成するとして、人権委員会に訴えた。

(関連国内法及び実務)

(5) スウェーデン憲法の一部である表現の自由法2条1項及び2項によると、人は皆、秘密厳守法に規定される例外に服することを条件に、公文書に接する権利がある。

(6) この一般規則の例外の1つが、健康及び医療の分野における情報の秘密保持に関係するものであり、秘密厳守法7条1項に述べられている。それによると、「情報が、本人又はその近親者を何ら害することなく明らかにされ得ることが明白でないならば、秘密厳守が、健康や医療の分野における個人の健康状態ないし私生活に関しての情報に適用される。」

(7) 上記の秘密保持の規則にもかかわらず、幾つかの状況下では、健康及び医療に従事する公機関は、他の公的機関への情報の提出を求められる。よって、秘密厳守法14条1項は、「もし

も情報を知らせる義務が、法律又は政令に規定されているならば、秘密厳守は、他の公機関に情報を知らせることを妨げない。」と規定する。

(8) こうした義務は、保険法8条7項の当然の結果である。それによると、「公的機関は、本法の適用される重要な状況下において、指定された人の情報を、請求に基づき、裁判所、国家社会保険庁又は社会保険局に提出する義務がある。」この文脈では（本件のような）公立病院に雇われている医者は、公的機関の代表の1人と見做される。

それに加え、保険法に基づき補償を求める者は、その請求のために重要な情報を、社会保険局に提供する義務がある（保険法8条6項）。

(9) 社会保険局は、個々の報告された労務災害に関し、付随義務として医者の意見を入手することがある（労務災害保障及び国家災害補償の保証に関する布告13条）。

(10) 保険局に提出された情報は、秘密厳守法7条項条に規定される守秘の規則により保護されている。それによると、「もしも個人の健康状態とか私生活に関することの情報が洩らされたら当該個人又はその近親者が害されるであろうと思われる場合には、そうした情報についても、労務災害保険に関する法律によって生ずる問題について、社会保険局、国家社会保険庁及び裁判所に、秘密厳守が適用される。」

(11) 人権委員会に対し、1992年9月23日申立てがなされた。

6-2 プライヴァシーの権利(2)〔8条〕

【申立人主張】

(12) クリニックが問題の医療記録を洩らしたことは、保険局の求めた以上のものであった。つまり保険局は、1981年10月9日の問題とされる仕事中の背中の負傷に関する医療記録を求めただけなのに、クリニックは、1986年2月までの記録を提供した。従って洩らされた情報は、請求されたデータのみ提出されるべきとする保険法8条7項(前述(8)参照)に含まれる要件に合致しない。よって、その通知は、結果として「法律に基づいて」いなかった。

(13) 医療記録を洩らしたことは、民主的社会において必要であったとは見做され得ない。申立人が身体障害のため働けないという事実については、争いはない。しかし、障害の原因が脊椎辷り病なのか、申立てられた労働災害なのかということについては、論争が存在する。

(14) 1985年の堕胎に関する情報は、保険局により決定されるべき争点とは関連性がなかった。

(15) 加えて、保険局の公務員が服する守秘義務は、クリニックの医療従事者に適用されるそれよりも、申立人の利益につきより弱い保護を現定している。たとえば、一般の公務員により洩された結果損害を被ったということを証明するのは患者であるのに対し、医者は洩らしたことにより損害が生じなかったことを証明しなくてはならなかった。

(16) 8条における権利の効果的保護のためには、データを知らせるというクリニックの意図を告げられかつその決定が実行さ

れる前に、それに対し司法的救済措置を行う機会が与えられなくてはならない。

　つまり、ある種の私的かつ微妙な性質の情報が、保険局の一定数の人たちに申立人の同意なく明らかにされたことは、8条の権利の干渉となる。

【政府主張】

(17)　補償請求手続を始めたことにより、申立人は、クリニックが保険局に伝えた医療データに関する秘密保持の権利を、放棄した。

　そこでの措置は、関連スウェーデン法の予測される適用であった。それによると、保険局は、クリニックに提出義務がある争点となっている情報を請求する義務に従ったことは明らかである（前述(8)、(9)参照）。

(18)　また、データは公表されてはいないのであり、保険局において秘密とされていた。

(19)　本件の情報の洩示は「民主的社会において必要」であった（前述(6)参照）。

　医療記録が保険局の決定に関連していたのみならず、それらが関連していたかもしれないという事実もまた、申立人には、訴えを起こすときに明白であったにちがいない。堕胎に関する情報ですら、申立人の背中の痛みに関連していた（前述(2)参照）。

(20)　もしも保険局が、全く申立人の主張のみに頼るよう求められていたならば、申立人が関連証拠を出すのを控える危険があ

6-2 プライヴァシーの権利(2)〔8条〕

ったであろう。

(21) 保険局の所有する間そのデータは秘密にされていたのであるから（前述(6)参照）、秘密の洩示に必然的に伴う干渉は、本質的に限定されたものであった。

【人権裁判所判決】

(22) 関連スウェーデン法によると、クリニックにおける申立人の医療記録は秘密保持により管理されていた。クリニックによるこうしたデータの保険局への提供は、保険が要請した場合のみでかつ情報が保険法の適用に重要であると思われる範囲においてのみ、保険法により許されるであろう（前述(8)参照）。この評価は、権限ある当局に排他的に任せられているのであり、申立人は、あらかじめ相談されたり通知される権利を有さない。

　従って、ここでの秘密洩示は、申立人が保険局に補償請求を行ったという事実によるだけでなく、申立人自身のどうにもならない幾つかの要因次第であったと思われる。それ故に、クリニックにおける医療記録について、私生活の尊重を受ける8条1項の権利を疑う余地のないやり方で放棄したとは、申立人の申請から推断することはできない。

(23) 問題となっている医療記録は、堕胎に関する情報を含む申立人についての非常に個人的かつ微妙なデータを含んでいた。これらの記録は秘密にされてはいたが、他の公的機関に明らかにされ、従ってより多くの公務員の中へと漏れていった。その上、治療との関係でクリニックに情報が集められ保管されてい

たとはいえ、後に起きた通報は、異なる目的すなわち保険局による申立人の補償請求の審理を可能とするためであった。

⑭ 申立人が保険局にデータが明らかにされることを同意したであろうということは、申立人がそのクリニックで治療を受けたという事実からは出てこない。

㉕ これらを考慮に入れると、保険局にクリニックがデータを洩らしたことは、8条1項により保証されている私生活の尊重を受ける申立人の権利への干渉を必然的に伴うと、当裁判所は認定する。

㉖ そこで、次に本件の干渉が8条2項に該当するかどうかを見て行くこととする。

㉗ まず、「法律に基づいた」干渉であるかという点についての前述⑿における申立人の主張について、考えて行こう。

　保険法8条7項の文言は、情報提供に際しどこまで告げるべきかという当局の義務を決める決定的要因は、要請の正確な表現よりもむしろ情報の関連性であるということを示している。よって、当裁判所は、本件の干渉は、法的根拠を有しかつ予測可能であったこと、言い換えれば「法律に基づいて」いたことに納得する。

㉘ 次に正統な目的についてであるが、秘密を洩らした目的は、労務災害に対する補償を申立人に与えるための条件が揃っていたか否かを、保険局が決定できることにあった。データの伝達は、補償を受けて当然である申立人への公的財源の分配にとって、もしかすると決定的であったかもしれなかった。それ故に、国の経済的福利を守ろうという目的を追求するものと見做

6-2 プライヴァシーの権利(2)〔8条〕

され得る。実際に、このことは当裁判所において争われなかった。

(29) では、ここでの干渉は、「民主的社会において必要な」ものであったといえるか。

　個人データ、特に医療データの保護は、8条に保証される私生活及び家族生活の尊重を受ける権利の享受のためには、基本的に重要である。健康データの秘密性は、本条約のすべての締約国の法システムにおいてきわめて重要な原則の1つである。それは、患者のプライヴァシーを尊重するという意味でのみならず、医療従事者及び公共医療サービス一般について患者の信頼を保つためにもきわめて重要である。

　国内法は、本条約8条の保障と矛盾するであろう個人健康データを教えたり洩らしたりすることを防ぐための、適切な安全策を与えなくてはならない。

　上記の考慮すべき点及びこの分野における国家に享受される裁量権を念頭に置いて、当裁判所は、本件を全体として見て、干渉を正当化するとして引用されている理由が関連しかつ十分なものであるか否か、そして措置は追求される正当な目的に比例しているか否かを、審理する。

(30) 本件の特別の事情に目を向けると、申立人の医療データは、申立人自身が請求した給付金を得るための諸条件を充たすか否かの評価のためという文脈で、ある公的機関から他の機関へと伝えられた、という点を特記しておく。また、申立人の補償請求を認めるかどうかを決めるに際し、保険局は、申立人からの情報をチェックするためにクリニックの所有するデータを対照

⑭ エムエス事件

するという、正統な必要性を有していると認める。独立の情報源からの客観的情報が欠けていると、請求に十分な根拠が有るかどうかを保険局が決定するのは困難であったであろう。

(31) 申立人が1981年に受けたと主張する背中の負傷と、1985年の堕胎及びその後の治療に関する情報を含むクリニックから保険局に提供された医療記録のすべてが、申立人の背中に関連する情報を含んでいる。1985年の記録から明らかなように、申立人の背中の痛みが中絶の主理由であった（前述(2)）。その上、そのデータは、申立人の保険法による補償請求による期間をカバーしている（前述(1)、(2)参照）。

(32) 加えて、関連法によると、保険局が要請しかつその情報が保険法の適用に重要であることが、当該データを伝えるための一条件である（前述(8)参照）。もしもクリニックのスタッフがこの条件を遵守することに失敗したならば、民事又は刑事責任を負うこととなろう（スウェーデン刑法20条3項）。情報の受け手としての保険局は、クリニックと似た規則及び保障手段に従って、データを秘密裡に取り扱う義務の下にあった（前述(10)参照）。

こうした状況下では、争われている措置は、従って、重要な制限の対象であり、かつ乱用に対する効果的で適切な保護手段を伴なっていた。

(33) 前述の点を顧慮すると、クリニックが社会保険局に申立人の医療記録を知らせたことは、関連しかつ十分な理由が存在したし、またその措置は、追求されている正統な目的に比例していなくはなかったと当裁判所は考える。

6-2 プライヴァシーの権利(2)〔8条〕

　従って、本条約8条に保証されている私生活の尊重への申立人の権利に対する侵害は存在しないと全員一致で結論する。

　(なお、6条1項の違反は存在しない、とも全員一致で判示している。)

6-3 プライヴァシーの権利(3)〔8条〕

⑮ ボタ事件
—— **Botta v. Italy**（Application No. 21439/93）——

Decision of the Commission on 15 Jan. 1996.
Judgment of 24, Feb. 1998.　4 B.II.R.C. 81

【事　実】

(1)　申立人は、1939年生れのイタリア人で身体障害者である。イタリアのリドのシーサイド・リゾートに休日出かけた。当地に滞在中、申立人は、障害者に対する特別の設備(特別の傾斜路と、特別仕立てのトイレ及び着替え室)を、民間海水浴施設が提供することに失敗したため、ビーチを利用することができなかった。

しかしイタリアの法律は、プライベート・ビーチに、そうした設備を提供することを義務付ける条項を含む関連営業許可契約を求めていた。そこで申立人は、何年にも渡り、現地当局に対し状況改善を求める虚しい試みを繰り返した。

(2)　申立人は、1991年8月9日、民間ビーチに対し、違反したら許可を取消すという条件で法律に規定されている障害者のための設備を設ける義務を負わせるためのあらゆる手段を尽さなかったため、当局は刑法に定義されている職務義務を果すことを

6-3 プライヴァシーの権利(3)〔8条〕

怠る罪を犯した、と訴えた。しかし、1992年5月5日、検察庁は、審理は中止すべきであるとの意見を述べ、同月12日の決定において、予備審問担当判事は、刑法上の職務義務に関する犯罪のいかなる証拠も認定しないとして、審理の中止を命じた。

(3) 結局申立人は、ヨーロッパ人権委員会に対し、当該リゾートの民間海水浴施設の怠慢を改善するための適切な措置をとることに失敗したことは、本条約8条における権利を侵害したとして、1992年7月30日申立てを行った。

〔関連国内法〕

(4) 1989年1月9日法13号は、障害者への、民間の建物や施設の実効的な利用及び建築障害物の除去の保障を意図した条項を含んでいる。それによると、障害者により用いられるための設備改造の工事が障害者の要求により行われることを保証する義務を含む幾つかの義務を、地方自治体の行政長官に課している。特に11条は、障害者より要求を受けた後、長官は、地区参事会が工事を行うために要する額を算定し地区に知らせなくてはならないと、規定している。

(5) 1989年6月14日、公共事業省は、プライベート・ビーチに許可を与えるすべての将来の契約に、ビーチに特に障害者の使用のために設計された着替え室とトイレを少なくとも各1つは設置し、かつそれに加え、ビーチ及び海に行けるようにするための特別の傾斜路を建設する、ということを義務づけた条項を含むことを求めた省令 (№ 236) を公布した。

(6) 1992年2月5日法104号23条3項は、公有地に関する許可

及び更新は、関係施設における上記措置の実施を条件として行うこととするとした。なお、1971年3月30日法118号は、公共建築物及び一般に解放されている建物からの建築障害物の除去に関し、同じような条項を規定している。

(欧州審議会)

(7) 障害者に対する一貫した政策の1つとして、1992年4月9日の欧州審議会閣僚委員会勧告No R (92) 6は、ハンディキャップを、「当の個人にとって普通である役割(年令、性及び社会的文化的要因次第だが)の遂行を制限したり妨げたりする損傷あるいは身体障害の結果としての、当の個人にとっての社会的な不利」と定義する。

そして同勧告は、欧州審議会加盟国に、「自主独立の生活を送り、社会へ融合する障害者の権利を保証」し、かつ障害者の人々に「機会の平等」を保証するために「このことを可能とする社会の義務を認める」よう勧める。当局はとりわけ、障害者の人々が「可能な限り可能性を有し、建物や交通機関を利用し、社会で一人前の役割を果し、経済的、社会的、レジャー、レクリエーション及び文化的活動に参加する」ことができるよう目指さなくてはならない。

同勧告はまた、「障害者の基本的な法的権利の行使は、差別されることなく保護されなくてはならない」と強調する。

(8) また、欧州審議会議員会議において1992年5月7日採択された、障害者に対するリハビリテーション政策に関する勧告1185 (1992) は、「社会には、自主独立の人生を送ることができ

6-3 プライヴァシーの権利(3)〔8条〕

るよう保証するために、障害者の必要性に基準を合わせる義務がある」、と強調している。

【申立人主張】

(9) リゾート地の民間海水浴施設に責任がある手抜かり、すなわちトイレと障害者が使用できる海に行く手段たる傾斜路が欠けている事態というものを改善するための適切な措置をとることに、イタリア政府が失敗した結果生じた私生活及び人格発展の減損を訴える。

(10) 国家による干渉のためではないが、民間のビーチについて必要な処置を行い国内法の条項を遵守させるという積極的義務を国家が果すことに失敗したために、社会生活に参加しかつ金銭上の個人の権利ではない本質的な諸権利を行使し得るという、普通の社会生活を享受することが不可能であった。

(11) 1989年法13号及び1992年法104号を採択したことにより、イタリアは、人間の尊厳性すなわち自由と独立、家族との融合、教育、雇用及び社会への権利についての完全なる尊重を、障害者に保障する義務を引き受けた。

　国家はまた、本件におけるように、第三者に義務を負わせるのであり、また、法律を施行する義務を有している。

(12) 私生活の概念を情緒的側面にのみ限定することは、形式的なもしくは純粋に法的な手法よりもむしろ現実的で常識的な手法に準拠した当裁判所の判例法の傾向には、ふさわしくないであろう。

(13) 人権委員会による問題とされる権利の社会的性格について

の議論(後述(15)参照)は、受入れ難い縮小主義であった。確かにこの権利は、経済的及び社会的な面と結果を有してはいるが、家族生活の尊重に内在する法的義務の概念の中に持ち込むよう求められている全ての様相を、疑いもなく有していた。

　人権委員会の言うところの(後述(15)参照)、特に利用できる財源に言及しての国家に残されているという広い裁量権によって、国家による恣意的行動が正当化されるとか経済的困難を抗弁とすることが正当化されるとかいうことが意味されると、解されるべきではない。また、後者の点に関連し、建築物の障害物を取り除くためのあらゆる工事に用い得る基金について規定する、1992年法104号42条の条項に言及する。それによると、経費が適切に見積られていないという事実は、個人が責めを負うことのできない事であった。

【政府主張】

(14)　国家の積極的義務の中に、各個人のリクエーション活動の満足いく結果を保証するという義務をも含むものと、8条を広く解することは、本条項草案作成者には承認できないであろう程度にまでも問題になっている条項の意味を変更することとなろう。

　一度そうしたタイプの解釈の発展にドアを開けたならば、限界を定めることは大変困難であろう。例えば、そうした活動に加わりたいと望む人々の不適当なやり方の結果として生ずる障害も、考慮に入れる必要があろう。そうした手法は、本条約の機関を、本条約の対象でも目的でもない、本条約の締約国の社

6-3 プライヴァシーの権利(3)〔8条〕

会政策の仲裁者に変えることとなるであろう。

【人権委員会意見】

(15) 本件での争点たる人間関係は、社会関係の特に広い範囲に関するものである。申立人が主張する権利は、ビーチでのリクリエーション及びレジャー活動に障害者が参加することに関するものであるというその性質上社会的なものであって、その目的の範囲は、8条1条に含まれる「私生活の尊重」という考えに内在する法的義務の概念を、超えている。

その文脈では、国内法上または国際法上の若しくは行政義務の国家による達成は、幾つかの要因特に経済的要因次第である。関連法に規定された義務を履行するために採用されるべき手段の選択に関しては、国家は広い裁量権を有しているので、申立人より主張された権利は8条の範囲外であった。

とにかく、当該権利の社会的な性質は、ヨーロッパ社会憲章により設定された保護の仕組みのように、もっと融通のきく保護の仕組みを求めていた。

従って、8条は適用されない。

(16) 結論として、8条違反は存在しない。本件を、人権裁判所に付託する。

【人権裁判所判決】

(17) 当裁判所は、申立人により主張される権利が、本条約8条に述べられている「私生活」の「尊重」の概念の範囲内にあるかどうかを、決めなくてはならない。

⑮ ボ タ 事 件

(18) 私生活には、人の肉体的かつ精神的尊厳性を含む。8条により与えられた保証には、主に他者との関係について、各個人の人格の外部からの干渉なしでの発展を保証することが意図されている。

(19) 本件では、申立人は事実上、国家による行為について訴えたのではなく国家による行為がないことを訴えたのである。

(20) 8条の本質的な目的は、公権力による恣意的な干渉から個人を守ることとはいえ、そうした干渉を控えるよう国家に強要するだけではない。この消極的保証に加え、私生活又は家族生活の効果的尊重ということに内在する積極的義務が存在しているかもしれない。これらの義務は、個人間の個人的関係という領域においてさえ、私生活の尊重を確保するよう意図された措置の採用ということを、含むかもしれない。しかしながら、尊重の概念は細かく定義されていない。いかなる場合であれ、国家は裁量権を有していはするが、そうした義務が存在するか否かを決定するために、一般の利益と個人の利益との間に公平な均衡がとられるよう考慮がなされなくてはならない。

(21) 申立人により要求される措置と申立人の私生活または／及び家族生活の間に直接的かつ即時的関係を認定したところでは、国家はこのタイプの義務を有すると、当裁判所は判示してきた。

たとえば、Airey v. Ireland 事件（1979）（2 E.H.R.R. 305）において、当裁判所は、申立人の私生活及び家族生活に直接影響を及ぼす別居事件に法律扶助のシステムが国内法上存在しないことを理由として、申立人は8条違反の犠牲者であると判示

6-3 プライヴァシーの権利(3)〔8条〕

した。

　また、López Ostra v. Spain 事件（1994）（20 E.H.R.R. 277）では、申立人の家の近くに位置している汚水処理プラントの作動により引き起こされた汚染の有害な影響との関係で、被害国は、ロルカ町の経済的福利という利益──汚水処理プラントを保有している町の利益──と、申立人の住居並びに私生活及び家族生活の尊重を受ける権利の効果的享受の間に、公平な均衡をとることに成功しなかったと、当裁判所は判示した。

　最後に、ゲラ（Guerra v. Italy）事件（1998）（4 BHRC 63）では、申立人の私生活及び家族生活の尊重を受ける権利に対する工場からの有害ガス放出による直接的影響は、8条が適用されるということを意味すると判示している。そして、その工場の敷地で事故が発生したとき特に危険に曝される町に住み続けることにより申立人たちが遭遇するであろう危険性を判断できたであろう重大な情報を申立人に知らせなかったから、8条に違反したと、人権裁判所は決定した。

(22)　しかしながら本件では、申立人の主張する権利、すなわち休日に通常の居住地から離れた場所にあるビーチ及び海を利用し得る権利は、民間海水浴施設の手抜かりを補うためにとるよう国家が求められている措置と申立人の私生活の間には、考え得る直接的つながりが存在し得ないといえる広くかつ漠然とした範囲の個人間関係についてのものである。

(23)　従って、8条は適用されない（全員一致）。

7-1　宗教の自由(1)〔9条〕

> ## ⑯ マヌサキス事件
> ——**Manoussakis and others v. Greece**
> (Application No. 18748/91) ——
>
> Report of the Commission of 25, May, 1995. J. & D. No. 17 (1996-IV), 1371
> Judgment of 29, August, 1996. 2 BHR C 110

【事　実】

(1)　申立人は、エホバの証人の信者でクレタ島に住んでいる。1983年3月30日、申立人は、クレタ島ヘラクリオン市タティ地区にある建物の広さ88 m²の部屋を、私人間の合意により借りた。なお、賃貸の合意文書によると、この部屋は、「エホバの証人のあらゆる類いの集会、婚礼等のため」に用いられると、明記されていた。

(2)　1983年6月2日、申立人は、前日部屋の窓が誰かに壊されたとして、ヘラクリオン市の警察に対し犯人不明のまま訴え出た。また、同年9月23日、同月26日にも同じような事件が起きたとして、訴え出た。

(3)　1983年7月30日、タティギリシャ正教会教区教会は、部屋

7-1 宗教の自由(1)〔9 条〕

がエホバの証人により許可されていない礼拝所として用いられていると、ヘラクリオンの警察に通報した。そして、教会当局は、警察に対し、同部屋の調査を行い責任者を処罰しとりわけ教育宗教担当大臣が許可を与えるまでいかなる集会も禁ずるよう、求めた。

(4) 申立人による、部屋を礼拝所として用いる許可を求める教育宗教担当大臣への申請に関し、1983 年 10 月 18 日タティ地区議会議長は、この申請の署名が真正なものであることを証明することに、同意した。

(5) 申立人は、教育宗教担当省から、1983 年 9 月 25 日、1984 年 2 月 17 日、同年 4 月 17 日、同年 6 月 17 日、同年 8 月 16 日、そして同年 12 月 10 日に、関係他官庁から必要なすべての情報をまだ受けとっていないから決定を下す立場にはまだないとの知らせの手紙を、受けとった。

(6) 1986 年 3 月 3 日、ヘラクリオン検察官事務所は、法 1672／1939 号により修正された法 1363／1938 号 1 条に基づき、申立人への刑事訴訟手続を始めた。

　特に申立人は、いかなる教義の教会であれ設立し運営するために求められている、既に承認されている教会当局及び教育宗教担当大臣の許可なしに、他の宗派特にエホバの証人の宗派の信者のための宗教的集会や儀式を行う礼拝所を作り運営したことを理由として、起訴された。

(7) 1987 年 10 月 6 日、第 1 審としてのヘラクリオン刑事裁判所は、改宗の勧誘行為が何らないときは、いかなる教義の信者であれ、たとえ必要な許可をとっていなくとも会合を行うことは

⑯ マヌサキス事件

自由であるとして、申立人を無罪とする判決を下した。

(8) 控訴審としてのヘラクリオン刑事裁判所は、1990年2月15日、申立人に対し以下のように述べて、3ヶ月の懲役及び罰金を言い渡した。

　申立人は、借りた部屋を礼拝の場所に変えた。言い換えると、誰であれ平等かつ自由に神を拝むことのできる建物を、限られた集団の人たちが礼拝を行う場所として用いるための小さな寺院に変えたのである。つまり、申立人は、1983年7月30日にこの場所を獲得し、公認の教会当局及び教育宗教省の許可なしに、他の人々特にエホバの証人という宗教の信者たち（限られた集団の人々）に利用させた。

(9) 申立人は、1990年3月5日破棄院に上告した。ここで申立人は、法1363／1938号1条の条項特に礼拝所を設置するための許可を得る義務は、ギリシャ憲法11条及び13条とヨーロッパ人権条約9条及び11条に反する、と主張した。

　これに対し、破棄院は、同年同月19日、以下のような理由で上告を棄却した。

　礼拝の自由への抑制は、無制限なものではなく規制に服するものであろうから、法1363／1938号1条の条項及びその法律を施行する1939年5月20日及び6月2日の国王布告は、1975年憲法11条にも13条にも反しない。つまり、この権利の行使は、以下のような憲法及び法律に規定される幾つかの条件に服する。

　既知の宗教でなくてはならないのであって、秘密の宗教であってはならない。

7-1　宗教の自由(1)〔9条〕

　公の秩序又は道徳を害してはならない。

　また、いかなる改宗の勧誘行為といえども、憲法13条2項の第2段及び第3段に明確に禁じられているのであって、行われてはならない。

　その上、これらの条項は、ヨーロッパ人権条約に反しない。人権条約9条は宗教の自由を保証しているが、同条2項は、法律で定められた、公共の安全、健康若しくは道徳の保護のため、または他の者の権利の保護のために、民主的社会において必要な制限を正当と認めている。すべての宗派及び教義に責任を持つ教育宗教担当大臣に対し、上記条件が充たされているか否かを調査する権限を付与する前述の条項は、いかなる意味においてもこの種の調査を禁じていない1975年憲法にも人権条約9条にも反しない。その上に、こうした調査の目的は、許可を付与するため必要な法定条件が充たされることを保証するためのものにすぎない。もしもこれらの条件が充たされるならば、大臣は、求められた許可を付与する義務がある。

　〔関連国内法〕

(10)　1975年憲法13条

　1項：宗教問題における良心の自由は、不可侵である。個人的及び政治的権利の享受は、個人の宗教的信念に左右されない。

　2項：いかなる既知の宗教を実践する自由もあるのであり、個人は、妨害されることなくかつ法の保護の下に礼拝の儀式を行うことは、自由である。礼拝の儀式の実行は、公の秩序や道

⑯ マヌサキス事件

徳を害してはならない。

　改宗の勧誘は、禁じられている。

(11)　法 1363／1983 号

　同法 1 条（法 1672／1939 号により修正されたもの）は、以下のように規定する。

　いかなる宗派の寺院の建設及び運営も、既に公認された教会当局及び教育宗教担当省による許可を条件としなくてはならない。この許可は、教育宗教担当大臣による提案に対し、国王布告に明記された条件に基づいて付与される。前段に述べられている国王布告の公表により、同布告を満たさずして設立されたり運営されている寺院その他の礼拝所は、閉鎖され、警察により封印され、その使用は禁止されるであろう。……この法律における「寺院」という言葉は、神を礼拝する目的で公衆に開かれたいかなるタイプの建物をも（教会あるいはチャペル、祭壇等）意味するであろう。

(12)　なお破棄院は、これらの条項のいうところの「礼拝所」という表現は、「誰もが平等に神を敬うことができるよう公衆に開かれた建物に対峙するものとして、限られた集団の人々により神の礼拝のために用いられることを意図した、比較的小さな規模の寺院」を言っている、と判示している（Judgment, No 1107/1985 Poinika Khronika, vol 56, 1986）。

(13)　1939 年 5 月 20 日及び 6 月 2 日の国王布告

同布告 1 条 3 項は、教育宗教担当大臣は、礼拝所を設立したり運営することの許可を正当化するのに「必須の理由」が存在するかどうかを確かめる、と規定する。この目的のために関係者

7-1　宗教の自由⑴〔9条〕

は、司祭を通して、住所を付記しかつ住所のある場所の市長または地区議会議長による証明書付きの署名をした申請書を、提出しなければならない。

　なお、同1条1項(a)は、近隣に住む50家族以上による申請を、条件としている。

〔判例法〕

⒁　政府は、寺院や礼拝所の建設または運営の許可に関する行政最高裁判所の一連の判決を、人権裁判所に対し知らせている。そしてこれらの判決からは、行政最高裁判所は、何度か教育宗教担当大臣の決定を破棄したように思われる。

⒂　まず、行政最高裁判所は、署名は関連地方自治体当局により証明されなければならないという要件（前述⒀参照）は、ギリシャ憲法及びヨーロッパ人権条約により保証された宗教の自由への権利に対する制約とはならない、と判示している。また、この要件を充たすことに失敗することは、許可の付与を拒否することを正当化する、とも判示している。

⒃　申請を出した後3ヶ月以上教育宗教担当大臣が返答しなかったことは、法律により求められている決定を与えることの当局による失敗となり、司法審査を求めて訴えがなされるであろう事実上の拒絶となる、と行政最高裁判所は判示している（例えば、Judgment, No. 3456/1985）。

⒄　また、行政最高裁判所は、1969年2月4日の判決（No. 721/1969）において、以下のように明言している。

　憲法13条は、規定されている信仰を行うための条件が充た

されているかどうかに関する、行政当局による事前の確認を排除していない。しかしながら、その確認は、純粋に宣言的性質のものである。許可の付与は、そうした条件が充たされたところでは保証されないであろうし、当局は、この点に関しては裁量権を有しない。寺院建設に対する地方府主教の許可は、「強制力ある行政決定」ではないが、その地方における宗教的行為に関する真の姿勢というものに詳しい支配的宗教の代表による、「予備的な認定」である。その決定の責任は、もしも法律に従った理由によってはその決定は支持されないと考えるならば府主教の評価を無視すると決定し得る、教育宗教担当大臣が負うのである。

(18) なお、行政最高裁判所は、その後、上記判例を再確認し、地方府主教の「許可」は、教育宗教担当大臣を拘束しない単なる専門家の意見にすぎない、と判示した（Judgement, No. 1444/1991 of 28, January, 1991）。

(19) 1989年1月9日及び12月30日の行政最高裁判所に関する立法規定を法典化した大統領布告18／1989号45条、46条及び50条は、行政当局による作為・不作為の司法審査に対する申立てに、適用される。

　45条（訴えられ得る行為）

　1項：越権の又は不法な行為に対する司法審査の訴えの申立ては、行政当局及び公法上の法人による強制力ある決定に関してのみ、かつ他の裁判所への訴えの手段がないものに関してのみ、与えられる。……

　46条（期限）

7-1　宗教の自由(1)〔9条〕

　　1項：他の規定がない限り、司法審査に対する申立ては、非難されている決定の通告された日付の日若しくは公告の日付の日又は申立人が決定を知った日から、60日以内になされなくてはならない。……
50条（決定の結果）
　　1項：司法審査の申立てを許す決定は、非難されている措置を無効と宣言するであろう。それは、その決定が一般的措置であれ個別的措置であれ、一般的無効を必然的に伴う。
　　3項：行動を起こすのに失敗した場合には、行政最高裁判所は、申立てを許すところでは、事件を行動を起こす責任のある関連当局に戻す。
⒇　人権委員会への申立ては、1991年8月7日に行われた。

【申立人主張】

　（人権委員会における主張）
(21)　私有の場所を、集会、祈りその他の宗教的儀式に用いるためには公認の教会当局及び教育宗教担当大臣が許可を与えなくてはならないとする、ギリシャの法律条項に拠って行われた有罪判決が、ヨーロッパ人権条約9条に違反する。
(22)　教育宗教担当大臣は無制限の裁量権を有し、また、「公認の教会当局」とはギリシャ正教会のことであり、たとえ私有の場所においてでさえ、礼拝により信ずる宗教を明示する自由が他の宗教又は宗派の任意の監視に依存しかつ服するということを意味する。
　　その上、信ずる宗教を明示する自由への権利の単なる基本的

な行使にすぎない行為を犯罪とすることは、民主的社会において必要と考えることはできない。

(23) 法1363／1938号は、民主的社会の要件に反し、条約9条に保証されている宗教の自由への権利を制限する。

  (人権裁判所における補足主張)
(24) 事前の許可なしに問題の施設を使用したとしての、控訴審としてのヘラクリオン刑事裁判所による有罪判決は、礼拝及び儀式を行い、信ずる宗教を明らかにする自由の行使への干渉であった。そうした干渉は、「法律で定め」、2項に述べられている正統な目的を追求し、そうした目的を達成するために「民主的社会において必要な」ものでなければ、9条違反である。

  (「法律で定めた」)
(25) 法1363／1938号及びそれを実施するための1939年5月20日及び6月2日の布告は、ギリシャ正教以外のいかなる宗教の教会または礼拝所の設立について、一般的かつ永久の禁止を規定している。この禁止は、公式の決定又は特別の自由裁量措置によってのみ解かれる。

　この自由裁量権は、いかなる時間的制限を定めることもなくまたはいかなる実質的な条件を設けることなく、許可を付与したり拒否したり果たまた正式に提出された申請に答えることなく沈黙を守るという権限を、政府に与えている法1363／1938号1条より、明らかに派生している。

　それがないと刑事制裁の責任を負うという許可の事前付与を

7-1 宗教の自由(1)〔9条〕

宗教儀式の条件とする法律は、宗教に対する「障害」となるのであり、憲法13条のいうところの宗教の自由を守ることを意図した法律と見做すことはできない。宗教及び礼拝の自由に関しては、ギリシャ憲法は、ヨーロッパ人権条約よりもより又は少なくとも同じぐらいの保護を行うことを、意図している。なぜならば、憲法の託している「既知の宗教」の儀式に対する制限の唯一の根拠は、「公の秩序」と「公の道徳」であるから（前述(10)参照）。

(「民主的社会において必要な」)

(26) ギリシャ政府によるエホバの証人に課せられた制約は、申立人たちの宗教の自由への権利の行使を、実際上妨げる。法律及び行政の運用から見ると、申立人たちの宗教は、ギリシャにおいては、ヨーロッパ審議会の他の全ての加盟国において保証されている保護手段を享受していない。「多元主義、寛容そして寛大さのないところに、民主的社会はない」のであるから、ギリシャではそれは深刻な危険に曝されている。

(27) エホバの証人の運動は、――たとえ推測は反駁されるものだとしても――一定の道徳的規範を尊敬し、それ自体公の秩序を危険に陥れるものではないと、推測されるべきである。その教義及び儀式は、社会秩序と個人の道徳を守りかつ称えてきた。従って政治権力は、そうした教義や儀式の乱用または悪用の場合のみ干渉すべきであり、また、予防的にというよりもむしろ懲罰的にそれを行うべきである。もっと詳しく述べるならば、申立人の有罪判決は迫害であり正当化されないものであっ

て、国家により「捏造された」ものであるから、民主的社会において必要でないものであった。国家は、申立人に犯罪を犯させ、かつその宗教的信条のみを理由として責任を負わせることを、強要した。礼拝所を運営することの許可という明らかに無害な要件は、単なる形式から宗教の自由への権利に対する致命的な武器に変えられた。

　東方正教会でない幾つかの宗教団体、特にエホバの証人による存続への戦いは、結果としてヨーロッパ人権条約9条を死文化してしまっている国家及び支配的教会による干渉や弾圧の風潮の中で、行われている。9条は、宗教の自由を排除する目的でなされる、頻繁かつ露骨な侵害の対象である。

(28)　なお、申立人は、多くの実例を提出し、訴えを裏づけるギリシャにおける現下の運用を例証し、人権裁判所に対し、こうした事例の文脈で訴えを審理するよう求めた。

【政府主張】

（人権委員会における主張）

(29)　ギリシャでは、すべての宗教は自由であり、事前許可を得るという手続を条件としてではあるが、いかなる宗派の寺院の建設であれ開設であれ禁じられはしない。

(30)　この許可申請手続きは、特に当局が形式上の問題として法律に定められている条件を履行していることを単に確かめるだけであるから、人権条約9条に記されている権利と適合している。そのうえ、当局による決定は、行政最高裁判所による再審査の対象となる。

7-1　宗教の自由(1)〔9条〕

(31)　この許可の付与についての手続に関しては、行政最高裁判所の判例法によると、「公認の教会当局」の介入は、礼拝所を開設するための前提条件ではない。少なくとも、ここにいう教会当局は、要求された許可を付与する権限を有する教育宗教担当大臣をいかなる意味でも拘束することのない意見を、単に与えるだけである。

(32)　法1363／1938号1条違反に対し科せられる刑罰は、民主的社会において追及される正統な目的に比例する措置である。

（人権裁判所における補足主張）
（予備的抗弁として）

(33)　申立人は、――布告18／1989号45条1項、4項及び46条1項により（前述(19)参照）――求めている許可の付与に関する教育宗教担当大臣による事実上の拒否を、行政最高裁判所に訴えることを2度怠ったから、国内救済措置を尽すことに失敗した。3ヶ月後の大臣の沈黙は、権力乱用として行政最高裁判所に申立て得る事実上の拒否となるから、もしも申立人が同裁判所に申立てれば疑いもなく許可を得たであろうし、また、有罪とされることもなかったろう。

　にもかかわらず、申立人は、わざとそうはしなかった。なぜならば、申立人の真の目的は、ヨーロッパ人権委員会や同裁判所において、関連国内法を争うことにあったからである。

（「正統な目的」）

(34)　申立人に科された刑罰は、公の秩序及び他の者の権利や自

由を守るためのものであった。第1に、公の秩序の概念は、ヨーロッパにおける民主的社会に共通する特徴を有してはいるけれども、その実質は、国家の特性によって異なる。ギリシャにおいては、事実上全ての人々が、ギリシャ国の歴史において重要な時期を共にしたギリシャ正教会の信者である。ギリシャ正教会は、外国の支配下にあった時期に、国民の良心として、ギリシャ人の愛国心として、生き続けてきた。第2に、様々な宗派が、あらゆる類いの「不法かつ不誠実な」手段を用いて、自分たちの考えや教義を表明しようとしている。社会的に危険な宗派の活動の影響を被る人々の権利や自由を守るという意図をもっての、この分野を規制するための国家の干渉は、ギリシャ国領土において公の秩序を維持するために、絶対必要である。

(「民主的社会において必要な」)
(35) 申立人の有罪判決の必要性についての疑問を解明するために、人権裁判所はまず初めに、その存在を歴史的理由に負う事前許可の要件の必要性を、審理しなくてはならない。前者は、後者を前提としている。申立人の真の目的は、有罪判決について訴えることではなく、その要件の廃止のために戦うことにある。

国家による承認を礼拝所設立の条件とすることを正当化する、重要な公の秩序の根拠が存在する。ギリシャでは、この規制はあらゆる宗教に適用される。エホバの証人は、全住民に関する立法の求める要求を免除されない。

ギリシャで教会または礼拝所を設立することは、特に烈しい

7-1 宗教の自由⑴〔9条〕

改宗勧誘を行うエホバの証人により、しばしば改宗の勧誘のための一手段として用いられ、人権裁判所が既にヨーロッパ人権条約と適合していると認定している (Kokkinakis v Greece (1993) 17 EHRR 397 参照) 法律を、破っているのである。

⑶⑹ 申立人に対し科せられた制裁は軽いものであり、また、この者の宗教の表明に対し行われたのではなく、法律違反と行政手続に従わなかったことによる。それは、ギリシャ国内法システムにおいて提供されている救済措置を用いなかった、申立人の重過失の結果である。

⑶⑺ 本条約の様々な締約国が、この分野において、ギリシャで制定されているのと似た規制を含む立法を有している。

⑶⑻ なお、求められた許可の付与または拒否を判断する教育宗教担当大臣の権限は、自由裁量ではない。大臣は、憲法13条2項（前述⑽）に規定された3条件、つまり、既知の宗教に関してのものでなくてはならず、公の秩序または公の道徳を害する危険性がないものでなくてはならず、かつ改宗勧誘の恐れがないものであること、を認定したならば、許可を付与する義務がある。

【人権委員会意見】

⑶⑼ 申立人は、当局から事前許可を得ることなく、宗教的礼拝及び儀式のため私有の部屋を借りたため、有罪とされた。ここで問題となっている措置は、ヨーロッパ人権条約9条1項に保証されている宗教を明示する権利の、申立人による行使への干渉となる。よってこの干渉が9条2項により正当化されるかど

うかを、判断しなくてはならない。

(40) 問題となっている措置は、法1363／1938号1条という法律に規定されていた。申立人有罪の判決は、本条約における正統な目的の追求であるか否かという問題に関し、当委員会は、許可獲得過程におけるギリシャ正教会の介入にもかかわらず、争われている措置は、本件においては、公の秩序の保護という本条約における正統な目的を実際に追求していたということを、受け入れることができる。従って、当委員会は、申立人の有罪判決が「民主的社会において必要」であるか否かについて、意見を述べなくてはならない。

(41) 「必要な（necessary）」という形容詞は、差し迫った社会の必要性の存在を含んでいる。勿論締約国は、そうした必要性が存在しているかどうかを決めるに際し、裁量権を享受している。しかしこの裁量は、その法律とたとえ独立の裁判所によるものであれ法律の適用による決定の両方を包含する、ヨーロッパのレベルの審理権限を有する機関と協調して行うものである。

処罰が本条約に保証される権利の行使に影響を与えるところでは、それが追求される正統な目的に比例する場合のみ、本条約の下で正当化される。

(42) 本条約は、理論上は事前許可の付与を条件とする礼拝所の開設に、反対してはいない。しかしながら、法1363／1938号に規定されているような許可を得るための手続が、問題となる。

第1に、許可を得るための手続における、公認の教会当局つ

7-1　宗教の自由⑴〔9条〕

まりギリシャ憲法下においてギリシャの支配的な宗教であるギリシャ正教会の介入が、複雑な問題を引き起こすであろう。国家機関による許可の要件は、宗教的実践行為が公の秩序の要件を充たすことを確保するために正当化されたとしても、ある宗教のメンバーが問題となっている許可を受けるために必要な条件を充たすかどうかを判断するのにギリシャ正教会を介入させることは、本条約9条2項の難しい争点を提起するであろう。

第2に、権限ある当局からの事前許可なしの礼拝所の使用を犯罪とすることは、追求する目的に均衡しないように思われる。本件の有罪判決は、その宗教的儀式や実践が多くのヨーロッパ諸国において広く知られかつ正当と認められている宗教活動のメンバーである申立人に対して行われたのであり、申立人たちが当局からの事前許可を得ることなく礼拝所を設立し使用したという理由だけで、その罰に値するものであったと考えることが出来ると見ることは、困難である。その上、当委員会は、申立人の有罪判決の真の原因は、許可のための申請を扱った当局による引延ばし行為にあったという事実を、無視することはできない。

(43)　公の秩序や他者の権利に関するところでは、締約国により享受される裁量権というものをたとえ許したとしても、本件における事情を考えると、申立人の有罪判決は、差し迫った社会の必要により正当化されると認めることはできない。当委員会の意見に影響を与える要素は、申立人の訴追されている行為とその行為に対し言い渡された3ヶ月の投獄及び罰金の宣告の間には、釣り合いが欠けているという点である。申立人により提

出された許可を得るための申請は、権限ある当局により既述のように引延ばすやり方で扱われたということを理由として、特にこの意見に傾いているのである。その上、その宣言された刑罰は、今日における民主的社会において達成されるべき寛容と寛大の精神に適合しない。

(44) 問題となっている措置は、従って、ヨーロッパ人権条約9条2項のいうところの「民主的社会において必要な」ものではなかった。

よって、結論として、全員一致をもって、本件には9条違反が存在する。

【人権裁判所判決】

（予備的抗弁に対し）

(45) 法律問題に関する上訴において、まず初めに申立人は、有罪の根拠となった法1363／1938号1条のヨーロッパ人権条約9条及びギリシャ憲法13条との不適合性に主に頼った、という点を特記する。しかるに破棄院は、控訴審としてのヘラクリオン刑事裁判所は上記条項を正しく解釈・適用したと認定し、訴えを却下した（前述(8)参照）。従って、申立人が、刑事手続きにおける有罪判決に関して国内的救済措置を尽したことは、疑いもない。

加えて、国内裁判所においても人権委員会においても、申立人は、1983年6月28日及び10月18日の申請に対し、許可を与えるか拒否するかという決定を行うことに当局が失敗したことについて、不平を言っていない。教育宗教担当大臣は、5回

7-1　宗教の自由(1)〔9条〕

に渡り申立人に書類を審査していると答えている（前述(5)参照）。ここに、当裁判所としては、布告18／1989号46条1項に既述されている行政最高裁判所に申立てを開始するための期間（前述(19)参照）を引き起こす当局からの明確な決定も沈黙も存在しなかったのであり、申立人は1983年10月18日より不安定な状態に置かれていたと、認める。

(46)　ヨーロッパ人権条約26条が救済措置を尽すことを求めている唯一の措置は、利用できて、十分なものであって、かつ訴えの違反に関連しているものである。その上、訴えの違反を引き起こす状況を救済することのできる救済措置というものを間接的にではなく直接的に利用できた申立人は利用できたかもしれないが、その効果たるや疑わしいものであるこうした他の救済措置を利用する義務はない。

(47)　たとえ行政最高裁判所が申立てを許したと考えても、当局は実際には常に行政最高裁判所の決定に従うわけではないから、求めている許可を得たであろうということを示すものは、何も存在しない。申立人が陳情書に引用している行政最高裁判所1985年10月29日判決（No. 4260/1985）が、この点について触れている。ここでは、行政最高裁判所は、礼拝所を運営する許可をエホバの証人に付与することを拒否する教育宗教担当大臣の決定を破棄し、そうした許可付与の法定条件が充たされているかどうかを考えるために、事件を関係当局に差し戻した。

　1986年1月7日、申立人は、行政最高裁判所の判決のコピーを添えて、大臣に新しい請求を行った。1986年7月3日大

⑯ マヌサキス事件

臣は、「自分は要請のある許可を申立人たちに付与する立場」にはない、と告げた。1987年1月20日の2回目の請求も同様に、「前に出した手紙による返事を引用する」として、大臣に拒否された。

(48) こうした事情においては、訴えられている当局の事実上の拒絶に対する司法審査の申立ては、効果的救済措置ということはできない。よって、申立人は、国内的救済措置を尽したのであって、異議は却下される。

　　（「正統な目的」）
(49) 表面上は宗教上の目的を追求しているある運動体又は団体が、人々に有害な活動を行っているか否かを確かめる権利というものが国家にはある、ということは認める。とはいえ、エホバの証人は、ギリシャ国内法に規定されている「既知の宗教」の定義に該当する。その上、これは政府によって認められた。

　　ではあるが、本件の事情を考慮し、かつ人権委員会と同じ見解をとり、当裁判所としては、非難されている措置は、ヨーロッパ人権条約9条2項の目的すなわち公の秩序の保護という正統な目的を追求したものだと、考える。

　　（民主的社会において必要な）
(50) 判例法の問題として、当人権裁判所は、一貫して、干渉の必要性の存在及び範囲を評価することに関し、締約国に一定の裁量権を残している。しかしこの裁量の余地は、立法とそれを適用する決定の両方を包含する、ヨーロッパの監視の対象であ

7-1　宗教の自由(1)〔9条〕

る。よって、当裁判所の任務は、国内レベルにおいて採られた措置が、原則として正当化されかつ比例しているか否かの判断を下すことである。

　本件における自由裁量の範囲を定めるに際し、当裁判所は、何が危うくなっているのか、すなわち真の宗教的多元主義つまり民主的社会の概念の固有の特徴の1つを保証する必要性というものを、顧慮しなくてはならない。その上、9条2項に従った、追求されている正統な目的に規制が比例しているか否かの判断を下す際に、その必要性にかなりの比重がかけられなくてはならない。法1363／1938号と1939年5月20日及び6月2日の布告の条項に基づいて宗教を表明する自由に課せられた規制は、当裁判所による非常に厳格な精査を要するのである。

(51)　まず初めに、法1363／1938号及び1939年5月20日と6月2日の布告——ギリシャ正教会に属さない教会及び礼拝所に関するものだが——は、宗教の自由の行使について、政治的な行政的なかつ教会の諮問による多大な干渉を許している点を、特記する。

　布告1条1項及び3項に規定されている多くの形式条件に加え、こうした規定の幾つかは、警察、市長または地区議会議長に、非常に幅広い裁量権を与えている。教育宗教担当大臣が返答をいつまでも引き延ばす——布告は、何ら期間を限定しない——とか、説明なしにあるいは正当な理由も与えずに許可を拒否するという可能性が、現実に存在している。この点に関し、当裁判所は、布告は大臣に——特に許可を求めている人々の数は、布告1条1項(a)に述べられている人数（前述(13)参照）に

294

⑯ マヌサキス事件

呼応しているか否かの判断を下すとき──、問題となっている宗教集団にとり教会設立の「真の必要」が存在するか否かを評価する権限を与えている、と認める。この基準は、それ自体、憲法13条2項に規定されている条件に言及せずに、拒否するための根拠となるであろう。

⑸ 当裁判所は、許可付与の拒否の合法性を審理するに際し、行政最高裁判所は、この事柄に関する大臣の権限を制限し、かつ地方教会当局に純粋に諮問的役割を与える（前述⑰参照）という判例法を発達させていると認定する。

人権条約により保証されているような宗教の自由への権利は、宗教的信条またはその信条を表現するための手段が正統であるか否かに判断を下すに際し、国家のいかなる裁量も除外している。従って、法1363／1938号及び1939年5月20日と6月2日の布告による許可要件は、こうした法令に規定された形式条件が充たされているか否かを大臣に確かめることを許すことを意図している限りにおいてのみ、条約9条と矛盾しない。

⑸ 申立人により例証され、政府により争われていない証拠及び多くの他事件から、国家は上記条項を、幾つかのギリシャ正教会ではない運動体特にエホバの証人による宗教的信条の実行に対し、厳格なもしくは実質的には禁止同様の条件を課すことのできる可能性を有するものとして用いる傾向があるように思われる。確かに行政最高裁判所は、理由がないとして許可付与についての正当化されない拒否を無効とはするが、この分野における詳細な判例法によると、行政当局や教会当局は、これらの条項をギリシャ正教会の外にある宗派の活動を規制するため

7-1 宗教の自由⑴〔9条〕

用いるという、明らかな傾向が見られる。

⑷　本件においては、申立人は、最初に法律により要求されている許可を得ることなくして礼拝所を運営したことで、起訴され有罪判決を受けた。

　申立人に対し訴訟を提起したヘラクリオン検察庁（前述⑹参照）及び控訴審としてのヘラクリオン刑事裁判所1990年2月15日判決（前述⑻参照）は共に、教育宗教担当大臣の許可がなかったことは勿論主教の許可がなかったことにも、明らかに依拠していた。しかし前者は、1983年10月25日より1984年10月10日の間の申立人よりなされた五度の要求に対し、書類を審査していると答えた。しかし、当裁判所が気づいている限りにおいて、本日まで、申立人は明示の決定を受けとっていない。

　その上、審理において、政府代表自身が、大臣の行動は不公平であると述べ、大臣は多分、許可を拒否する明示の決定について法的に正当な理由を与えるのに困難があったためか、あるいは申立人に対し、明示された行動的決定に挑戦しようとして行政最高裁判所に訴えるための理由を与えるのではということを恐れたからであろう、と述べた。

⑸　こうした状況下においては、政府は、有罪判決を正当化するためには、申立人が法的形式を履行することに失敗したということに頼ることはできない。

　制裁の苛酷さの程度というものは、重要ではない。

⑹　人権委員会と同じように、当裁判所は、非難されている有罪判決は申立人の宗教の自由に対し直接的影響をもっているか

ら、追求されている正統な目的に比例しているものとは見做され得ないのであり、従って、民主的社会において必要なものと見做されることもできない、という意見である。

　よって、結論として、9条違反が存在した。

(57)　全員一致をもって、
① 　政府の予備的抗弁を却下する。
② 　条約9条違反が存在すると、判示する。

7-2 宗教の自由(2)〔9条〕

⑰ ラリシス事件
――**Larissis and others v. Greece**（Application Nos. 26377/94, 26378/94 and 23372/94）――

Decision of the Commission on 27, Nov. 1995.
Judgment of 24, Feb., 1998. 4BHRC 370

【事　実】

(1) 問題の事件発生当時、申立人（複数）は、ギリシャ空軍の部隊の将校であった。彼等は、福音伝道を行うことが信者の義務だという教義を信奉する、プロテスタントの一宗派であるペンテコステ派（Pentecostal Church）の信者である。
(2) 中立人は、部下となった航空兵に対し宗教問答をしかけ、ペンテコステ派の教義を受け入れるよう何度も勧め改宗の勧誘を行ったとして訴えられた。なお、航空兵たちは、申立人は上官であったから、宗教問答に加わることを余儀なくされたと感じた、と証言している。
(3) 申立人は、民間人（知人や隣人）に対しても改宗の勧誘を行ったとして訴えられた。
(4) 第1審裁判所であるアテネ常設空軍裁判所に、1992年5月

7-2 宗教の自由(2)〔9条〕

18日、申立人は出廷した。

申立人は、法1363／1938号（法1672／1939号により修正されたもの）4条に基づいて、改宗勧誘の罪を問われた。同日（18日）下した決定において、同裁判所は、改宗の勧誘についての同法は憲法に反するとの主張を退ぞけ、申立人は改宗勧誘罪で有罪であると認定した。

(5) この決定において、同裁判所は特に、以下のように述べた。

被告人は、1986年11月から1987年12月にかけ、所属部隊軍駐留地において、関連刑事法条項違反を引き起こす幾つかの行為により、改宗勧誘罪を犯した。被告人は、同部隊の航空兵に無理やり近ずき、宗教的信念を変えさせる目的で行動した。部下である航空兵の信頼を悪用し、彼等にペンテコステ派のメンバーになるよう何十回と説得を行った。……

この際に、被告人は、部下と上官の関係に内在する信頼や、これら航空兵の素朴さ、未熟さ、そして若さにつけ込んだ。……

また、1988年4月から5月にかけ、ギリシャ正教会信者であった民間人（知人及び隣人）の宗教的信念を無理やり変える目的で行動し、改宗勧誘罪を犯した。この際に、被告人は、巧みに低い教育レベルのため彼等が宗教的事柄に未経験であること及び知力の薄弱であることにつけ入り、ペンテコステ派の信者となるよう執拗に説得を試みた。

(6) そして、第1審裁判所は、改宗の勧誘を行った航空兵1人毎に、5ヶ月から7ヶ月の自由刑を、また、民間人に関してはその1人毎に、5ヶ月から8ヶ月の自由刑を言い渡した。但

し、これらの宣告刑は、罰金に変更され得るし、かつ、被告人が以後3年以内に新たな違反を犯さなかったら執行されないであろう、との決定を下した。

(7) 申立人が、軍事控訴裁判所へ控訴したため、1992年10月7日、5人の軍人裁判官より構成される控訴裁判所は、審理を始めた。

　同裁判所は、被告人よりの単に憲法上の権利を行使しただけであるという趣旨の主張を退けて、第1審裁判所と同じ理由を用い、有罪判決を維持した。なお、今後3年以内に再び罪を犯さなければ刑罰は科せられないと定めた。

(8) 申立人よりの上訴に対し、破棄院は、1993年7月30日以下のような判決を言い渡した（No.1266／1993）。

　改宗勧誘罪が立証されるためには、異なる宗教的信仰を有する人の宗教的信念を害しようとして、彼等の信念を無理やり邪魔するための、直接的または間接的試みが存在しなくてはならない。もっとも、既述の条項（法1363／1938号4条）に非包括的手法で列挙されている手段、すなわち誘引、または誘引や道徳的支援若しくは物質的支援の何らかの類いのものにより、または詐欺的手段により、または他の者の未熟さ、信頼、必要、知力の低さ若しくは素朴さにつけ込むことにより、こうした試みが行われるという条件付きではあるが。

　上記条項は、罪刑法定主義の原則を保証するギリシャ憲法の条項に反しないし、また、その上憲法13条に改宗の勧誘が禁じられているから、これは全ての既知の宗教は自由であると規定する憲法の規定（13条）と完全に適合している。……

7-2 宗教の自由(2)〔9条〕

　上記の刑事法の条項は、宗教的信念を持つことは完全に自由として禁じていないのであつて、他人の宗教的信念を変えさせようという目的で他人の宗教的信念の邪魔をしようとするいかなる試みも禁じているというだけであるから、現行憲法、世界人権宣言18条及び19条、そしてヨーロッパ人権条約9条及び14条によって人権として保護されている宗教的良心及び思想の目的は、上記条項により侵害されない。

　そうした試みは、異なる宗教的信念を持つ全ての人々の宗教的確信を尊重する義務を創り出す宗教の自由とは、まったく相入れない。

　従って、当裁判所は、申立人の上訴を却下する。

〔関連国内法〕

(9)　1975年憲法13条

　1項：宗教問題における良心の自由は、不可侵である。個人的及び政治的権利の享受は、個人の宗教的信念に左右されない。

　2項：いかなる既知の宗教を実践する自由もあるのであり、個人は、妨害されることなくかつ法の保護の下に、礼拝の儀式を行うことは自由である。礼拝の儀式の実行は、公の秩序や道徳を害してはならない。

　改宗の勧誘は、禁じられる。

(10)　法1363／1938号（法1672／1939号により修正されたもの）4条

　1項：改宗の勧誘を行ったものは誰であれ、自由刑及び

1,000ドラクマから50,000ドラクマの罰金に処せられる。その上、有罪判決を下す際裁判所により定められる6ヶ月から1年の期間、警察観察の対象となる。

　2項：「改宗の勧誘」とは、特に、いかなる類いの、誘引、または誘引や道徳的支持若しくは物質的支持の約束により、あるいは詐欺的手段により、あるいは他の者の未熟さ、信頼、必要、低い知力若しくは素朴さにつけ込むことにより、彼等の信念を害そうという目的をもって異なる宗教的信仰を持つ人の宗教的信念を侵害しようとする、あらゆる直接的または間接的試みを意味する。

(11) 人権委員会に対し、1994年1月29日、申立てが行われた。

【申立人主張】

(人権委員会における主張)

(12) 法1363／1938号4条は、あまりに適用範囲が広すぎかつ漠然としすぎているため、ヨーロッパ人権条約7条、9条2項及び10条2項における法的確実性の要件に適合しない。加えて、改宗の勧誘についての有罪判決は、9条及び10条における宗教及び表現の自由への権利の違反となり、かつ、9条と共に14条に反し差別的である。

(人権裁判所における補足主張)

(13) 改宗の勧誘に関する法律は、ヨーロッパ人権条約7条と適合しない。

　この法律では、あるタイプの行動が改宗の勧誘により起訴さ

7-2　宗教の自由(2)〔9 条〕

れるか否かを予測することは不可能であるから、法律のみが犯罪を定義し刑罰を規定することができるという条約 7 条に規定されている原則に、ギリシャの法律は違反している。法律におけるこの欠陥は、法 1363／1938 号 4 条 2 項の条文と、それから生じた判例の双方から明らかである。例えば、「特に」という表現の使用は、それに続く定義が、制定法により処罰し得る改宗の勧誘の唯一の形態ということを意味する。そして、「直接又は間接の」及び「いかなる類いの、誘引又は誘引や道徳的支持若しくは物質的支援の約束」は、実際の福音伝道のほとんどいかなる形態をも包含するほど、あまりに適用範囲が広くかつ漠然としている。

　法 1363／1938 号 4 条に関し形成された判例法は、ギリシャにおいては誰も、おそらく己の宗教的行為が改宗勧誘罪となるか否かを前もって判断することはできないであろうということを示している。

⒁　改宗の勧誘に対する起訴、有罪判決及び処罰は、9 条に違反する。

　上官と部下の関係における福音伝道の実行は、信頼の乱用にそれだけで同視することはできない。航空兵は大人であり、国のために死ぬことができるのであり、また、申立人が部下の意志を威圧したり無視したりするためにその地位を用いた、という証拠は存在しない。9 条を「対等者」に対する福音伝道に限定すると解釈することは、軍隊内におけると同時に他の文脈においても、宗教の自由への厳格すぎる制限であろう。

　民間人に対する改宗の勧誘について申立人の有罪判決を導い

た事情は、改宗の勧誘の「対象」は軍人ではなく、かつ被告人により採用された方法はどういう具合に「不適切」であるのかについて国内裁判所は適当な説明をすることなく、法1363／1938号4条の言葉を列挙し申立人の有罪を立証した事例（Kokkinakis v Greece (1993), 17 EHRR 397）に似ている（この事件では、国内裁判所は、被告人がどういう具合に隣人を不適切な手段で説得しようとしたかを十分に詳述していないとして、被告人の有罪判決は差し迫った社会の必要により正当化されることが示されていないから9条違反がある、と判示した。……筆者注）。よって、これらの訴因についての有罪判決が、「民主的社会において必要な」ものであるということは、充分に説明されていない。

【政府主張】

（人権裁判所における主張）

(15) ここでの関連行為は、他の者の権利及び自由の保護のため、そしてまた、航空兵の改宗の勧誘に対し採られた措置に関する限りにおいては軍隊における無秩序の防止のため、従って公の安全と秩序を守るために申立人に対し採られたのであるから、9条の正統な目的を追求している。

(16) 申立人は、空軍将校として享受している影響力を悪用し、問題となっている行為を、計画的かつ反復的やり方で行った。申立人に対して採られた措置は、軍隊の威信と効果的活動を保護するため及び個々の兵士をイデオロギーの威圧から守る必要性から、民主的社会において必要なものとして正当化される。

また、法1363／1938号4条においては、不適切な改宗の勧

7-2 宗教の自由⑵〔9条〕

誘のみが罰すべきものである。しかるに申立人は、計画的に民間人に対し、その家庭問題及び精神的苦痛を利用し不法に圧力をかけた。その上、申立人に科せられた刑罰は、特に重いものではなかった（よって、ここでも、航空兵に対する勧誘についてと同じことがいえる）。

【人権委員会意見】

⒄　申立人たちが、知人及び隣人といった民間人に対し改宗の勧誘を行い有罪となった件に関する限りは、9条違反が存在した。しかしながら、部下の航空兵に対し改宗の勧誘を行い有罪となった件に関する限りは、9条違反は認定しない。

　また、7条違反は存在しなかったし、10条及び14条と共に9条における個別の争点も、生じない。

【人権裁判所判決】

⒅　7条違反の争点について

　法1363／1938号4条に含まれる改宗勧誘罪の定義は、当条項を解釈し適用する確立した国内裁判法の体系と共に、7条により規定される確実性と予見可能性についての諸条件を充たしていると、Kokkinakis v. Greece (1993) (17 EHRR 423) で認定したことを確認する。ギリシャ法におけるこの立場は、その評価を行ってから5年の間により明確でなくなったとは考えられない。過度の硬直性を避けかつ変化する事情と歩調を揃える必要は、多くの法律が多少とも漠然としている表現で必然的に規定されざるを得ないことを意味するという点を心に留めるな

らば、この先例を取消す理由はない。

よって、条約7条違反は存在しない。

(19) 次に、申立人の9条の権利が干渉されたか否か。もし干渉を受けたとすると、そうした干渉は、「法律で定められ」、正統な目的を追求し、かつ9条2項の意味での「民主的社会において必要な」ものであるかどうか、検討しなければならない。

(20) 9条2項における「法律で定める」という表現は、問題となっている法律は、個人にとって十分利用可能であり、かつ己れの行動を規制するに十分の正確さで規定されている、という2点を備えていなくてはならないということをとりわけ要求している (Sunday Times v. U.K. (No. 1) Judgment of 26, April, 1979. A. 30 参照)。

しかるに、Kokkinakis v. Greece (1993) (17 EHRR 420) に述べているように、申立人に対しとられた法1363／1938号4条における措置は、「法律で定めた」ものといえる。既に、7条に関して結論を下しているように（前述(18)参照）、ギリシャ法の立場はその後変わったとか、他の何らかの理由により初期の評価から離れるべきだという主張には、納得しない。

結論として、問題となっている措置は、9条2項のいうところの「法律で定めた」ものである。

(21) 本件の事情、特に国内裁判所の決定の表現を顧慮すると（前述(5)、(8)参照）、非難されている措置は、特に他の者の権利や自由を保護するという正統な目的を追求していたと考える。

(22) では、「民主的社会において必要な」という点について、考えて行くことにする。

7-2 宗教の自由(2)〔9条〕

　まず、宗教的自由は、主に個人の良心の問題であるとはいえ、例えば「教導」を通して隣人を説得しようとする権利を含む「宗教を表明する」自由をとりわけ包含するという点を、最初に強調しておく。

　とはいえ、9条は、宗教又は信念により動機づけられたあるいは影響されたすべての行動を保護するわけではない。例えば、ある教会の新メンバーにしようとして、物質的又は社会的利益を提供したり、不適切な圧力をかけたりすることによるような、不適切な改宗の勧誘は保護しない。

(23)　当裁判所の任務は、申立人に対し採られた措置が、原則として正当化されかつ比例しているか否かを判断することである。そして、こうするためには、申立人の行為を、他の者の権利や自由の保護の必要性と衡量しなくてはならない。

　しかるに、航空兵への改宗の勧誘と民間人へのそれとでは、異なる要素が衡量に際し入ってくるから、この2つは別々に判断するとしよう。

(24)　まず、航空兵に対する改宗の勧誘について、考えることにする。

　ヨーロッパ人権条約が、市民と同様に軍隊の一員にも適用されるということは、十分に確立している。とはいえ、本件のような事件においてそのルールを解釈・適用するときは、軍隊生活の独特の特性及び軍隊の個々のメンバーのおかれた状況に対するその影響を、心に留めることが必要である。

(25)　この点に関して、軍隊生活の特徴の1つである階級性の強い構造というものが、軍人間の関係のあらゆる面に影響を与

⑰ ラリシス事件

え、上官の接近をはねつけたり上官により始められた会話からはずれることは部下にとり困難であろうという点を、特記しておく。従って、民間人間では、聞かされる者が受け入れようと拒絶しようと自由である無害な意見の交換とみられるものも、軍隊生活においては、いやがらせの形態の1つとしてあるいは権力の乱用による過度の圧力の付与と見做されるかもしれない。

もっとも、同等でない階級社会にある者の間における宗教または他の微妙な事柄についての議論が全てこのカテゴリーに該当するわけではないという点は、強調しておかなければならないが。

とにかく、事情によりそうすることが必要とされるところでは、国家が、軍隊の下位の者の権利と自由を保護するための特別の措置を採ることが、正当化されるであろう。

(26) 申立人は、一貫して優位に立っていたのであり、申立人の説得を受けた航空兵たちは、たとえ圧力は意識的に加えられたものではないとしても、申立人の将校としての地位に圧倒されかつ一定の圧力を感じていたように思われる。

(27) こうしたことから、己れの宗教的信念を広めたいがために申立人がとった圧力から、下位の階級にある航空兵たちを保護するために、ギリシャ当局が幾つかの措置を採用することは原則として正当化される。

もしも申立人が、今後3年以内に再び罪を犯さなければ刑罰は科せられないのであるから（前述(7)参照）、ここで採用された措置は特に苛酷ではなく、また、性質上懲罰的というよりも

7-2　宗教の自由(2)〔9条〕

予防的であった。

(28)　よって、本件のすべての事情の下においては、これらの措置は釣り合っていないとは認定しない。

つまり、申立人に対し採用された措置に対し、9条違反は存在しなかった。

(29)　では、民間人に対する改宗の勧誘については、どうであろうか。

申立人が改宗させようと試みた民間人たちは、航空兵たちと同じような強制の対象ではなかった。これらの民間人が、申立人の言うことを聞くよう余儀なくされたとか、申立人の態度がいかなる意味においても不適切であった、ということを示す証拠は何もない。

こうした点から、問題になっている申立人の有罪判決は、本件の事情の下においては正当化されるとは考えない。

(30)　民間人に対する改宗の勧誘に関し、申立人に対し採用された措置に関しては、9条違反が存在する。

(31)　結論として、

① 7条違反は存在しない（8対1）。

② 航空兵たちに対する改宗の勧誘に関して採られた措置には、9条違反は存在しない（8対1）。

③ 民間人たちに対する改宗の勧誘に関し採られた措置には、9条違反が存在する（7対2）。

④ 10条における別の争点は生じない（全員一致）。

⑱ ザ・サンディ・タイムズ事件

8-1　表現の自由(1)〔10条〕

⑱ ザ・サンディ・タイムズ事件
—— The Sunday Times v. U.K.
(Application No. 6538/74) ——

Decision of 21, March, 1975.　Yearbook, Vol. 18, 202
Judgment of 26, April, 1979.　A. 30

【事　実】

(1)　本件の申立人は、ザ・サンディ・タイムズ紙の発行人タイムズ・ニュースペーパー株式会社及び同紙記者たちである。

(2)　1958年から1961年にかけて、ディスティラー社（Distillets社以後"D"社）は、ドイツで開発されサリドマイドとして知られる成分を含む薬を、許可を得て英国で製造販売した。この薬は、特に妊婦のための鎮痛剤として処方された。1961年に、妊娠中にこの薬を服用した多くの女性が極度の奇形児を出産した。その数は、450人程である。1961年11月"D"社は、英国市場からサリドマイドを含有するすべての薬を撤去した。

　1962年から1966年の間に、70人の不具児の親たちが、子供及び自身のために"D"社を訴えた。彼等は、奇形の原因は妊娠中母親が服用したサリドマイドの胎児への影響によるのであ

311

8-1 表現の自由(1)〔10条〕

り、"D"社は、薬の製造及び販売にあたり過失があったと申し立てた。"D"社は、これに対し、過失を否定した。

1968年、70組中65組が、両者の弁護士間の交渉により和解した。

(3) 1971年までに、残り5組を含む261人の訴えが"D"社に対し行われ係争中であった。

1971年に、1968年の和解によりカバーされた子供以外の全ての不具の子供たちのための慈善信託基金の設立交渉が、"D"社による提案で始まった。

1972年7月までに、信託基金設立を含む和解がなされ、10月に承認を得るために裁判所に提出されることが、予定された。

(4) 不具の子供たちに関する報告の記事が、1967年以来、ザ・サンディ・タイムズ紙に、定期的に掲載された。

1972年9月24日、同紙は、「サリドマイドの子供たち：国家の恥となるもの」という題の記事を載せた。これは、当時進行中であった和解提案を検証し、それは「被った損害に対しグロテスクなまでに釣り合いを失っている」とし、個人の権利侵害事件における損害回復及び損害評価についてのイギリス法の様々な面を批判し、出産からの時間が経過したことによる遅れに不満を示し、"D"社に対しもっと気前のよい提案をするよう訴えたものであった。

(5) この記事の注釈において、「次の記事（後述(11)参照）において、ザ・サンディ・タイムズ紙は、この悲劇はなぜ起きたかを追跡する」と宣言した。

⑱ ザ・サンディ・タイムズ事件

(6) 1972年11月17日、高等法院クイーンズ・ベンチ部合議法廷は、予定された記事は、裁判所侮辱罪（Contempt of Court）となるであろうとして発行を規制する差止命令を求めた司法長官の申立てを、許可した（後述⑯参照）。

　従って、予定された同記事は発行されなかったが、ザ・サンディ・タイムズ紙は、10月中に、サリドマイドの子供たちと個人的権利侵害に対する賠償に関する法律についての多くの特別記事を掲載した。また、この件に関し、公衆、出版物及びテレビからのかなりの反応があった。

(7) 衆議院において、1972年11月29日広範囲に渡る議論がなされ、"D"社の道徳的責任を追求し、不具の子供たちのための信託基金を設立するために即時立法を求める動議が出され、採択された。

(8) 議会での議論は、更なる出版の波を産み出し、"D"社にもっと良い条件を提示するよう圧力をかけるよう仕向けるために、出版界及び公衆間に全国的キャンペーンが行われた。

(9) とかくするうちに、申立人の控訴により、合議法廷の差止命令は、1973年2月16日控訴院により取消された（後述⑱参照）。しかし、司法長官による再度の上訴を許した貴族院の決定により、1973年8月25日一部修正された形で元に戻された（後述⑳㉑参照）。

(10) なお、司法長官による新たな申立てに基づき、申立人に対する差止命令は、1976年6月23日取消された（後述㉓参照）。そしてこの4日後に、係争中の記事は発行された。

(11) 予定された記事の要約は、以下のようであった。

8-1　表現の自由⑴〔10条〕

　差止命令の対象となった未発行記事は、まず英国でのサリドマイドの販売方法はもっと別のやり方があったとの指摘で始まった。

　以下、……1961年初めに、英国に奇形児が産まれたが、当時サリドマイドと結びつけるものは何もなかった。…5月から10月にかけて、オーストラリアの医者が、奇形児の多くに共通する要因として、母親が妊娠中サリドマイドを服用していたことを発見した。これは、11月24日ドイツの製造元の会社に報告され、同社はこれが新聞に暴露された2日後に、薬を市場から撤去した。そして、"D"社は、その後すぐサリドマイドの一般販売を止めた。……1962年4月に出版された動物実験のデータによって、サリドマイドが奇形を引き起こすことが確認された。しかし、病院への販売は、同年12月まで止められはしなかった。…

　そして同記事は、次のように締めくくった。

　よって、サリドマイドが安全であるということを確認する義務は、はっきりと"D"社にある。同社はこの重大な責任を、どうやって果すのか。……

〔国内法〕

⑿　裁判所侮辱に関する委員会報告（"Phillimore report"<u>以後"レポート"</u>）において、裁判所侮辱についてのイギリス法は、特定の事件あるいは一般的な場合に関し、司法の運営を妨害し、害し、あるいは乱用する行為を、防止あるいは処罰しようとして裁判所により行われる手段の1つであり、裁判官の威信

⑱ ザ・サンディ・タイムズ事件

を守るためにあるのではなく司法の運営と「法の主要な至高性」を守るために存在するもの、として描写されている。

　裁判所侮辱罪は、幾つかの例外はあるが、無制限の期間の投獄又は無制限の額の罰金により、あるいは行状を鎮しませるために担保をとる命令などにより処罰する刑事犯罪としてのものである。刑罰は、陪審による裁判を行わずに即決手続で科され得るのであり、刑事侮辱を構成する事実や意見の公表は、また同じような手続で制限され得る。また、ある点においては、裁判所侮辱は、裁判手続の悪用といったような、裁判の遂行に反する様々な通常の刑事犯罪と同じ根拠を扱っている。

　裁判所侮辱罪は、コモン・ローの作り出したものであり、多くの形態の行為をカバーしている。

(13)　"レポート"は、裁判所侮辱罪を、以下のように分類する。

　　(a)　法廷での侮辱。例えば、裁判官に物を投げつけ、法廷で人を侮辱し、法廷で示威行動をする。

　　(b)　法定外での侮辱。以下に細別される。

　　　(i)　結審後の証人に対する仕返し。

　　　(ii)　裁判所の中傷。例えば、裁判官を口汚くののしったり、その不偏性や高潔さを攻撃する。

　　　(iii)　裁判所の命令に従わない。

　　　(iv)　意図的か否かを問わず、特定の法廷手続において、裁判手続の妨害について責任を負うべき行為。

　本件は、続行中の法律手続に関する出版、レポートまたは批評という形式での侮辱を含む、最後((b)(iv))のカテゴリーにかかわるものである。なお、"レポート"は、侮辱となると判示

8-1　表現の自由(1)〔10 条〕

されるであろう声明、批判または批評といった類いのものについて、明確な基準が欠けていると述べている。

⒁　司法長官は、侮辱となるであろうと考えかつ公益の見地から訴追されるべきと考えるいかなる事件についてであれ、訴訟を起こす権利を有しているが、義務ではない。また、幾つかの場合を除き、侮辱についての法廷手続は、個人も起こすことができる。

（侮辱罪に関する法廷手続）

⒂　"D"社は、司法長官に、1972 年 9 月 24 日付ザ・サンディ・タイムズ紙の記事は、係争中の訴訟に関する裁判所侮辱となるとして、正式な訴えを行った。

司法長官は、同紙に対し、既に発行された記事に関しては何らの行動も起こさないと、告げた。

⒃　同年 10 月 11 日、司法長官は、同紙に対し、"D"社の主張により、予定されている記事の発行の合法性に関し司法判断を得るために高等法院に申立てると、告げた。

⒄　高等法院クィーンズ・ベンチ部合議法廷での審理は、1972 年 11 月 7 日から 9 日まで行われた。同月 17 日、裁判所は、以下のように述べて、発行は許されるべきではなく差止命令が付与されるべきであるとの決定を行った。

予定されている記事は、"D"社により多くの賠償金を支払うよう説得するということが公然たる目的であるから、裁判所侮辱となると認定する。この記事により達成されることが意図されているのは、子供の側に更なる価値ある情報を提供するこ

⑱ ザ・サンディ・タイムズ事件

とではなく、公衆に情報を提供することにより、本件に関し世論の圧力を〝D〞社にかけることであろう。「裁判所侮辱」による裁判所の関心事は、法廷において裁判が不偏性をもって行われるべきであることを保証することである。

その上、本件における争点は、サリドマイドについての全ストーリーが、常に告げられるべきなのか果たまた差し控えられるべきなのかということではなく、係争中の事件の結審後ではなく今告げられるべきか否か、という点にあった。係争中の訴訟の当事者たちに圧力をかけることを防ぐという公益を凌駕し得るであろう、即時に発表することの公益というものは、存在しなかった。

よって、訴えられている記事の発行は、訴訟における〝D〞社の行動の自由に対する干渉の重大な危険を作り出すであろうから、明白な侮辱となるであろう。

⒅　申立人は、この決定に対し控訴した。控訴院は、1973 年 2 月 18 日、主に以下の 2 点より、合議法廷の決定を取消した。

第 1 に、一方的な批評の禁止は、訴訟が係争中でありかつ法廷で活発に行われている時にのみ適用するのであり、かつ、先入観の現実的かつ相当な危険があると、見えなくてはならない。申立人が発行を予定した記事は、訴訟を起こした 266 人のみならず 451 人の子供全てのために、〝D〞社の道徳的責任について注意を喚起する。それは、係争中の訴訟を害しはしない。なぜならば、その訴訟は何年も休眠中であったから。この記事は、〝D〞社に対し賠償提供額を増やすように圧力をかける意図があるかもしれないが、この圧力は、これらの請求はず

317

8-1　表現の自由(1)〔10条〕

っと前にそれも寛大な条件で解決されているべきであったということに鑑みて、正当である。

　第2に、衆議院が、このサリドマイド問題を1972年11月29日に全面的に議論し、そこでの議論は公表された。ある問題を議会が議論するということは新聞とは異なることではあるが、議会及び裁判所において適用される訴訟係属中の諸ルールはだいたい一致していなくてはならない。議会で述べられたものであるにもかかわらず差止命令を維持しようとすることは、議会により課されたものとは矛盾する基準を、裁判所が課そうとするということを意味しよう。議会での議論に続く新聞の批評に関して、差止命令により記事の発行を禁止することは、不公平な差別であろう。

(19)　1973年5月より、司法長官の上告により、貴族院において、法律貴族（Law Lords）によ審理が始まった。そのためザ・サンディ・タイムズ紙は、予定記事の発行を控えた。

(20)　1973年7月18日、法律貴族は、全員一致（5名）をもって、司法長官の上告を許した。その判決理由は、以下のようであった。

　一般的に裁判所侮辱の法律は、全く公共政策を根拠としている。これは、訴訟または訴追に対する当事者の私的権利を守るためにあるのではなく、司法の運営への干渉を防ぐためにあるのであり、その目的のために合理的に必要なものに限られなくてはならない。公共政策は、一般的に競合するであろう利害の衡量を必要とする。言論の自由は、必要以上には決して制限されてはならないが、司法の運営への真の侵害が存在するとこ

⑱ ザ・サンディ・タイムズ事件

ろでは許され得ない。

　適切な司法の運営とは、第1に、すべての市民が、法的権利や責任に関する紛争の解決のために、刑事又は民事管轄の憲法上設立された裁判所を邪魔されることなく利用できなくてはならない。第2に、すべての市民が、どの当事者に対しても偏見なくかつ裁判所により採択された訴訟手続に従って引証された証拠により立証された事実のみに依拠した決定を行う裁判の裁決を、裁判所で得れるという信頼ができなくてはならない。第3に、紛争が裁判所に付託されるや否や、法に従って決定するという裁判所の機能に対する侵害は、誰からのものであれ存在し得ないということを、信頼できるものでなくてはならない。

　他方、議論の自由における公益は、民主的社会のメンバーは、自分たちに影響するであろう決定に対し理性的に影響力を及ぼし得ると十分に知らされなくてはならない、という要請から派生する。

　公衆は、司法の運営一般及び法の遂行一般に、不変の利益を有している。しかし、社会は、特定の訴訟に関しては、政治的法的機関を通し、1つの継続する法としての関連法を定立し、そしてそうした法律を根拠として関連する決定を行う裁判所を創設した。訴訟係争中における主要な利益は、干渉をうけることなく法的手続が続行するべきだということである。法廷手続が終結するや否や、公益の衡量は移る。そして、公衆の主要な利益は、何が起きたか十分に知らされ、規定されている法律、手続そして機関が満足のいくように機能しているかどうかについて、妨げられることのない討論を審理されることである。な

8-1　表現の自由(1)〔10 条〕

お、法律が、競合する利益間のバランスにおいてどちらかに肩入れをして、議論の自由に軍配を上げる特別の状況というものは存在する。訴訟が起きたとき事柄は既に公に議論されていたところでも、議論の継続が訴訟への干渉となるかもしれないのは真実である。しかしこれは、偶発的であり決して意図的なものではないとして、議論が訴訟当事者である者へ何らかの先入観を引き起こし得る場合にのみ適用し得よう。

　本件では、予定された記事は、〝D″社にもっと支払うよう圧力をかけるためになされた請求について、公衆の同情と支援を引き起こす目的で明白に書かれた。係争中の訴訟においては、争点の1つは〝D″社に過失があるかどうかであった。予定記事は、あまりにも書きすぎた。なぜならば、苦心して作りあげた事実と示唆を伴い確固たる持論を主張するのではなく、事実上読者すべてに、過失に関する争点の検討によると〝D″社に逆らって呈示され得る重要な事件であることを示している、というメッセージを伝えたからである。

　干渉しようとしていた訴訟は「休眠状態だから」裁判所侮辱は存在しない、ということはできない。法廷手続についての何らの行動も目下とられてはいなかったが、両当事者は、和解に向けて交渉していた。そして、当事者の一方に法律で保証されている何らかの立場を放棄させるために悪評を引き起こすことによるそうした交渉への干渉は、正当な裁判手続は制定法を根拠としての和解交渉を含むのであるから、正当な裁判手続への干渉となるであろう。和解のための交渉が係争中である限り、裁判所侮辱に対するいかなる救済への当事者の権利をも一時停

⑱ ザ・サンディ・タイムズ事件

止することにより民事訴訟の和解を邪魔することは、悪例を作るであろう。

　こうした事情において、合議法廷が差止命令を付与したのは正しかったし、その立場を変えるものは何も生じていない。特に、国会における議論は、"D"社の道徳的義務についてのみほとんど論じただけであった。従って、もしも国会議員が本件の法的争点を議論したならば新聞における議論と同じように裁判所の態度に影響を及ぼすにちがいないかどうかは、考慮する必要はなかった。

⑴　1973年7月25日、法律貴族は、差止命令を付与する方向で合議法廷に事件を移送することを以下のように述べて命じた。

　タイムズ・ニュースペーパー社及びその従業員等の被告は、過失の争点、契約違反又は道義的義務違反あるいは「サリドマイド」薬の開発、販売または使用に関し、"D"社に対する係争中のあるいは差し迫ったいかなる行為により生じる上記争点のいずれかに関する証拠の処理に対し予断を与える、いかなる記事をも発行したり許可したりあるい発行されたり印刷されるよう確保することを、裁判所に申立てる自由を付してであるが規制される。

⑵　1973年8月24日、合議法廷は、前述の同年7月25日の差止命令付与の指示を、実施した。

⑶　1976年6月23日、合議法廷は、"D"社に対する訴えのほとんどが解決したため差止命令の必要性はもはや存在しないと主張する司法長官よりの差止命令取消申請を、審理した。ここで司法長官は、「できるだけ早い時期に」ザ・サンディ・タイム

8-1　表現の自由(1)〔10条〕

ズ紙に発行されることには相反する公益が存在しはするが、公益がもはや規制を要求しない事件だとして裁判所に申立てたのである。そして、裁判所は、"D"社に対する圧力の可能性が完全になくなったことを考慮して、この申立てを受理した。

(24)　なお、本件は、1974年7月19日、人権委員会に申立てられた。

【申立人主張】

（人権委員会における主張）

(25)　英国におけるサリドマイド児とその賠償請求の解決について扱うザ・サンディ・タイムズ紙の記事の発行を制限する、高等法院が決定し貴族院が支持した差止命令は、ヨーロッパ人権条約10条違反となる。貴族院の決定の根拠とされている原則は、10条の侵害となる。

そして、貴族院の決定を覆えし、かつ裁判所侮辱法をヨーロッパ人権条約に調和させるような立法を導入するよう政府に求めることを、人権委員会に要請する。

(26)　本件申立ての問題は、部分的にでさえも抽象的な性格のものではない。また、申立ての干渉は、10条2項により正当化され得ない。貴族院の決定により規定された、表現の自由に関するイギリス法の侮辱罪の制限は、民主的社会において必要なものをはるかに超えかつ10条における国家当局の裁量権を超えている。

従って、申立ては、27条2項にいう「明白に証拠不十分」なものではない。

⑱ ザ・サンディ・タイムズ事件

（人権裁判所における補足主張）

⑵⑺　申立人は、10条違反の犠牲者である。この違反は、第1に、イギリスの裁判所により付与された差止命令により、第2に、裁判所侮辱の法の幅広くかつ正確さに欠ける結果として服させられる、継続する制限を理由として生ずる。

⑵⑻　貴族院における決定の前後を通じて、裁判所侮辱の法は、非常に漠然として不確かで、かつ貴族院の決定により述べられた諸原則は非常に目新しいものであったから（後述⑷⑵～⑷⑷参照）、課せられた制限は「法律によって定められた」ものと見做され得ない。

【政府主張】

（人権委員会における主張）

⑵⑼　申立ては、貴族院の決定の根拠である裁判所侮辱に関するイギリス法の諸原則に向けられたものである限りにおいて、これは抽象的問題であるから、ヨーロッパ人権条約とは相入れないと宣言されなくてはならない。また、本件における表現の自由への権利に対するいかなる干渉も、10条2項のいうところの司法機関の権威及び公平さの維持のため必要なものとして、全面的に正当化される。

　実際、言論の自由を保護することの公益と、司法機関と司法手続の権威及び公平さを保護することの公益とを衡量するに、本件においては、問題の記事は、係争中の訴訟の争点に予断を与えるかあるいはその争点につき公衆の予断を引き起こし得る事柄を含んでいるから、裁判所侮辱が存在するとの結論に到達

8-1　表現の自由(1)〔10条〕

したとき、それは、本条約においてそうした判断を許される国内裁判所の裁量権の範囲内であった。

　これらの理由から、差止命令を与えた貴族院の特定の決定に限定された申立ては、27条2項のいうところの「明白に証拠不十分」であった。

（人権裁判所における補足主張）

(30)　10条違反は、存在しなかった。

(31)　本件での文脈では、制限は、法律に従ってであったと十分に言える。それに、本件の事実においては、制限は、少なくとも「おおよそのところ予見可能なもの」であったと抗弁する。

【人権委員会意見】

(32)　申立人の表現の自由は、貴族院の決定により制限されることには疑いがないと認定する。このことはまた、政府も認めている。

　当委員会での唯一の問題は、本件の事情において、表現の自由へのこの制限は、10条2項により正当化され得るか否かである。ここにおいて、差止命令の根拠である裁判所侮辱についてのコモン・ローの規則が、視野に入ってくる。言い換えれば、当委員会における問題は、差止命令を与えた貴族院の決定において適用されたように、裁判所侮辱の規則が、10条2項における制限を正当化する根拠となり得るか否かである。

(33)　本件において、当委員会は、両当事者より提出された情報と議論について予備審理を行った。そしてこれらから、本案の

審理次第であるべき10条における実質的争点が生ずることを、認定する。従って、申立ては、27条2項のいうところの明白に証拠不十分と見做すことはできないし、またこれを不受理と宣言する他の根拠も立証されていない。

(34) こうした理由から、本件申立てを、差止命令を与えた貴族院の決定において適用された裁判所侮辱の規則は10条2項による制限を正当化する根拠の1つであるかどうかについての問題として扱い、申立てを受理する。

(35) なお、表現の自由についての申立人の権利に課せられた制限は、10条違反である（8対5）。

【人権裁判所判決】

(36) 係争事件における人権裁判所の管轄権は、何よりもまず人権委員会に申立てられかつ受理された申立てに限定される。申立てを受理すると宣言する人権委員会の決定は、人権裁判所に持ち込まれる事件の対象を決める。

　本件では、申立て受理の決定に際し、人権委員会は、委員会に提示された問題を、「差止命令を付与した貴族院の決定において適用された裁判所侮辱の規則は、10条2項による制限を正当化する根拠であるかどうか」に決定した。

　従って、当裁判所は、貴族院の判決のためにヨーロッパ人権条約違反が存在したか否かのみを審理しなくてはならない、と結論する。

(37) 本件において、10条1項に保証されている申立人の表現の自由の行使に対する「当局による干渉」が存在したことは、明

8-1　表現の自由(1)〔10条〕

らかである。そうした干渉は、もしも同条2項に規定された例外事由の1つに該当しないならば、10条の「違反」を必然的に伴う (The Handyside Judgment of 7, Dec., 1976. A. 24, p. 21)。

　従って、当裁判所は、本件における干渉は、「法律によって定められた」か否か、10条2項における正統な目的を有していたか否か、そして、この目的のために「民主的社会において必要な」ものであったか否かを、順々に審理しなくてはならない。

A　干渉は、「法律によって定められたか」

(38)　「法律によって定められた」という表現における「法律」という単語は、制定法のみならず不文法も網羅する。従って、裁判所侮辱がコモン・ローの創造物であって立法によるのではないという事実には、ここでは重要性は置かない。コモン・ローによって課された制限は、それが立法によって明確に述べられていないという理由のみで「法律によって定められ」ていないと認定することは、明白にヨーロッパ人権条約起草者の意図に反するであろう。さもないと、ヨーロッパ人権条約締約国であるコモン・ローの国から10条2項の保護を奪い、その国の法律システムのまさに根底を揺がすであろう。

(39)　事実、申立人は、「法律によって定められた」という表現があらゆる事件において立法を必要とするとは主張していない。申立人の主張は、——本件のように——コモン・ローの規則があまりに不確かであるがために、申立人が守るものがいわゆる

⑱ ザ・サンディ・タイムズ事件

法の確実性の原則という表現に内包された概念を満足させない場合のみ、立法が必要とされるというものである。

⒇ 以下が、「法律によって定められた」という表現から当然の結果となる2要件である。

第1に、法律は、十分に利用可能なものでなくてはならない。市民は、所定の事件に適用し得る法規則のもとで適切な指示を得ることができなくてはならない。

第2に、市民が行動を規律することができるに十分な正確さで作られていないならば、規範は「法」とは見做され得ない。市民は、――もしも必要ならば適当な助言により――その状況下で合理的な程度に、所定の行為が必然的に伴うであろう結果を予見できるものでなくてはならない。

(41) これらの結果は、絶対的な確実性をもって予見できる必要はない。経験からいって、これは達成し難い。また、確実性は非常に望ましいとはいえ、その結果として過度に硬直的になるかもしれないし、また法律は、変化する状況と歩調を合わせることのできるものでなくてはならない。従って、多くの法律は必然的に多かれ少なかれ漠然とした表現になっているのであり、その解釈及び適用は実務の問題である。

(42) 合議法廷は、一方当事者を圧迫する世論の圧力を生み出して係争中の法廷手続の解決に影響を与えようとする故意の試みは裁判所侮辱となる、という原則を適用した（「圧力の原則」前述(17)参照）。

それに対し、貴族院は、係争中の訴訟において生じた争点について、予断を与えるかあるいは公衆に予断を引き起こすよう

8-1　表現の自由(1)〔10条〕

な資料を発行することは裁判所侮辱であるとの原則を、むしろ選択した(「予断の原則」後述(21)参照)。

(43)　申立人は、「圧力の原則」の適用の事情については、適切なる予示がなかったわけではないという点は争っていない。この点については当裁判所もまた、予定記事の発行が必然的に伴うであろう結果を、適当な程度まで予見することが申立人には可能であるに十分な正確さで、「圧力の原則」は体系化されたと考える。

(44)　他方、申立人は、「予断の原則」は目新らしいものであり、従ってこの存在の適切な予示を有することはできなかったとして、争った。

　「予断の原則」の体系化については、貴族院で引用された様々な先例中、貴族院においての (Hunt v. Clearke (1889) においての) コットン裁判官の言葉を挙げてておこう。

　「もしも誰かが、新聞で、事件が法廷に係属される前にその事件での権利とか証拠を論ずるならば、それは適切な司法運営に対し干渉しようとする重大な試みとなろう。裁判所が、裁判官または陪審員が予見をもたされるであろうとの結論に達する必要はない。しかし、もしも適切な公判の申立てに偏見を与えることとなるならば、これは侮辱であり、そうした行為を規制するために必要な処罰を伴うであろう。」

　要するに、「予断の原則」の存在する状況下では、申立人に適切な予示がなかったとは、当裁判所は考えない。当裁判所は、たとえ当時その原則が体系化されたとき、その正確さには若干の疑問を抱いたとしても、状況からみて合理的といえる程

度には、予定記事の発行がこの原則と衝突するかもしれないことを予見し得たと考える。

(45) 従って、申立人の表現の自由への干渉は、10条2項のいうところの「法律によって定められた」ものであった。

B 干渉は、10条2項における正当な目的を有していたか？

(46) 申立人によると、裁判所侮辱の法律の目的は、司法の公平さ及び権威を守るためのみならず、訴訟当事者の権利及び利益をも守ることである。

(47) さて、「司法機関の権威び公平さ」という表現は、「ヨーロッパ人権条約の意味するところ」のものとして理解されなくてはならない。この目的のためには、この文脈において、法の支配の基本原則を反映する6条によって占められている中心的位置というものを、考慮しなくてはならない（例えば、The Golder Judgment of 21, Feb., 1975. A. 18, P. 17参照）。

(48) 「司法機関」という表現は、公式の資格での裁判官同様に、司法機関又は政府の司法部門も含む。「司法機関の権威」という言葉は、特に、裁判所が法的権利と義務の確認及びそれに関連しての論争の解決のための適切な法廷でありかつそうしたものとして大衆一般に受け入れられているのであり、更に大衆一般はそうした権能を果たす裁判所の行為能力について尊敬しかつ信頼しているという認識を含んでいる。

この文脈においては、"レポート"によりなされた裁判所侮辱の法の一般的目的の記述を援用することで十分である。前述(18)に見ることができるように、侮辱の法によりカヴァーされ

8-1　表現の自由⑴〔10条〕

る行為のカテゴリーの大部分は、裁判官の立場に関してかあるいは法廷及び司法機関の権能に関してかのいずれかに関連する。「司法機関の権威及び公平さを維持すること」は、従って、その法の目的の1つである。

⑷⁹　本件について考えると、侮辱の法が訴訟当事者の権利を守るためのものである限りは、この目的は既に「司法機関の権威及び公平さを維持すること」という言葉の中に含まれているといってよい。なお、こうして保護される権利は、訴訟当事者としての資格における個人の権利である。

つまり、司法機関に含まれる人々及び司法機関の権利は、そこに含まれる人すべてにまたはそれを用いる人すべてに保護が与えられないならば、維持されないであろう。従って、別の争点として、侮辱の法が「他の者の権利」を保護するという更なる目的を有するかどうかを考慮することは、必要ではない。

⑸⁰　申立人の表現の自由への干渉の目的は司法機関の権威及び公平さの維持なのか否かが、審理されなくてはならない。

貴族院の法律貴族の誰一人として、発行が予定された記事が司法機関の「公平さ」に影響を与えるであろうということをその決定の理由としていなかったし、この理由は当裁判所でも主張されなかったので、考慮しないこととできる。

⑸¹　さて、予定記事が、なぜ貴族院により反対すべきものと見做されたかという理由は、以下のように簡単に要約し得よう。

――過失行為についての争点を「予断する」ことにより、法の執行過程に対する軽視を生み出したり、あるいは司法行為の妨げとなったであろう。

⑱ ザ・サンディ・タイムズ事件

　──それは、"D"社を、事件の本案について公衆に偏見を抱かせる議論に曝させる類いのものであった。こうした暴露は、原告が一般的に裁判所に頼ろうとする気持ちを抑制するから、反対される。

　──新聞による予断は、必然的に、この事件において当事者による応答へと導いたであろう。それにより、適切な司法運営とは矛盾する「新聞による裁判」の危険を作り出す。

(52) 当裁判所は、こうした様々な理由が、前述(48)において当裁判所が解釈したように、「司法機関の権威」を維持すると見做す。

　従って、申立人の表現の自由への干渉は、10条2項における正統な目的を有していた。

C　干渉は、司法機関の権威を「維持するために民主的社会において必要な」ものであったか

(53) 当裁判所は既に、前述(37)で触れた The Handyside Judgment (A. 24) において、「民主的社会において必要な」との表現の理解、その表現に向けられる争点の審理における当裁判所の機能の特性及びそれらの機能を果たすやり方について、述べてきている。

(54) まず、10条2項のいうところの「必要な」(necessary) という形容詞は、「絶対必要な」と同意語ではないのであり、また「認容される」、「通常の」、「有用な」、「合理的な」あるいは「望ましい」というような表現ほど柔軟性はないのであり、かつこれは「差し迫った社会の必要」の存在を含んでいる (The

8-1 表現の自由⑴〔10条〕

Handyside Judgment. p. 22 参照)。

⒄ 第2に、ヨーロッパ人権条約に記されている権利及び自由を保証するための第1の責任は、個別の締約国にある。従って、「10条2項は、締約国に裁量権を残している。この裁量は、国内立法機関と、実施されている法律を解釈し適用するよう求められる諸機関、その中には司法機関も含まれるが、の両方に与えられる」（同、p. 22)。

「とはいえ、10条2項は、締約国に無限の評価権限を与えはしない。」「人権裁判所は、『制限』が10条によって保証されているものとしての表現の自由と調和するか否かについて、最終的な裁定を行う権限を与えられている。従って、国内の裁量権は、基本的な立法のみならず、たとえ独立した法廷により与えられたものであれその法律を適用する決定をもカバーする、ヨーロッパの監視というものと同一歩調をとることとなるのである」（同、p. 23)。

⒅ 人権裁判所は、これらの原則の組み合わせから、「決して権限ある国内裁判所にとって代わることがその任務ではなく、むしろこれらの裁判所が評価権限を行使して下した決定を10条によって審理することがその任務だ」ということが、導びき出される（同、p. 23)。

このことは、人権裁判所の監視は、被告国がその裁量権を合理的に注意深くかつ誠実に行使した否かを確かめることに限定される、ということを意味しない。たとえそう行動した締約国ですら、その国が本条約において保証している約束とその行為の適合性に関し、当裁判所の対象として留まるのである。

⑱ ザ・サンディ・タイムズ事件

(57) また、国内の評価裁量権の範囲は、10条2項に挙げられている各々の目的に関しては、全く同じではない。The Handyside事件は、「道徳の保護」に関してであった。「道徳の要求するもの」についての締約国によりとられる見解は、「その時々においてまた場所において、特に現代においては異なる」のであり、「国家当局は原則として、これらの要求する正確な内容についての意見を述べることについては、国際裁判官よりもより適している」（同、p. 22）。

しかしまったく同じことを、司法「機関」というずっと客観的な概念について言うことはできない。締約国の国内法及び実務が、これについての共通するかなり実質的基準を明らかにする。このことは、「道徳」に関する限りにおいてそれに相当するものをもっていない6条を含む本条約の多くの条項に反映されている。従って、ここでは、より広範囲のヨーロッパの監視が、評価についてのより小さな裁量権に対応している。

(58) 当裁判所は、10条2項の最後の表現の挿入理由は、裁判所侮辱の法律の一般的目的が、10条2項における正統な目的を考慮しなければならないということを保証することであったのであり、その法律を所与の措置が「必要な」ものであるかどうかを評価するための基準とするものではなかった、というものであったと考える。10条2項が、裁判所侮辱のイギリス法あるいは他の似た国内法令を基礎とした概念により（もしもではあるが）何らかの誘導をされたならば、10条2項がそうであったようには解することはできなかったであろう。当裁判所は、自律的文脈で10条2項を解釈した。

333

8-1　表現の自由(1)〔10条〕

　当裁判所が評価判断を行わなくてはならないのは、本条約の表現にいうところの「必要性」であり、その役割は、本条約の基準と国家の行為の適合性を審査することである。

　加えて、当裁判所は、事件を全体として考えてその監視権を行使する。

(59)　また、差止命令は、異なる法システムにおいては発せられ得ないあるいはされなかったであろうという理由だけで、「必要」ではないと判示することはできない。ヨーロッパ人権条約の主目的は、「締約国の管轄下にある人々との関連で、締約国に遵守される幾つかの国際基準を定めること」である（The Belgian Linguistic Case, Judgment of 9, Feb., 1967, A. 5, p. 19）。このことは、絶対的均一性が求められているということを意味しないのであって、実際締約国には、適切と考える措置を選択する自由が残っているから、人権裁判所は、各々の締約国の実定法上の又は手続法上の特徴を忘れることはできない。

(60)　訴えられている「干渉」が、「差し迫った社会の必要」と調和していたか否か、それは「追求されている正当な目的に比例」していたか否か、それを正当化するとして国内当局より提供された理由は「10条2項において関連しかつ十分なもので」であるか否かが、決定されなくてはならない。

　この関係において当裁判所は、差止命令の係争物、それから関連時におけるサリドマイド事件の状態、最後にその事件及び差止命令を取り巻く状況を審理した。

(61)　貴族院により命じられた形式では、差止命令は、ザ・サンディ・タイムズ紙の予定記事だけに対し向けられたのではなかっ

⑱ ザ・サンディ・タイムズ事件

た。申立人によると、それはまた、幾つかの政府委員会や国会へ調査結果を渡すこととか、調査を続行することを妨げ、本の出版計画を遅らせ、かつザ・サンディ・タイムズ紙編集長がその事柄に関し論評したり批判に答えることを、禁じた。

　事実、この差止命令は、こうした事項を網羅するに十分なだけの広い表現でなされていた。そのまさに広さが、「必要性」について特に厳密な精査を求めているのである。

(62)　予定原稿はそれでもなお、この差止命令の主な係争物であった。従って、まず最初に、この記事の潜在的効果に関する国内裁判所の見解は、「司法機関の権威」の維持に関連しているか否かが、確かめられなくてはならない。

(63)　依拠される理由は、この記事が、"D"社に対し、よりよい条件で裁判所の和解を行うよう強要するような圧力となったかどうか、という点である。

　しかし、1972年でさえ、記事の発行はおそらく既に"D"社にかかっていた圧力に多くを加えはしなかったであろう。1973年7月までに、既にサリドマイド事件は国会で議論されていたのであり、更なる新聞の批評の対象であったのみならず、全国的なキャンペーンの対象でもあった（前述(7)、(8)参照）。

　また予定記事は、節度のある表現のものであって、かつ、裁判所が到達し得る可能な結果はたった1つしか存在しないというような、一方的証拠の主張などはしていなかった。その記事は、"D"社に対する証拠を詳細に分析してはいたが、"D"社に有利な議論もまた要約し、「手際のよい答というものはない

335

8-1　表現の自由(1)〔10条〕

ように思われる」という言葉で締めくくっていた。

(64)　従って、当裁判所の意見では、もしも発行されたとしてもこの記事の効果は識者によって異なったであろう。また、この記事が、過失に関する争点については意見を形成するに際し何人かの識者を誘導したかもしれないが、特に当時全国的なキャンペーンが存在したのであるから、「司法機関の権威」に対し不利な結果をもたらしはしなかったであろう。

　とはいえ、予定記事の発行は挑発的反応をもたらしたかもしれない。しかし、根源的な事実とか訴訟を引き起こしている争点に言及するいかなる出版物であれ、多少とも同じようなこととなる。このカテゴリーの記事が必然的に「司法機関の権威」を侵害するわけではないから、これらすべての禁止を許すことを当条約はで意図されていたとすることはできない。

　その上、この差止命令に対する特別の理由は10条2項について「関連して」いたかもしれないけれども、これを取り巻く事情全てを審理することなく「十分で」あるか否かを決めることは、当裁判所にはできない。

(65)　差止命令が初めに付与され、そしてそれが復活した時には、サリドマイド事件は、和解交渉の段階であった。

　申立人は、事件は「休眠状態」であったとする控訴院の意見に同意している。他方政府は、こうした裁判は真の可能性があったと主張する。

　関連の時期における事件の正確な状態についての評価は、当裁判所の決定にとり必要ではない。係争中の訴訟の和解に向けての交渉に対する干渉を防ぐことは、厳密な意味での法廷での

⑱ ザ・サンディ・タイムズ事件

手続状況への干渉を防ぐことと同様に、10条2項における正当な目的の1つである。同じことは、和解の司法による承認手続にもあてはまる（前述(2)参照）。記憶されるべきは、交渉は非常に長びき、何年も続き、この記事の発行が制限された時には裁判の段階には達していなかったということである。

　こういう事情の下において、差止命令はそもそも必要であったのかという疑問が出てくる。

　これについては、表現の自由における公益と、公正な司法運営における公益との間の衡量の問題であり、差止命令は一時的措置の1つであるという点を強調し、状況が変わった1976年に再び問題となったとき均衡は他方の側に崩れたというのが、政府の回答である。

(66)　当裁判所がHandyside判決で述べたように、表現の自由は民主的社会の重要な基礎の1つである。10条2項に従うことを条件として、好意的に受けとめられたり悪意がないとかあるいはどうでもよい事と見倣される情報や考えに対してのみならず、国家とか人々を傷つけ憤慨させ又は悩ませるようなものに対してもまたこの自由は適用できる（p. 23）。

　こうした原則は、新聞に関する限り特に重要である。これらは、コミュニティー全体の利益に奉仕しかつ啓発された公衆の協力を必要とする司法運営の分野にも、同じように適用できる。裁判所は、世間から隔絶して法を適用することはできないという事実は一般に認められている。裁判所というものは、紛争解決のための法廷であるが、このことは、専門誌とか一般誌とかあるいは公衆の間においてというようなどこか他の場所に

8-1 表現の自由(1)〔10条〕

おいて事前に議論を行うことはできないということを意味しない。さらに、マスメディアは、適切な司法運営のために課せられた境界を越えてはならないとはいえ、他の分野における公益に関してと同じく、裁判所に係争の事柄に関し情報や考えを伝えることは義務である。

そして、メディアが、そうした情報や考えを伝える義務があるというのみならず、公衆も、そうしたものを受けとる権利を有している。

⒄ 訴えられている干渉が、「民主的社会において必要な」というに「十分な」理由を根拠としているか否かを評価するためには、事件のいかなる公益の側面も考慮に入れられなくてはならない。この点に関し、関係する相反する利害の衡量に従って係争中の事件の争点に予断を与えることは許されないという趣旨での絶対的規則が、法律貴族により規定されたということ、つまり、もしも各事件毎に新たに衡量が行われるとすると法律はあまりに不確かであろうと考えられたことを、当裁判所は認める（なお、前述⑴参照）。

貴族院において採用されたイギリス法の解釈に関して自身で宣言を行うことは当裁判所の権能ではないことを強調すると同時に、異なるアプローチを行わなくてはならないという点を指摘する。ここでは、2つの相反する原則間の選択に直面しているのではなく、厳密に解釈されなくてはならない幾つかの例外に服する表現の自由の原則に、直面しているのである。

次に、当裁判所の10条における監視というものは、基本的な立法のみならずそれを適用する決定をもカヴァーしている

(The Handyside, P. 23)。含まれている干渉が、主張されている10条2項に表示されている例外の中のどれかに属するということでは、十分ではない。また、干渉の対象となっている事柄が、ある特定のカテゴリーに該当したから、あるいは一般的あるいは無条件の表現で規定されている法ルールにより規制されたから、その干渉が課せられたのであるということでは、十分ではない。当裁判所は、提示された特定の事件において支配的な事実及び事情を顧慮するとそうした干渉が必要であるということを、納得させられなくてはならない。

(68) サリドマイドの災害は、明白に公衆の関心事である。これは、薬を販売した巨大企業が、ぞっとするような個人的悲劇を経験している何百という個人に対し、法的あるいは道徳的責任を負うのか否か。あるいは、犠牲者は、コミュニティ全体からの補償に関してのみ要求するとか望みをもつということができるのかどうか、という問題を提示した。つまり、科学の進歩の結果として生ずる危害からの保護及び補償に関する基本的な争点が生じ、そしてこれらの問題に関する既存の法律の多くの面について、異議が唱えられた。

10条は、公衆に知らせる報道の自由のみならず、適切に知らされる公衆の権利をも保証する（前述(66)参照）。本件においては、含まれている法的困難というものに気づいていないこの悲劇の多くの犠牲者の家族は、根底にある全ての事実と様々な可能な解決策を知ることに、きわめて重大な利害関係があった。彼等にとって決定的に重要なこうした情報を、もしもその情報の普及は「司法機関の権威」に対する脅威となるかもしれ

8-1 表現の自由(1)〔10条〕

ないということがまったく確実だと思われるだけで、奪われかねなかった。

(69) この種の悲劇の責任はどこにあるのかという問題は、公益に関する事柄である。もしもザ・サンディ・タイムズ紙の記事が予定されていた時に発行されたならば、"D"社は、事件の事実に関する主張を、公にかつ裁判に先だって展開する義務を感じたかもしれないというのは、事実である（前述(63)、(64)参照）。しかし、これらの事実が係争中の訴訟の背後の事情となるというだけで、公益となる事柄であることを止めはしない。幾つかの事実に光を当てることによって、この記事は、不確かでかつ誤まった議論にブレーキをかけるものとなったかもしれなかった。

(70) 事件のすべての事情を顧慮しかつ前述した(66)、(67)に記された手法を基礎として、当裁判所は、訴えられている干渉は、当条約の意味するところの表現の自由における公益を凌駕するために推し進めるに十分な社会的必要には相当しなかったと、結論する。

　従って、申立人に課された制限の理由は、10条2項に十分なものではないと認定する。その制限は、追及される正統な目的に比例していないということが、立証される。それは、司法機関の権威を維持するため、民主的社会において必要ではなかった。

(71) 従って、10条違反が存在した（11対9）。

⑱ ザ・サンディ・タイムズ事件

【個別意見】

(72) 争われている表現の自由への干渉は、10条2項のいうところの司法機関の権威及び公平さを維持するため民主的社会において必要であるとはいえないから本条約に反するとする、多数意見と意見を共にすることはできない。

(73) 裁判所侮辱についての法律の一般的目的は、適正な司法行政を保証しようとすることである。侮辱法は、訴訟係属中の訴訟に関し、司法手続に公平さの保証という恩恵を与えることなくして予断を持った表現を行うこと、そしてその結果として、世論に適正な司法行政に対し偏見を持たせがちな意見というものを助長することを防ぐ意図を持たされている。

　他方、侮辱法の目的はまた、司法をあらゆる批判から免れさそうとするものでもない。従って、この点に関して多数意見が述べているように、「裁判所は、世間から隔絶して法律を適用することはできない」（前述(66)参照）ということは言うまでもない。誰もこのことを疑ってみたことはない。

　10条2項のいうところの「司法機関の権威及び公平さ」の維持の目的のために、表現の自由に課された規制の解説及び適用については、上記の点が考慮されなくてはならない。

(74) 多数意見と我々の意見を隔てるものは、とくに干渉の必要性及びこれとの関係で国内当局に許されるべき裁量権に関するものである。

(75) 適正な司法行政の保証のために、争われている記事及び同様の他記事の出版を規制する必要があるか否かという問題に関

8-1 表現の自由(1)〔10条〕

しては、裁判所侮辱に関する規制の適用に際し、法律貴族たちが自身まさにこの問題を問いかけたということが、貴族院での判決の理由付けの中に見い出すことができる。

(76) 貴族院が、この規制の必要性の問題について自身言及したとき、それは国内法を適用するという立場からそうしたのであった。それに対し当人権裁判所がこの問題を扱うときは、本件にとり関連する2つの目的を追求する10条に言及してそうしているのである。この2つの目的とは、民主的社会における基本的原則として保証されている「表現の自由」と、そうした社会においてその維持が必要であると証明される限りにおいて保証される「司法機関の権威及び公平さ」である。

当裁判所は、比例性の原則を尊重しつつこれらの2つの目的を考慮しなくてはならない。ある情況下において、10条1項に保証される表現の自由が、同条2項に述べられている司法の利益により制限される必要があるかどうかを確かめるために、一方では、問題の印刷物あるいは類似物を規制するという出版の自由への結果と、他方では、この出版物が当時係争中であった事件に関連し適正な司法行政を害し得る程度とを、衡量しなくてはならない。

このことは、10条の文脈では、1項により保証されている権利の新聞による行使と、2項における「司法機関の権威及び公平さ」を維持するためにこの権利の行使に制限を課す必要性との間に、均衡がとられなくてはならないということを意味する (The Klass and Others Case, Judgment of 6, September, 1978. A. 28, p. 28 参照)。

(77) 当裁判所は既に Handyside 判決において、10条2項のいうところの「民主的社会において必要な」という表現の解釈及び適用についての正しいアプローチの仕方を述べている。それによると、必要性（necessity）という概念により、個別の事件において、含まれている差し迫った社会の必要というものの実体についてまず最初の評価を行うのは、国内当局であり、従って、10条2項は、締約国に、つまり国内立法機関及び有効な法典を解説・適用するよう求められている司法の機関をとりわけ含む組織体の双方に、裁量権を残している（p.22参照）。

　この評価の余地は、ある一定の裁量を含むものであり、かつ、10条1項により保証される自由の個別の行使が、2項に記載されている諸利益のため、及びそうした危険を回避しようとしての措置の選択に、必然的に伴い得る危険性の評価に付着する。そうした評価のためには――適切な注意と合理的態度で、又、当該国家において一般的な事実と事情、これらの事実及び事情の将来の進展に準拠してなされるべきだが――、国内当局は原則として国際法廷よりも資格がある。

(78) とはいえ、10条2項は、締約国に無制限の評価権限を与えてはいない。人権裁判所は、「制限」あるいは「制裁」が、10条により保護されているものとしての表現の自由に調和しているか否かについて、裁定する権限を与えられている。従って、国内の裁量権は、ヨーロッパの監視と協力して行われるのである。

　まず、第1に、この監視は、10条2項に記載されている利益に及ぼされるかもしれない危険を決定することと同様、これ

8-1 表現の自由(1)〔10条〕

らの事実や事情を評価するとき、国内当局は、誠実に適切な注意を行ってかつ合理的なやり方で行動したかどうかを決定することにも、関係がある。その上、民主的であろうとする社会においては、表現の自由を制限する措置は、追求する正統な目的に比例していることを保証することが求められる。

従って、権限ある国内裁判所に取って代わるわけではないが、当裁判所は、10条に基づいて、裁量権を行使した国内裁判所により言い渡された決定を再審理しなくてはならない。

(79) 出版の禁止は「道徳の保護のため」必要であると国内裁判所により判決された出版物に関するHandyside事件では、人権裁判所は、権限ある国内裁判所は、この出版物は関連時においてそれを読む子供とか青年の道徳観に有害な影響を与えるであろうと「判断する資格を与え」られた、と考える。

しかるに、当該事件においては、人権裁判所は、貴族院は、問題の記事の発行が、関連時に国内裁判所で係争中の訴訟に関し、適正な司法行政にとり有害な影響を与えるであろうと「判断する資格を与えられた」か否かを、審理しなくてはならない。

(80) これに関し多数意見は、司法機関の権威の維持という争点についての国内当局の裁量権は、Handyside判決の言うところに従って道徳の保護に関する争点に関して国内当局に許されなくてはならない裁量の巾よりも、狭いものでなくてはならないとする。また、同意見は、「司法機関の権威」の概念は「道徳」の概念よりもずっと客観的であり、また、締約国の国内法及び実務は、前者の概念に関しては共通の根拠によるかなり巾

⑱ ザ・サンディ・タイムズ事件

広い措置というものを見せているし、この共通の根拠は、道徳に関する限りでは匹敵するもののない6条を含む幾つかの条項（前述57）に反映されている、と主張する。

(81) しかし、この考えを共有することはできない。

6条の趣旨に関し、締約国間に共通の根拠によるかなり巾広い措置がたとえ存在するかもしれないとしても、とにかく司法機関とその手続というものは国毎にかなり異なり得るという事実は残る。従って、多数意見とは異なり、司法機関の権威の概念は決して国内事情と分離されはしないし、また、画一的なやり方で決定されることもできない。その上、本件は、6条により規定される事柄に関係するのではなく、審理中の訴訟に関して幾つかの特別の評価及び主張を行う記事の出版が、適正な司法行政への干渉となり得るか否かに関するものであるということは、特記されるべきである。

適正な司法行政は、6条に述べられているものに加え、他の法廷手続及び司法機関の満足のいく働き次第である。

(82) 裁判所侮辱の法律が遵守されるということを保証する任務は、国内裁判所にある。そして、貴族院が評価すべき現実の情況においてという条件下で、表現の自由に対するここでの制限形態が、英国内の司法機関の権威を維持するために民主的社会において必要であるか否かを決めるのは、原則として貴族院の方が当人権裁判所よりも適任であることは否定できないように思われる。

しかしまた、このことから、侮辱法を遵守するために必要であると国内裁判所により判断された表現の自由に関するすべて

8-1　表現の自由(1)〔10 条〕

の制限が、ヨーロッパ人権条約において必要であると同じように考えられなくてはならないというところまでは行くことはできない。英国において、ある出版物が適正な司法行政に関し偏見を抱かせる結果となるという国内裁判所の評価は原則として尊重されなくてはならないとはいえ、そうした結果を防ぐために必要と思われる措置が、10 条 2 項のいうところの「民主的社会において必要な」ものの境界を踏み越えるということはあり得る。こうした点を考慮して、当裁判所は、ヨーロッパ人権条約のシステムにおけるこの基本的要素に対し特別に注意しなくてはならない。

(83)　法律貴族たちの意見によると、ここで問題となっている記事は、"D"社が過失行為により有罪であるか否かという争点に関してそれまで未刊の多くの事実に触れていたという事実から、この記事の特別の性格というものを引き出すことができる。

　この記事は、証拠を再吟味するにあたり、明らかに"D"社は過失があったと示唆しているという印象を与えるやり方で行った。従って、この記事の発行は、審理中の訴訟にとりきわめて重要な争点に「予断」を生じさせることに、責任があろう。必然的に"D"社からの応戦を招き、そして「新聞による裁判」を引き起こすであろう。そうした「予断」は、裁判所に係争中の通常の法廷手続への干渉であろう。

　国内裁判所裁判官は、本件において、審理中の訴訟に関する出版物が「予断」と「新聞社による裁判」の危険性を含むか否かを判断することにおいては、人権裁判所よりも確かにより適

した立場にある。

(84)　こうした諸点を考慮すると、本件においては、国内裁判所により適正な司法行政の利益のために侮辱法に従い必要であると判断された表現の自由への干渉は、10条2項のいうところの「司法機関の権威及び公平さ」を維持するため民主的社会において必要と思われる限界を超えてはいなかった。

　よって、当人権裁判所に提示された証拠を基に、10条の要件への侵害というものは立証されないと考える。

8-2 表現の自由 (2) 〔10 条〕

> ## ⑲ ゲラ事件
> —— **Guerra v. Italy** (Application No. 14967/89) ——
>
> Opinion of the Commission of 29, June, 1996. J. & D. No. 64 (1998-I)
> Judgment of 19, Feb. 1998. 4 B.H.R.C. 63

【事 実】

(1) 申立人 (40名) は、モンテ・サントアンゲロ市にある化学工場から約1km離れたマンフレドニア町に住んでいる。

(2) 同工場（化学肥料とナイロン等の化学繊維を作るのに用いられるポリアミドを生産）は、1988年5月18日の大統領命令175号（以後、DPR 175/88）により設けられた基準に従い、同年「高度の危険」と分類された。

　なおこの命令は、環境及び住民の福祉に危険を及ぼす幾つかの工業事業に伴う重大な事故の危険に関する、ヨーロッパ審議会指令 82/501 を、イタリア法に移入したものであった。

(3) 申立人は、生産過程において同工場は、可燃性ガスや硫黄酸化物、窒素酸化物、アンモニア等を大量に排出したと述べたが、政府はこれを争わなかった。

8-2　表現の自由(2)〔10条〕

(4)　生産過程における機械の誤作動による事故は、過去に既に起きている。最も深刻な事故は1976年9月26日に起きたもので、アンモニア合成ガスのための洗浄塔が爆発し砒素酸化物を含む数トンの溶液が流出し、150人が砒素毒のため病院に収容された。

(5)　マンフレドニア地区参事会により指名された専門家委員会は、1988年12月8日付報告書で、同工場の地理的位置故に、工場より排出された排気ガスは、しばしばマンフレドニアへ向かったと認定した。また同報告書は、同工場が委員会に視察を許さなかったこと、及び工場自身が行った調査結果は、排出物処理施設は不適切なものでありかつ環境への影響の評価は不完全なものであることを示している、と特記していた。

(6)　1989年同工場は、化学肥料の生産に事業活動を限定した。従ってなお、前記DPR 175/88の対象となる危険な工場に分類された。

(7)　1993年、環境省は健康省と共同で、進行中の化学肥料生産及び再び生産が行われる場合のポリアミドの生産に関し、安全性の向上のために同工場により採られるべき措置を規定した命令を発した。

(8)　1994年、同工場は、化学肥料の生産を永久に止めた。

〔国内手続〕

(9)　1985年11月13日、マンフレドニアの住民420人（申立人を含む）が、治安判事裁判所に、同工場からの詳細不明の化学合成物及び毒物を含んだ排気物により空気が汚染されたと訴え

⑲ ゲラ事件

た。その結果、工場からの排気物により引き起こされた公害及び環境保護規則の幾つかを履行しなかったことに関する罪のため、7人の同社取締役に対し刑事手続が起こされた。

1991年7月16日、判決が下された。それによると、5人は、恩赦、時効あるいは即決罰金の支払いなどにより、刑務所行きは免れた。2人だけが、廃棄物処分に関する大統領命令915号（以後、DPR 915/82）の関連条項に反し事前許可を得ることなく廃棄物投棄場を建設したとして、罰金及び損害賠償と5ヶ月の懲役を言い渡された。

⑽ 有罪となった取締役及び民事損害賠償請求手続に加わったマンフレドニア地区参事会から、控訴がなされた。

バリ控訴裁判所は、1992年4月29日、取締役が廃棄物処理において犯したとされる誤りは、現実にはDPR 915/82を実施する規則の、とくに問題の工場のある行政区による適用及び解釈の遅れと不確実さに帰因すると判示し、取締役2名を無罪とした。

⑾ 1989年7月6日、同工場は、DPR 175/88第5条に求められている安全についての報告書を提出した。

⑿ 1993年9月14日、環境省と健康省は共同で、同工場よりの安全についての報告書に関する見解を出した。この見解は、DPR 175/88第17条に基づき知事に責任がある、緊急の対策案及び地方住民に知らせるために必要とされる措置に関し、指示を与えた。

しかしながら、1995年12月7日のヨーロッパ人権委員会への手紙で、モンテ・サントアンゲロ市長は、17条に基づく見解

8-2 表現の自由(2)〔10条〕

を出すための調査はなお行われていてこれに関する何らの書類もまだ受けとっていない、と述べた。

〔関 連 法〕

(13) DPR 175/88第11条3項及び17条は、関連する市長及び知事は、関係産業活動による危険を被る地方住民に対し、採られる安全措置、緊急のために行われる施策そして事故発生に続いて採られる手続を知らせるよう、求めている。但し、11条1項及び2項は、産業秘密については、秘匿義務を規定しその使用目的を限定している。なお、同条項は1995年議会命令第461号により改正が行われ、産業機密の開示等に対する幾つかの例外事由が規定されている。

(14) 1986年7月8日法349号14条3項（なお、同法は、イタリアに環境省を創設させ、初めて環境損害に関する法律条項を導入した。）は、法律に従って行政機関の事務所において利用できる環境の状態についての情報というものに人は皆アクセスする権利を有している、と規定している。

(15) なお、チェルノボリの災害の結果1996年4月26日に採択されたヨーロッパ審議会議会決議1087号（1996）は、民間部門における原子力エネルギーの生産と使用のみならず、他の事柄についても言及し、「明白かつ十分な情報への公衆のアクセスは、基本的人権のひとつと見做されなくてはならない」と述べている。

(16) 1988年10月18日、申立人により人権委員会への申立てが行われた。

⑲ ゲラ事件

【申立人主張】

（人権委員会における主張）

⒄ とくに、工場による汚染のレベルを減少させ、また工場の操業により生ずる重大な事故の危険を減らすための、具体的かつ適切な措置を採ることにイタリア当局が失敗したことは、ヨーロッパ人権条約2条により保証されている申立人の生命及び身体的尊厳の尊重への権利を、侵害している。

また、DPR 175/88 第11条及び17条に特に求められている、関連当局による危険についての情報提供及び重大な事故発生後の緊急手続にもとづいて公衆へ知らせることに失敗したことは、ヨーロッパ人権条約10条に保証されている情報の自由に対する権利を侵害した。

（人権裁判所における補足主張）

⒅ 同様な事実に基づき、8条違反の犠牲者であったと、主張した。

【政府主張】

（人権委員会における主張）

⒆ 申立人は、広く知らせなかったとして訴えているまさにその情報にアクセスさせてくれる、1986年法349号14条3項（前述⒁参照）に規定された仕組みを用いるのに、失敗した。

⒇ 本件には、ヨーロッパ人権条約10条は適用され得ない。人権委員会は、以前の判例法において、情報や意見を受ける自由における国家の積極的義務の存在を除外してはいないが（例え

8-2 表現の自由(2)〔10条〕

ば、De Geillustreede Pers N.V. v. The Netherlands, Report of the Commission of 6, July, 1976, D. & R. 8, p. 5)、そうした義務は出版が意図されている情報に関してのみ考えられるのであって、本件のように、国家当局がその職務を果している途中であるいは国家当局の所有のため集められた情報には、考えられない。

(人権裁判所における補足主張)

(21) ヨーロッパ人権条約10条は、単に国家により妨害されることなく情報を受ける自由を、保証するものである。それは、何ら積極的義務を課していない。このことは、環境に関する情報へのアクセスの自由についてのヨーロッパ審議会議会決議1087（前述(15)参照）及び審議会指令（EEC）90/313が、情報へのアクセスについてのみ述べていて権利については述べていないという事実から、明らかである。

【人権委員会意見】

(22) 第1に、申立人は、1986年法349号14条3項の仕組み（前述(14)参照）を用い得たか否かを判断しなくてはならない。この点に関しては、草案作成時の見解ではこの条項は利用できる環境情報について言及しているが、情報は権限ある機関によりまず集められかつ所有されなくてはならないから、申立人が求めている情報は「利用できない」ということを、まず特記する。

第2に、問題となっている情報を公衆に知らせる唯一の可能性は、まさに産業機密を守る必要から特に創設された手続（DPR 175/88 第11条2項に含まれるもの——前述(13)参照）を通

⑲ ゲラ事件

じてであろう。その上このことは、産業機密について秘匿義務を規定した同法11条1項に含まれる保障条項により、確認されよう。

　この理由から、当時権限ある機関が、このまさに目的のために求められている手続に従って積極的な手段を採ったならば、その場合のみ公衆は情報を知らされ得るであろうから、1986年法349号（前述⑭参照）により導入された利用可能な環境情報にアクセスする権利は、本件に適用されるとは思われない。

⑳　問題の工場は、国家当局自体により「高度の危険性有り」と宣言された。この重要な事実を顧慮すると、1994年に係争の操業を止めるまで当工場は危険——つまり、環境及び住民の福祉双方に危険——であったと推測する理由がある。

　1986年法349号14条3項は本件における事情には適用されないとすれば、当工場の操業から直接影響を受ける地域から申立人がきているという事実を考慮し、ヨーロッパ人権条約10条が、申立人に情報を受ける権利を与えかつ当局に公衆に知らせる積極的な手段を採るよう義務づけるか否かが、問題である。

㉔　当委員会は、「情報を受ける自由は、基本的には、ある人が、他の者が伝えることを望みあるいは嬉こんで伝えるであろう情報を受けることを、政府が制限することを禁ずる」（Leander v. Sweden, Judgment of 26, March, 1987, A. 116, p. 29参照）ということを、確認する。

㉕　ヨーロッパ人権条約諸機関の判例法によると、10条は、締約国に、まず第1に情報の自由な交換について干渉しない消極

8-2 表現の自由(2)〔10条〕

的義務を課す。

しかしながら、幾つかの状況下では、情報を受ける権利を保証する締約国の積極的義務の存在は、原則として除外され得ない。実際にも、(24)に引用した判例において、人権裁判所により用いられた「基本的に」という言葉は、8条の分野で当条約の諸機関が発展させている解釈 (mutatis mutandis, The Belgian Linguistic Case, Judgment of 23, July, 1968 (merits), A. 6, pp. 32, 33 参照) の類推によって、同じ手法でこの条項の範囲を広げる可能性を残している。

(26) 本件の争点に関するヨーロッパ共同体及びイタリアの法の各条項が顕著な例となる現在のヨーロッパ法は、環境への危険がある場合においては、今や公共情報が公共の福祉及び健康を守るための重要な道具の1つであることを、立証している。

これに関し当委員会は、「ヨーロッパ人権条約は、今日の事情に照らして解釈されなくてはならない……そして、条約が扱う領域に関し現実的かつ実践的方法で個人を保護すべくそれは意図されている」こと (mutatis mutandis, Airey v. Ireland, Judgment of 9, October, 1979, A. 32, p. 15 参照)、また、「自然を保護することは、一般に今日の社会において非常に重要なものとして、すべての締約国に認められている」こと (Fredin v. Sweden, Judgment of 18, Feburary, 1991, A. 192, opinion of the Commission, p. 30 参照) を確認する。

(27) その上、この点に関し、先に言及した (前述(15)参照) ヨーロッパ審議会議会決議 1087 (1996) を引用することは、有用である。この決議は、民間原子力エネルギーの生産及び使用に伴う

⑲ ゲラ事件

危険について単に言及するだけでなく、他の事柄についても言及し、「明白かつ十分な情報への公けのアクセスは、基本的人権の1つとして見做されなくてはならない」(4項)と述べている。

こうした原則が同決議に述べられているという事実は、少なくともヨーロッパレベルでは、環境や個人の福祉に危険な産業または他の活動の分野において、情報への基本的権利の存在の認知を得ようとする意見が進展しているという証拠になると、当委員会には映る。

(28) この分野における情報への権利の重要さは、当該個人の福祉及び健康、そして間接的に条約の他条項によりカヴァーされる諸権利を保護するという、この権利の存在意義から導かれる。この点に関し、「深刻な環境汚染は、個人の福祉に影響を与え、悪い方に私生活及び家族生活に影響を与えるような方法で、個人の家庭生活を享受することを妨げるかもしれない」(López Ostra v. Spain, Judgment of 9, December, 1994, A. 303-C, p. 54 参照) ことを、確認する。

(29) 本件において保護を要求しているのは、申立人の生命への権利であり、また、上記 López Ostra 事件での人権裁判所判決のいうところの申立人の私生活とその家族生活の尊重への権利 (これは、問題の工場からの排気物が危険であろうとなかろうと適用される) である。申立人により主張されるように、情報への権利は、理由付けの一層の進展である。

要するに、この条項は、他の基本的権利に対する追加的な保護を規定する。環境保護の分野における情報を受ける権利の性

8-2 表現の自由(2)〔10条〕

質を考慮すると、10条により規定される追加的保護はまた、とりわけ深刻な環境汚染の際に、本条約の潜在的侵害に対し予防的役割を果たす。

(30) 従って、環境の保護、公共の健康の保護、個人の福祉の保護が相互に存在する分野において、10条1項に含まれる「この権利は、情報を受ける自由を含む」という言葉は、環境に危険な産業あるいは他の活動により影響を受けているあるいは受けるであろう人々に、特に権限ある機関より情報を受ける現実の権利を与えるものと、解されなくてはならない。

(31) そうした状況下で情報への権利の存在を除外する異なる結論は、例えば8条のような本条約の他の条文によりカバーされる諸権利を保護するための極めて重要な手段を消し去るであろう。そして、本条約に保証される諸権利の効果的享受を保証するために必要なあらゆる措置を採ることを締約国に義務付けることは、本条約1条の基本的原則に反するであろう。従ってこの原則は、環境保護の分野において情報への権利が存在することを認定するための、また、そうした情報への権利が守ろうとする本条約により保証されている他の権利の保護を間接的に強化する目的のための、正当化を与える。

　その上、この権利は、完全かつ効果的方法で保証されなくてはならない。「折に触れて、本条約における義務の履行は、締約国の何らかの積極的行動を必要とする。そうした状況下では、締約国は単に消極的であり続けることはできないのであり、また、作為と不作為の間に区別をつける余地はない。」
(Airey Case、前述、p. 14参照)

⑲ ゲラ事件

(32) 従って10条は、単に環境情報を公衆が入手し易くする（イタリア法が、1986年7月8日法349号14条3項により満たしていると思われる要件）という義務のみならず、もしも公機関が適切に行動しないならばその性質上直接には入手できなくまた公衆が知り得ることもできない情報を、収集し処理しかつ広く知らしめるための積極的義務を締約国に負わせる。

(33) 本件では、DPR 175/88が制定された時から1994年に議論の的である操業が止められるまで、同命令11条及び17条に規定されたいかなる情報告知措置も、市長あるいは知事のどちらによっても採られなかった。

(34) 10条における情報の分野における積極的義務を顧慮して、少なくとも1988年5月（DPR 175/88の発布日）と1994年（操業が止められた年）の間は、権限ある機関は、高度の危険地域に住む申立人に対し、環境保護に関し争点となっている適切な情報を受けるために必要な措置を採るべきであった。とはいえ、採られるべき措置の性質あるいは範囲を命令あるいは指図するのは、当委員会ではない。

本条約が求めているのは、個人が、己れのおかれた環境の危険に関連する情報に、そうした情報を秘密にしておくことに圧倒的な公共の利益が存在しない限り、効果的にアクセスする権利を享受しなくてはならないということである。

(35) 人権委員会は、10条違反が存在したと結論する（21対8）。

【人権裁判所判決】

（10条に関して）

8-2　表現の自由(2)〔10条〕

(36)　出版の自由についての規制に関する事件において、公衆の利益となる事柄について情報や意見を伝えるというジャーナリストの特有の機能の自然の結果として、公衆は情報を受ける権利を有していると、何度も認めている（例えば、Observer v. U. K. (1991), 14 EHRR 153 参照）。

　しかしながら、申立人は、環境と地域住民の福祉に危険を及ぼす幾つかの産業活動による重大な事故の危険についての審議会指令（EEC）82/501 をイタリア法に移した、DPR 175/88 に従って創設された仕組みにおける失敗について訴えているのであるから、本件の事実は前述の事件とは明らかに区別できる。

　情報を受ける自由は、10条2項から、「基本的には、他の者が伝えることを望みあるいは嬉こんで伝えるであろう情報を、ある者が受けることを政府が制限することを禁ずる」（Leander v. Sweden、前述(24)参照）ということを、繰り返す。この自由は、本件の状況のような場合において、自ら進んで情報を集めかつ広めるという積極的義務を国家に課すものとは、解釈されることはできない。

(37)　結論としては、10条は、本件には適用されない。

（8条に関して）

(38)　申立人は、DPR 175/88 に規定された基準の適用により 1988 年高度の危険有りと分類された工場から、約1km離れた町に住んでいる。その工場は、生産過程において多量の有毒ガスを放出した上、1976 年の爆発では 150 人が病院に収容された。

⑲ ゲラ事件

　　また、1988年12月8日の報告で、専門家委員会は、工場の地理的位置から、排気物は申立人の住む町に流れたと述べた（前述(3)、(4)、(5)）。
　　私生活及び家族生活の尊重を受ける申立人の権利に対する有毒排気物の直接的効果は、本条約8条が適用されるということを意味する。

(39)　イタリアが、申立人の私生活あるいは家族生活に「干渉した」と言うことはできない。申立人は、国家による行為を訴えているのではなく、行為することに失敗したことを訴えていた。しかしながら8条の目的は、本質的に、公的機関による恣意的干渉から個人を守ることであるけれども、そうした干渉を慎むよう国家に強いるものだけでもない。この主に消極的な保証に加え、私生活または家族生活の効果的尊重に固有の積極的義務も存在するであろう。
　　つまり本件では、国家当局が、8条により保証されるような私生活又は家族生活の尊重への申立人の権利を効果的に保護するための必要な処置を採ったか否かが、確かめられる必要があるのみである。

(40)　1993年9月14日、DPR 175/88 第19条により、環境省と健康省は共同で、1989年7月工場が提出した安全報告書に関する判定を行った。これは、設備に施されるべき改良を命令し、緊急対策案——知事が1992年書き上げた——と同法17条により地方住民に知らせるよう求められている措置に関する指示を、知事に対し与えた。
　　しかしながら、人権委員会への1995年12月5日付の手紙

8-2　表現の自由(2)〔10条〕

で、工場所在地の市長は、19条による判定を行うための調査はまだ続行中であり、それに関連の書類は何も受けとっていないと指摘した。

(41)　重大な環境汚染は、個々人の福祉に影響を与え私生活及び家族生活に影響を与えるような方法で、彼等が生活を享受することを妨げるであろう。本件では、申立人は、工場に事故が起きた場合特に危険に曝される町であるマンフレドニアに住み続けるならば、彼等及びその家族が遭遇するであろう危険性を評価することができるための重要な情報を、1994年化学肥料生産が止むまで待たされた。

　従って、当裁判所は、被告国は、8条に違反し、申立人の私生活及び家族生活の尊重への権利を確保するという責任を満たさなかった、と判示する。

　従って、8条違反が存在する。

(42)　結論として、
① 10条は、事件には適用されない（18対2）。
② 8条は、適用されかつ侵害された（全員一致）。
③ 8条違反が存在するという結論を顧慮すると、2条に基づいて本件を検討する必要はない（全員一致）。

9-1 結社の自由(1)〔11条〕

⑳ シディロプロス事件
—— Sidiropoulos and Others v. Greece
(Application No. 26695/95) ——

Report of the Commission of 11, April, 1997, J. & D. No. 79 (1998-IV) 1622
Judgment of 10, July, 1998, 4 BHRC 500.

【事　実】

(1) 申立人（複数）は、旧ユーゴスラビアのマケドニア共和国と国境を接するギリシャのフロリナに住んでいる。

(2) 1990年4月18日、「マケドニア人」であり、「マケドニア民族意識」を持つと主張する申立人は、他の者と共に、「マケドニア文明の家」(Home of Macedonian Civilization ——Stegi Makedonikou Politismou) と呼ばれる非営利結社を結成することを決めた。そして、同年6月12日、この結社の暫定運営委員となった申立人は、この名で結社登録をしようと、民法79条に基づきフロリナ第1審裁判所に申請を行った。

(3) 1990年8月9日、フロリナ第1審裁判所は、以下の理由により申請を拒否した。

9-1　結社の自由(1)〔11条〕

　例えば幾つかの新聞記事などからも明らかであるように、立証された状況に基づき、当裁判所は、申請の結社の真の目的は、当該結社規約2項に指摘されているようなもの（文化や自然の保護のためなど）ではなく、ギリシャ国の国益に反しその結果として法律に反するギリシャにマケドニア人という少数民族が存在するという考えを推し進めるためのものだ、と見做す。

(4)　申立人は、第1審判決に対し控訴したが、1990年9月7日サロニア控訴審は、以下の理由でこれを棄却した。

　大きな公益が危くなっているとの見解から、特別の手続によって審理されている本件のような申請の理由を検討するときには、裁判所は、自ら進んで両当事者より裁判所へ提出された証拠——特に、関心のある者は誰であれ入手できる出版物（本、雑誌、新聞等）に記されている客観的な事実及び状況——以上の事情を、そして立証責任についての通常の原則にもかかわらずこれを、考慮に入れることができるし又実際に入れなくてはならない。……

　当裁判所は、「マケドニア人」という表現を用いることの目的は、マケドニア及びその住民のギリシャとの一体性を間接的に陰険な手段で争うことにあると信ずる十分な理由を有し、当該結社の設立者の意図の中に、ギリシャの領土の不可侵性を弱めようとするものの存在を認める。問題の申請への非難されている拒否は、それがより短かくかつ少しは異なる理由を根拠として行われたにもかかわらず、よって正当化される。つまり、本件控訴において主張されているこれと反対の議論は、却下さ

れなくてはならない。……

(5) 1991年6月20日、申立人は、特にギリシャ憲法2、4、5、12条及び本条約の相応する条項を挙げて、破棄院へ上告を行った。

　彼等は、控訴審は法律に反し以下のことを行ったと、主張した。(a) 結社の設立の合法性を審理すること——すなわち、民法78条から80条の要求する要件は満たされていたか——に自らを限定せず、結社が法律上の承認を与えられる段階では設立メンバーは司法審査の対象とはなり得ないにもかかわらず、あたかも何らかの実体を有しているかのごとく扱い、彼等の推測される意図により結社の好ましさを再審理した。(b) 両当事者により提出されたのではない情報、特に設立メンバーの幾人かに関する無責任かつ根拠のない出版物の記事を考慮した。(c) 事実か否かを認定するために採用すべき証拠を収集することなく、法廷手続の結果に決定的な重要性をもつ幾つかの事柄を真実であるとして受け入れた。(d) 当該結社の規約の内容を、捩じ曲げた。(e) 判決に、十分な理由を附さなかった。

(6) 当院は、1994年5月16日、控訴審の判断を支持する以下のような判決を下した。

　破棄院は、控訴理由は漠然としていて根拠がないと考える。結社の承認を与える特別手続では、糾問主義的なシステムが、自ら進んで両当事者より述べられていない事柄をも考慮に入れることを許し、裁判所は両当事者の提出した証拠及び主張に拘束されない、という点を指摘する。「手続の結果にとって決定的な重要性を持つ事柄」については、両当事者は、上訴におい

9-1　結社の自由(1)〔11条〕

て問題の事柄を明記しなかった。控訴審は、当該結社の規約の内容及び常識となっていてかつ新聞記事のような文書により補強された事柄を信頼し、幾つかの状況を真実として受け入れたのである。さらに、結社の内容を曲解するものは何も存在していなかった。……

〔関連国内法〕
(7)　憲法は、以下のように規定する。
　　4条1項：すべてのギリシャ人は、法の前に平等である。
　　12条1項：すべてのギリシャ人は、法律に従って、非営利団体や結社を結成する権利を与えられる。しかしながら、この権利の行使は、事前の許可を条件とする。
(8)　非営利結社に関する民法の規定は、以下のようなものである。
　　78条(結社)：非営利目的を追求する団体は、その団体が本部を置く場所の第1審裁判所において（結社の）特別公式登録を行うやいなや、法人格を獲得する。結社を結成するには、少なくとも20人は必要である。
　　79条（結社登録申請）：結社登録を行いたい場合は、設立者あるいは結社運営委員会は、第1審裁判所に申請を行わなくてはならない。申請には、結社設立書類、運営委員会メンバーの名前一覧、同委員会メンバーにより日付をうたれかつ署名された結社の規約、を添えなければならない。
　　80条(結社の規約)：有効であるためには、結社の規約は、(a)、結社の目的、名前及び本部、(b)、会員の権利及び義務と共

に、会員の入会、退会、除名の各条件を、明記しなくてはならない。

　81条（結社登録の決定）：第1審裁判所は、あらゆる法的要件を充たしていると考えるとき、申請を許す。

　105条（結社の解散）：第1審裁判所は、以下の場合には、結社の解散を命ずる。

　……(c)、もしも、結社が結社の規則に記されているとは異なる目的を追求する場合。あるいは、その目的あるいは機能が、法律、道徳あるいは国の政策に反することが証明される場合。

(9)　1994年11月16日、人権委員会に対し申立てがなされた。

【申立人主張】

(10)　結社の自由への権利の干渉は、法律で定められていなかった。

(11)　ギリシャ国内法特に憲法12条により、国内裁判所は、民法78条から80条に規定される条件が履行されたかという点、及び述べられている結社の目的が不法でないという点、または道徳や公共の秩序に反しないということを確かめることに、その審理を限定すべきであった。

　国内裁判所は、当該結社の真の目的などという空論には加わることはできない。また、設立者の推定される意図というものを根拠として確立された便宜的なものにより、決定することはできない。

(12)　ギリシャの判例法によると、結社の登録申請を審理するために特別の手続を適用するときには、裁判官は、真理の確立の

9-1　結社の自由(1)〔11条〕

ために必要と考えるいかなる措置も、自発的に命ずることができる。しかしながら、公式に法廷に提出されたのではない書類とか証拠や裁判官の個人的知識に、依拠することはできない。その上、幾つかの物的証拠は、たとえ自発的だとしても、証拠としての採用を命ずることなくして立証されたと見做すことはできない。

　国内裁判所が本件の決定の根拠とする陳述が、「一般的知識」であると考えることはできない。主張されている情報の一部は、幾つかの人種差別的新聞から引用された。

(13)　裁判所の決定における理由は、歴史的分析と申立人に対する根拠のない批判的意見に限定されている。結社の規約及びその登録の申請の拒否と上記の点について、道理を尽したやり方で結びつけようとする試みはなされなかった。

(14)　また、結社の目的は合法的である。

　そもそもその目的は、よく知られているように、申立人たちが属する独特の言語、文化そして歴史を持つ民族集団が住むフロリナ地方の、地方文化の研究を含むものである。そして、地方文化の研究は、憲法、本条約、他の国際人権文書及びギリシャも参加している全欧安全保障協議会の協定により保護されている。この協定によると、人は皆、ある特定のグループに属していると考える権利を有している。

(15)　結社の自由への申立人の権利に対する干渉の必要性に関しては、国家は、もしも結社の目的が不法であるとか、または道徳や公の秩序に反すると判明したならば、国内法により規定された手段を用いることにより、自身を守ることができる。つま

り、裁判所は、民法105条により結社の解散を命ずることができる。従って、結社の自由への権利に対する本件の干渉は、民主的社会において必要ではないということとなる。

【政府主張】

(16) 申立人の結社の自由への権利に対する干渉は、本条約11条2項により正当化される。国内裁判所は、ギリシャ国内法により、結社の目的が不法あるいは公の秩序に反するか否かを審理する権限を有している。破棄院が法的問題について申立人の上告を却下したのは、民事訴訟法の関連条項を正しく解釈したものである。

(17) 国内裁判所は、幾つかの明白な事実と、特に「旧ユーゴスラビア連邦　マケドニア共和国」による幾つかの最近の行為の、ギリシャ国の領土不可侵及び文化的遺産に対する脅威というものを、考慮に入れる権限を有していた。また、申立人に関するギリシャ及びユーゴスラビアにおける幾つかの出版物を、考慮に入れる権限も有していた。

(18) 国内裁判所は、差別的なやり方で行動しない限りにおいて、結社の真の目的が、その規約に述べられている目的とは異なっているということを認定する独占的権能を有している。

国内裁判所が、申立人の意図は、ギリシャの領土の不可侵を傷つけようとしてギリシャ国外で活動している様々なスラブ結社を援助することであったと結論したのは、正しかった。

少なくとも、裁判所が、申立人を聴取したり証拠を採るよう命じないことは、国内法上合法である。裁判官は、結社設立の

9-1 結社の自由(1)〔11条〕

便法を審理したのではなく、国家の存在を守る義務を果したのである。

(19) 申立人の結社の自由への権利の干渉は、国の安全、公の秩序そしてギリシャ人民全ての権利と自由を守るために、民主的社会において必要であったと結論する。ギリシャ人民は、歴史的にも文化的にもギリシャに属し、かつギリシャ領土内に位置するにもかかわらずスラブ人が自分たちに割り当てたいと考えている（ギリシャ）マケドニアを、守る権利がある。

【人権委員会意見】

(20) まず、当委員会としては、結社の自由への申立人の権利に対する干渉が存在したのか否かを審理しなくてはならない。

この点に関しては、当委員会の判例法に従って、結社の登録の当局による拒否は、結社がそれにもかかわらず活動を続けることが自由ならば本条約11条における結社の権利への干渉を必然的に伴うわけではない、ということを思い出す（例えば、Application No. 18874/91, Decision of 12, Jan., 1994, D.&R. 76-A, P.44参照）。

(21) 申立人は、裁判所による登録拒否は、実際上結社の設立が禁じられることを意味したと主張する。そして政府は、本件に関する裁判所の決定は、本条約11条における申立人の権利への干渉となるという点について、争っていない。

当委員会としては、両当事者がこの論点を争うことを失敗したという点を、政府の表現によると裁判官は「国の存在を守る」ためにそれを登録させない義務を有しているという、1つ

の結社を巻き込んだ本件の特別の文脈と分離して考えることはできない。そして、こうした点に照らして、裁判所による登録の拒否は、11条における結社の自由への申立人の権利に対する干渉となると考える。

(22) そうした干渉は、もしも「法律で定め」、11条2項に規定された正統な目的のどれかに該当し、それらを達成するために「民主的社会において必要」なものでなければ、11条に反する。

(23) 本件における干渉は、国の安全と公共の安全の保護及び無秩序の防止のためであり、それらすべては、11条2項に規定されている正統な目的であると考える。

(24) 干渉が、「民主的社会において必要」であるかどうかという争点は、当委員会の判例法によると、結社の自由は、11条に記されているように、民主的社会の重要な基礎の1つを構成しかつその進歩のための基本的条件の1つであるということを思い出させる。よって、11条2項における結社の自由に対する例外は狭く解釈されなくてはならないし、また、いかなる規制に対する必要性も、民主的社会の必須の基礎の1つたる表現の自由の場合におけるように（The Sunday Times v. U.K (No. 2), Judgment of 26, Nov., 1991, A. 217)、確信を抱くに足りるまでに立証されなくてはならない。

(25) 11条2項における形容詞「必要な」(necessary) は、「差し迫った社会の必要性」というものの存在を含んでいる（例えば、Handyside v. U.K., Judgment of 7, Dec., 1976, A. 24, P. 23 参照)。

9-1　結社の自由(1)〔11条〕

　締約国は、そうした必要性があるかどうかを評価することについて一定の裁量権を有しているし、また、それが国の安全に関する事柄についての場合は、その裁量の幅は広いものである。

　しかしながら、締約国の裁量権は、法律と独立した裁判所による決定を含むその法律を適用する決定の双方を包含する、ヨーロッパの監視と同一歩調を常にとる。国の安全に関する事柄でさえ、それへの干渉が、11条により保障されている結社の自由と調和しているということを当委員会に納得さすということの責任は、最終的には政府に残されている。それ故に、本件はギリシャの国の安全に関するのであるから、国内裁判所は排他的権能を有していたという政府の主張は受け入れることはできない。

⒇　当委員会は、監督的管轄権を行使しなくてはならない。そしてその場合には、訴えられている干渉が、「追求されている正統な目的に比例」しているか否か、また、それを正当化するとして国内当局により引用されている理由が、「関連かつ十分」なものであるか否かを決定するために、事件全体に照らして当該干渉を考察することとなろう。その上、関連事実についての受け入れることのできる評価に、国内当局は根拠を置いていたということに委員会自身納得しなくてはならない。

⒄　この関係で、当委員会は、申立人の結社の目的は、その規約に述べられているように合法的であったという点を強調する。その上、規約には、これと異なる結論を正当化し得るものは何もないと考える。とはいえ、結社の設立というものが、公

共の秩序に関する深刻な問題を引き起こすかもしれないという点を除外することはできないから、当該結社の真の目的を問うことは、それ自体が本条約と相入れないわけではない。

その結果として、本件に関する裁判所の権限は、規約に述べられている当該結社の目的の合法性の認定に限定されるべきだと主張する申立人とは、当委員会は意見が同じではない。そしてまた、もしも差別的なやり方によるのでないならば、当該結社の真の目的は規約に述べられている目的と異なるということを認定する独占的な権限を国内裁判所は持っていたと、主張する政府とも意見は異なる。そうした主張を受け入れることは、当委員会の監督的管轄権を実質的に譲り渡すこととなるであろう。

(28) 結果として、申立人の結社設立の真の目的は、ギリシャの領土不可侵を傷つける考えを抱いて（ギリシャ）マケドニア地方のギリシャ的特性に異議を唱えることであろうという判定に基づいた事実上の考察を確認する裁判所の決定を、徹底的に当委員会は審議しなくてはならない。そして当委員会の審議は、フロリナ第一審裁判所の理由に代えかつ破棄院で支持された、サロニカ控訴審裁判所の理由に焦点を合わせることとなる。

(29) 当委員会は、この結論に達するために、国内裁判所は2要素を主張したことを強調する。

第1のそれは、国外のスラブ組織により発せられた指令の存在であった。申立人は、国内裁判所の手続では、この指令は事件記録に載っていなかったと主張し、政府はこの点を争わなかった。しかし政府は、国内裁判所が言及した関連の指令からの

9-1　結社の自由(1)〔11条〕

抜粋を含んでいる新聞記事を提出した。この抜粋によると、本件結社の目的は、「ギリシャ国によるマケドニア人の権利の否定に合法的やり方で異議を唱える」ことであった。

　第2のそれは、国内裁判所が、控訴審の表現によると、「ギリシャ人とマケドニア人を区別し、（ギリシャ）マケドニアはギリシャであるという点を争った」コペンハーゲンでの欧州安全保障協議会の会合への申立人中2名の出席に関する新聞記事に依拠した、という点である。政府によって提出されたこれらの記事を審理した結果、上記会合において申立人は、「マケドニア少数民族の出自ではあるがギリリシャ市民である」と宣言し、そして、「ギリシャ国は、（ギリシャ）マケドニアのマケドニア人からすべての人権を奪い弾圧した」と公然と非難した、と判明した。

(30)　国内裁判所に提出された証拠を審理した結果、申立人が分離主義の意図を隠しているということは認定されないと、当委員会は考える。それ故に、それが結社の自由への権利を正当化するか否かを決定する必要はない。

(31)　国内裁判所が、提出された証拠を根拠として、当該結社の真の目的は、「マケドニア人」の少数民族が存在すること、そして、そうした少数民族の一員の権利は十分に尊重されていないという考えを押し進めようとすることであるという、合理的結論に達し得るということは真実である。しかしながら、これ自体により申立人の結社の自由への権利の規制が正当化されることはできないと考える。人権裁判所の判例法によると、民主的社会は原則として、好意的に受け入れられたり、害にならな

⑳ シディロプロス事件

いとか重要でないと見做される意見のみならず、国家あるいはどの分野の人であれ、これらを傷つけたり驚かしたり悩ましたりする意見もまた、自由に議論することを許さなくてはならないからである（The Handyside Case、前述㉕、p. 23参照）。

　本件の特別の状況において、申立人は、「マケドニア人としての民族意識」を持っているとは述べているが、暴力や反民主的又は反憲法的手段の使用を唱道したということを示唆するものは、存在しない。

⑫　当委員会がまず重要と考えるのは、結社がひとたび設立されたあかつきには違法な活動に従事しないであろうことを裁判所に保証することが可能となるような効果的な措置を、国内法が裁判所の自由に任せるということである。そして、民法105条により、裁判所は、結社の目的とか機能が、不法に、不道徳に、又は公共の秩序に反するようになったならば、結社の解散を命ずることができる。

⑬　上記のすべて及び国家の裁量権に照らしても、当委員会は、申立人の結社の自由への干渉を正当化するとして国内裁判所により引用された理由は、「関連しかつ十分な」ものとの確信を得ない。また、干渉は、「追求する正統な目的と比例」していたとも確信しないし、訴えられている措置は、「国の安全もしくは公共の安全のため、無秩序の防止のため、または他の者の権利及び自由の保護のため、民主的社会において必要な」ということは立証されなかった。

⑭　結論として

　当委員会は、全員一致で、本件においては11条違反が存在

9-1 結社の自由(1)〔11条〕

すると結論する。

【人権裁判所判決】

(35) 結社登録申請の国内裁判所による拒否は、11条に保証されている結社の自由への権利の侵害であるとの、申立人の主張について考えるとしよう。

(36) 当裁判所は、申立人及び人権委員会が考えたと同じく、申立人の結社登録のギリシャ国内裁判所による拒否は、申立人の結社の自由への権利の行使に対する当局による干渉となると考える。その拒否は、申立人が結社の規約に規定した目的を、共にまたは個人的に追求する可能性というものを申立人から奪った。そしてこの干渉については、ギリシャ政府によって否定されなかった。

そうした干渉は、「法律によって定められ」、11条2項における正統な目的を追求し、かつそれを達成するために「民主的社会において必要である」という要件を満たさないと、11条に違反する。

(37) まず、「法律によって定められ」た干渉か否かについて、考えてみよう。

民法79条から81条は、結社の規約の有効性が未解決の問題として残っていると国内裁判所が認定するところでは、結社登録申請を拒否することを裁判所に許すのであるから、当該干渉は「法律によって定められ」たものと考える。また、特に、政府と同様に当裁判所は、結社の目的は、結社の規約に規定されているがごとくに、真に追求されるものでありかつ法律、道徳

または公共政策に反しないものでなくてはならないということを、特に記す。その上、民法105条は、結社の規約に記されている目的と異なる目的を追求しているということが証明された場合の、既に結成された結社の解散について規定している。

(38) 次は、「正統な目的」を追求するものか否かである。

　政府は、当該干渉は、国の安全の維持、無秩序の防止、そしてギリシャの文化的伝統及び歴史的文化的シンボルの維持という目的を追求していると主張した。

　しかし、これらの目的とされるものは、11条2項に言及されている「正統な目的」の1つを構成するとは考えられない。結社の自由の例外は、厳格に余すところなく列挙されていてかつそれらの定義は必然的に限定的なものであるというように、狭く解釈されなくてはならない。

　とはいえ、サロニカ控訴審は、申立人は、マケドニアとその住民のギリシャとの同一性に異議を唱え、ギリシャの領土の不可侵を傷つけようと意図しているという確信に基づいて判決したと、当裁判所は判断する。そして、当時のバルカンにおいて一般的であった状況及びギリシャと旧ユーゴスラビア連邦　マケドニア共和国との間の政治的軋轢を考慮に入れると、争点となっている干渉は、国家の安全を守り無秩序を防ぐという意図でなされたということを認める。

(39) では、「民主的社会において必要な」ものであったのであろうか。

　たとえ11条は、労働組合を結成する権利について明示の言及をしているのみであるとしても、結社を結成する権利は、11

9-1 結社の自由(1)〔11条〕

条に述べられている権利中に内在するということを指摘しておく。市民は、相互の利益に関する分野において集合的に行動するために法主体を結成することができるべきであるということは、結社の自由への権利の最も重要な点の1つである。なぜならば、それなくしては、その権利はいかなる存在意義も奪われるであろうから。国内法がこの自由をいかに大切にしているかということ、そして当局による現実の適用状況は、当該国家の民主主義の状態を教えてくれる。

(40) 確かに、締約国は、結社の目的及び行動が、立法により規定されたルールに従っているかどうかを納得する権利を有している。しかしそれは、本条約による義務と矛盾しない方法でそうすべきであるし、また、本条約の機関による審理に服さなくてはならない。

その結果として、11条に述べられている例外は、厳格に解釈されるべきである。すなわち、説得力のあるやむにやまれぬ理由のみが、結社の自由に対する制限を正当化することができる。11条2項の言うところの必要が存在するか否かを決定するに際し、締約国は、法律と独立した裁判所による決定を含むその法律を適用する決定の双方を包摂する、厳しいヨーロッパの監視と同一歩調をとっての、限定された裁量権を有するのみである。

(41) 当裁判所が精査する場合、その任務は、関連国内当局の見解の代わりとして自身の見解を用いることではなく、むしろ11条に基づいて、当局が裁量権を行使して下した決定を審理することにある。このことは、当裁判所が、被告の立場にある

⑳ シディロプロス事件

国が、その裁量権を合理的で注意深くかつ誠実に行使したかどうかという点を確かめることに限定しなければならない、ということを意味しない。人権裁判所は、訴えられた干渉を事件全体に照らして熟視し、それは「追求されている正統な目的に比例している」かどうか、それを正統とする国内当局により挙げられた理由は「関連しかつ十分な」ものであるかどうかを、判定しなくてはならない。そうするためには、国内当局が11条に具体化された諸原則に従った基準を適用したということ、そしてさらに、関連事実の満足すべき評価に基づいて決定を行ったということを、当裁判所自体納得しなければならない。

(42) そこで、本件について考えることとする。

まず第1に、当該結社の規約に詳しく述べられているように、「マケドニア文明の家」と呼ばれる結社の目的は、もっぱらフロリナ地方の伝統と民族文化を保存し発展することであった。こうした目的は、当裁判所には、完全に明確かつ正統なものと思われる。ある国の一地方の住民は、歴史的かつ経済的理由から、その地方独特の特性を推進させるために結社を結成する権利が与えられる。本件におけるように、ある結社の設立者たちが少数民族の自覚を主張したとしても、1990年6月29日の全欧安全保障協議会の人権に関するコペンハーゲン会議文書IV項及び1990年11月21日の新ヨーロッパのためのパリ憲章――ギリシャは署名している――は、文化的及び精神的遺産を守るために結社を結成することを許している。

第2に、登録申請の拒否を正当化するに際し、サロニカ控訴審は、以下のように判断した。「マケドニアという言葉を使用

9-1　結社の自由 (1)〔11条〕

する目的は、間接的でそれ故に陰険な手段で、マケドニア及びその住民のギリシャとの同一性を争おうとすることであったし、そしてまた、設立者の一部において、ギリシャの領土の不可侵を傷つけようとの意図が認められたと信ずる十分な理由がある。」

こうした判断に到達したことで、控訴審は、事件記録に記載されていなかったため法廷手続において異議申立てができなかったと申立人が主張している資料を、証拠として自ら考慮に入れた。

(43)　当裁判所は、証拠に関しては第1に国内法のルールに従うのであり、提出された証拠を原則として国内裁判所が評価するという点を繰り返しておく。

しかしながら、法廷手続の結果に決定的な影響を持っていた問題となっている新聞記事を注意深く検討すると、これらの記事は、申立人とは関連がない幾つかの事柄を報じ、筆者の主観的評価から引き出された推論に基づいて結論を下したということが明らかである。しかるに、これらの記事に依拠し、かつ、ギリシャとユーゴスラビア、マケドニア共和国（事件発生時には、未だ独立宣言さえしていなかった）の関係を当時支配していた政治的紛争を考慮して、国内裁判所は、申立人及び彼等が設立したがっていた結社は、ギリシャ国の領土不可侵への危険となると判示したのである。その所説は、結社設立者たちの真の意図と結社が機能し始めるや否や行うであろう活動についての、単なる疑惑に過ぎないものに基づいていた。

当裁判所はまた、こうした文脈において、ギリシャ国内法

は、非営利結社の結成に対し予防的審査制度を定めてはいないという事実を考慮に入れる。憲法12条は、結社結成は、事前承認の対象とすることはできないと規定しているし、又、民法81条は、裁判所に対し合法性の審査のみを許すのであり、望ましさというものについての審査を託してはいない。

(44) 本件に関しては、結社が1度設立されたら、規約に述べられている目的を隠れみのとしてこれらの目的と相入れない活動に従事するかもしれないという可能性は、除外しはしない。もっとも、国内裁判所が確実であるとみたそうした可能性は、そもそも当該結社は存在しなかったのであるから、何らかの実際の行動により実現されることはなかった。

とはいえ、もしもその可能性が現実となったならば、当局は無力ということはないであろう。なぜならば、民法105条により、第1審裁判所は、結社がその後において、結社の規約に規定されたものとは異なる目的を追求したとか、あるいはその機能が、法律、道徳又は公共政策に反することが証明されたならば、解散を命ずることができるからである。

(45) 以上から、当裁判所は、甲立人の結社登録を拒否することは、追求される目的に比例していないとの結論を下す。

よって、11条違反が存在する。

(46) 結論として、当裁判所は全員一致で
① 本条約11条違反が存在していたと、判決する。
② 6条1項、9条、10条及び14条に基づく訴えについては、裁決する必要はないと判決する。

9-2 結社の自由(2)〔11条〕

㉑ シーグルヨンソン事件
—— Sigurjónsson v. Iceland
（Application No. 16130/90）——

Report of the Commission of 15, May, 1992. Judgment of 30, June, 1993, A. 264.

【事　実】

(1) 申立人は、アイスランド国民であり、レイキャビック居住のタクシー運転手である。

(2) 申立人は、1984年10月24日「ライセンス発行者（タクシー監督委員会）」より、タクシー運行ライセンスを付与された。なお、この決定は、公共賃貸車輌に関する法36/1970号（以後、1970年法）及び、当該法10条に基づき運輸大臣が制定した規則320/1983号（以後、1983年規則）により行われた。

申立人は、フラミ自動車組合（以後、フラミ）を宛先人として印刷された様式を用い、ライセンスを申請した。この統一様式は、申請者はフラミの会員となるために会費を支払う義務があることを承知する、という効果を生じさせる文章を含んでいた。そして、1983年規則に規定されている条件を守らなけれ

9-2　結社の自由(2)〔11条〕

ば、資格の停止または取消しとなり得ると考えた申立人は、この条件の1つであるフラミの会員となる（1983年規則8条）ために、1984年9月26日申請を行った。

(3)　フラミに加入した後、申立人は1985年8月まで会費を支払っていたが、それ以後支払いを止めた。そのため、1986年2月5日、フラミは、会費が支払われるまで申立人及びそのタクシーをタクシーステーションから締め出すと通告した。

　これに対し申立人は、1986年2月14日、もはやフラミの会員となるつもりはなく会費支払い義務を認めないと告げた。

　1986年6月30日、タクシー監督委員会は、申立人が会費支払いを止めたため申立人のライセンスの取消しを求めたフラミの要求を支持し、1986年7月17日運輸省は、ライセンスの取消しを確認した。

(4)　1986年9月18日、申立人は、取消しの宣言の無効を求めてタクシー監督委員会及び運輸省に対する法廷手続を進めたが、1987年7月17日民事法廷は、彼の訴えを却下した。

(5)　最高裁判所は、1988年12月15日、憲法73条から、フラミの会員でいることを義務づけられるはずがないとして、7人の全員一致で彼の申立てを却下した。また、その意見の中で、憲法73条の草案過程によると、「結社を結成する」権利のみを保証する意図であって結社外に留まる権利を保証する意図はなかったし、また、営業ライセンスは、合法的にある結社の会員であることを条件として作られることはできないことは73条から推論され得ない、と述べた。

　他方、最高裁判所はまた、4人の多数意見により、申立人の

ライセンスの取消しを無効とした。これは、ライセンス付与の必要条件の1つとして組合の会員であることを課した1983年規則の条項は、制定法上の根拠を欠くと認定してである。

(6) こうした最高裁判所の判決をうけて、アイスランド議会は、組合の会員となることをライセンス取得の条件とする新しい法律——公共賃貸車輌法77/1989号(以後、1989年法)——を制定し、この法律は1989年7月1日発効した。

(7) Frami に対し申立人は、1989年7月4日付けの手紙により、新法により会員となるしかないので会費を支払うと告げた。同時に、会員となることは申立人の希望と利益に反するのであり、フラミの定款が、その政治的意見に反する条項を含むのみならず、組合は申立人の利益に反するもののために会費収入を用いたと主張した。また、義務的会員制を規定する新しい立法は、人権条約と矛盾するとして、この件を人権条約機関に訴えるとの意図を強調した。

〔関連国内法及び実務〕

(8) 申立人がタクシー運行ライセンスを付与された当時、そうしたライセンスには、1970年法及び1983年規則が適用された。後者は、その後規則293/1985号(以後、1985年規則)により修正された。それ以後、それまで「ライセンス発行者」と呼ばれていた機関は、タクシー監督委員会として知られるようになった(後述(9)参照)。

1989年に、1970年法及び1985年規則は、1989年法と規則308/1989号(以後1989年規則)に取って代わられた。申立人

9-2　結社の自由(2)〔11条〕

の人権委員会への最初の訴えは、1989年7月1日に1989年規則が施行された後の状況に関するもののみであった。

(9)　1989年法4条によると、運輸省は、自動車運転手組合の要求及び地方議会と地方委員会の推薦により、当該組合の域内における公共賃貸車輌の数を制限できる。

　タクシー車輌の数量規制は、レイキャビック及び6近隣地区からなるフラミの組合の域内において、車輌数を570台に制限すると規定する1989年規則8条に述べられている。こうした制限は、ライセンスの発行及びライセンス保有者は乗客用車輌を保有しかつ主な職業としてタクシーを自ら利用することがとりわけ求められていることより、実現される（1989年法7条及び1989年規則8条）。争点となっている域内におけるタクシーの営業は、市議会により承認されたタクシーステーションから行われることとなる。

　こうした車輌の数に制限が課せられた組合の域内では、運輸大臣に任命された3人よりなるタクシー監督委員会が設立される。この委員会の仕事は、問題となる組合の域内において、公共賃貸に関する車輌の運行に関する法律及び規則の実施、ライセンスの発行及び取消し、ステーションがサービスを提供する方法を、「監視し監督する」ことである（1989年法10条）。

(10)　フラミは、1936年にレイキャビックにおける自動車運転を職業とする者により結成された。その定款は、組合自身により修正され得るが、政府の承認は必要とされない（定款32項）。

　定款2項によると、組合の目的は以下のものである。①会員の職業上の利益を守り、職業タクシー運転手間の連帯を促進

すること。②会員の労働時間、賃金、運賃に関し、決定したり交渉したり提案したりすること。③タクシーの数の制限を維持するようすること。④当局に対し、会員を代表すること。

(11) 1989年規則に基づき、フラミのような組合は、下記のような幾つかの行政的機能を有している。
  (a) 組合は、前述(9)に述べられたような制限を提案できる（1989年法4条）。
  (b) 組合は、ライセンスの受託者としての機能を果す（1989年規則13条）。
  (c) 組合は、タクシー車輌として使用する車輌の適当さを承認する（1989年規則14条）。

(12) 上記に加え、政府提出の書類によると、フラミは以下の任務を実行する。
  (a) タクシーサービスの遂行状況を監督する。
  (b) ライセンス保有者が、ライセンス付与の条件を守ることに失敗した場合、タクシー監督委員会に報告を行う。
  (c) 週末における著しく多い需要に対応することのできるサービスのレベルを確保するために、タクシー操業を規制する。
  (d) ライセンス保有者による登録及び保険要件の履行と、必要な費用の支払を監視する。
  (e) 価格監視機関による承認を条件として、タクシーサービスへの料金を認定する。Framiは、組合員のために団体交渉は行わない。従って、アイスランド労働者同盟には、加入していない。

(13) 1989年法5条は、公共賃貸車輌の数への制限が適用される

9-2　結社の自由(2)〔11条〕

組合域内においては、同一カテゴリーの車輌運行者は、同じ組合の会員であるべきだと規定している。ある地域において、タクシー運行者の組合が存在するならば、運行ライセンスを保有しない者は、その地域においてタクシー営業を行うことが禁じられている。

同法8条により、運行ライセンスは、関連組合の会員あるいは入会を申し込んでいる者にのみ付与される。1989年に改正された規則の8条により、フラミは、レイキャビックのタクシーライセンス保有者にとって関連組合である。

会員条件は、ライセンス付与後も適用され続ける。

(14) ライセンス保有者による公共賃貸車輌に関する法律又は規則違反の場合は、監視委員会から警告を受け、ライセンスは一時停止されあるいは、重大な又は繰り返しての違反は委員会によりライセンスを取消されかつライセンス保有者は罰金を支払う責任があろう。もしもライセンスが取消されたならば、幾つかの条件に従って、5年後にライセンスを再申請できる（1989年法9条及び13条。1989年規則18条）。

(15) 人権委員会に対し、1989年12月22日申立てが行われた。

【申立人主張】

（人権委員会における主張）

(16) レイキャビック及び近隣地区において、タクシー運転手として認可された者は全て、フラミ自動車労働組合の会員となることを法律により義務づけられるとする決定により、申立人は、この職業を行うために必要なライセンスを失わないため

に、意志に反してフラミの会員となることを強要されている。
(17) 特に、他者と組合を結成する権利と、組合の会員であることを辞退する権利間の関係について言及する。例えば、政治的意見とか個人的利益の促進のために、もしもこれを満足させる意見とか利益と異なる目的を有する組合の会員であることを義務付けるとしたら、組合を結成する権利はまったく無用のものとなろう。己れの見解や利益に反し嫌々働かなければ己れの職業をまっとうすることが妨げられることの是非が、まさに中心問題である。
(18) ヨーロッパ人権条約は、タクシーの数を制限しようとする政治的目的の組合の会員であることを強要されることなく、こうした目的に反対する組合を似た考えの人々とともに結成する権利を、保証している。
　　よって、9条、10条及び13条に違反する。

（人権裁判所における補足主張）
(19) ライセンスを失うという痛みを課して、フラミの組合員であることを義務づけるのは、11条違反となる。
　　また、11条によりカバーされている結社の自由の権利への干渉が存在した。立法準備作業文書の関連抜粋の適切な解説によると、消極的権利が11条において存在するか否か、もし存在するとすればその範囲はいかなるものとなるかということを決めるのは、ヨーロッパ人権条約機関である。
(20) 異議を唱えている義務が、「法律で定められて」いてかつ正統な目的を追求していることは争わない。しかし、ここでの干

9-2 結社の自由(2)〔11条〕

渉が、「民主的社会において必要」とはいえない。

【政府主張】

(人権委員会における主張)

(21) アイスランド国の立法府は、限られた資源の使用や配分を組織的に行うために、様々な地域において組合の強制的会員制は必要であろうと判断している。その上、アイスランド憲法は、組合の外に留まる権利というものを保証していない。そして、この憲法の関連規定は、組合の会員となることは強制的でなくてもよいとは規定していない本条約の規定とは、矛盾しない。

(22) 本条約11条は、結社の「消極的」自由を保護していないし、また、締約国がそうした目的のための明白な条項の採択を控えたという事実は、これらの国々は、そうした決定は個々の締約国に任せるべきとし、そうした性質の国際的義務を課すことは賢明ではないと考えたことを示している。

(23) フラミは、非政治的組合であり、その活動は性質上政治的ではない。これは、会員の利益を守りかつ会員が公衆に提供することとされているサービスの監督という、2つの役割を有している。申立人たちによりフラミに支払われた会費は、その組合自身の機能を果すために関する費用を支払うため、もっぱら用いられる。

(24) フラミの機能の中には、サービスが現実にまともに行われているかを監視し、与えられたライセンスの使用を監視し、また、タクシーサービスに関する様々な義務からの免除を与え

㉑ シーグルヨンソン事件

る、ということが含まれる。もしも会員となることが任意であるならば、フラミの規則は非会員には適用されないから、こうした機能を達成することはできないであろう。タクシー営業が限定されている場所では、こうした組合に監督を委ねることで達成している現行の監督によってのみ、当局にとり適切な実行が可能となる。

㉕ ライセンス申請を行った人々は、会員条件に気付いているのであり、かつ数を限定することから利益を得ているすべてのライセンス保有者は、効果的な実施を確保するために自分たちの職業に関する行政上の規則を受け入れなくてはならないから、この要件はまったく自然である。

（人権裁判所における補足主張）

㉖ フラミは、11条のいう意味では「組合」でないのみならず「結社」ですらないのであって、公法的性格の職能組織である。政府は、主に以下を主張する。

(a) 法律により設立されてはいないとはいえ、フラミは、法律により規定されたあるいは慣行により発展した幾つかの機能を果し、そして組合員の利益と同様公益にも尽す（前述⑾、⑿参照）。従って、フラミは、委員会及び運輸省を含む行政機関の階層の中で最も低位のものである。

(b) フラミは、雇用者との衝突において組合を代表したり団体交渉を行う使用者組織ではなく、アイスランド労働者同盟に加入していない。その代わりに、主に独立した事業運行者よりなる会員をもち、サービスの料金変更については、価格監

9-2 結社の自由(2)〔11条〕

視機関の承認を条件としてではあるがそれ自体が定める。

(27) ヤング、ジェームズ及びウェヴスターの判決 (Judgment of 13, August, 1981. A. 44 pp 21, 22) において述べられた、結社の自由への権利の消極的側面は、11条の範囲の外に完全にあるわけではないとの見解を受け入れはするが、11条を、申立人がフラミの会員でない権利を含むところまで拡げることには抵抗する。こうした消極的権利は、何人も結社に属することを強要されないという国連の世界人権宣言20条2項に代表される一般ルールが、意図的に本条約から省かれていることを示す立法準備作業文書を、心に留めるべきである。

その上本件は、以下の点からいって上記1981年判決とは区別されなくてはならない。

(a) ヤング等の例では、雇用者が労働組合と非難されている協定——いずれかの組合に加入しなければ失業するという効果を有する——を締結したとき、申立人は既にかなりの期間雇われていた。それに対し本件における事情は、会員となる義務というものは申立人が無条件にそして強制されることなくフラミの会員となることに賛成してライセンスを付与された1984年以前に存在していたので、まったく異なる。

1988年12月の最高裁判所判決（前述(5)）によると、申立人がアイスランド法において1984年フラミに加入することは義務付けられてはいなかったと解し得るとはいえ、やはり事実上はそうする義務はあった。しかし、申立人は、これを受け入れるかあるいは他の分野に職を求めるかはまったく自由であった。

(b) 申立人のフラミの会員になることへの不服は、ヤング氏及びウェヴスター氏のそれとは比較することはできない。なぜならば、両人共に労働組合の政策及び活動に、又そのうちの1人は組合の政治的提携に、反対していた。

(c) 本件で争点となっている組織は非政治的であるのに対し、1981年の事件は、しばしば政党と提携しあるいは政治に加担し従ってその会員のヨーロッパ人権条約の自由特に意見表明の自由の享受への干渉となりそうな、結社のひとつのタイプ――労働組合――に関するものであった。

　もしも、人権裁判所が、申立人は11条より保護されると決定するならば、これは前記ヤング、ジェームズ及びウェヴスター判決よりも一歩踏み出すことを意味するであろうし、また、前記立法準備作業文書の文章を無意味とするであろう。

【人権委員会意見】

(28)　人権委員会も人権裁判所も、11条が積極的な意味での結社の自由を保証しているのみならず、暗に結社に加入することを強制されない「消極的権利」も保証しているか否かについては、明白に決定したことはないといえるであろうが、誰も結社に属することを強制されないというルールは、例えば世界人権宣言20条2項に描かれている。また、E.C.加盟国が1989年12月9日採択した、労働者の基本的社会権に関する共同体憲章（Community Charter of the Fundamental Social Rights of Workers）11条2項にも、これは描かれている。

(29)　上記のような一般ルールは、政府の主張にいうように意図

9-2 結社の自由(2)〔11条〕

的に本条約から除かれていたと仮定しても、個人の結社の自由の消極的側面が、完全に11条の範囲の外であり、指定の労働組合に加入せよとの強制は11条の意図と適合すると当然になるわけではない。労働組合のメンバーに、あらゆる種類の強制を許すものと11条を解釈することは、保証を意図して作られたこの自由のまさに本質と衝突するであろう。

(30) その上、結社の自由の消極的側面は、欧州審議会内においては、ヨーロッパ社会憲章25条に基づき設定された独立専門家委員会が解釈したように、憲章5条に保障されている。なお、アイスランドはこの憲章の締約国である。

(31) 本条約11条によると、労働組合を結成しかつ加入する権利は、結社の自由の1つの特別の側面である。そもそもある自由の概念には、その行使に関する何らかの手段の選択の自由を含む。しかし、その選択の自由が、11条に反する方法で制限されているかどうかは、上記の一般的側面についての視点を失うことなく、個々の事例における特定の状況に照らして審議されなくてはならない。

(32) 本件では、申立人は、1984年に当時効力を有していた国内法の適用下においてタクシー営業のライセンス取得を申請した。これにつき、当委員会は、当時もしもフラミの会員になることを拒否したならばライセンスを取得できなかったであろうとの、申立人の主張に賛同する。このことはまた、会費支払いを止めたときも同様である。しかしながら、アイスランド法の下では当時フラミの会員であることは法律上の義務ではないとした1988年12月15日アイスランド最高裁判所判決により、

申立人のライセンス取消しが無効と宣言されることは明らかである。にもかかわらず、1989年7月1日発効の現行公共賃貸車輛法（1989年法）の結果として、申立人は、その日以降フラミに加入するか、果たまた既にフラミの会員であることは取得時には要件でなかったにもかかわらず数年間に渡り保有し続けてきたライセンスを失うか、というジレンマに直面したのである。

(33) こうした状況下では、当委員会は、11条が結社の自由の消極的側面を積極的側面と同じ資格で保証しているか否かを決定することの必要性は見い出さない。なぜならば、生計の道を失うこととともなるタクシーライセンスを失うという威嚇は、特定の組合に加入することを求める非常に強い強制の1つである。そして本件では、組合加入について何らかの法律上の義務を導入する以前にライセンスを保有していた者に対する威嚇なのである。こうした形態の強制は、11条に保証されている自由のまさに本質に対する一撃であり、それ故に、この自由への干渉となる。

(34) さて、11条1項に保証されている自由への干渉であると判断したからには、では、この干渉は、11条2項に規定されている何らかの理由から正当化されるか否かを、考えなくてはならない。従って、こうした干渉は、「法律で定められ」ていたか否か、「正当な目的」を有していたか否か、そうした目的のために「民主的社会において必要」か否かが、確かめられなくてはならない。

(35) ここでの干渉が法律で定められていることに、争いはない。

9-2　結社の自由(2)〔11条〕

公共賃貸用車輌に関する1989年法の8条1項6号により、申立人は、タクシーライセンスを保有するためにはフラミの会員でなくてはならない。その上、当委員会は、この干渉は、本条約11条2項の目的の中の1つの、「他の者の権利及び自由」を保護する目的に該当すると推測する。

(36)　そこで、次に考えなくてはならないことは、申立人がタクシー営業を続けるためにライセンスを保有したいと望むなら、フラミの会員となることを法律により強制することが、「民主的社会において必要」か否かである。

(37)　第1に、ここでの文脈における「必要な」(necessary)は、「有用な」とか「望ましい」という表現のような融通性を有していない。第2に、「民主的社会」においては、寛大さ及び寛容さは、少数者の公正かつ適切な扱いを保証しかつ支配的立場のいかなる乱用をも避ける、均衡というものがとられることを求めている。第3に、本条約上の権利へのいかなる制限も、追求される正統な目的に比例していなくてはならない。

(38)　1989年法は、それ自体、タクシー監視委員会は本法の実施を監督かつ指揮すると規定し申立人にフラミの会員である義務を課しているが、フラミの目的とか機能を明記する規定は置いていない。そうした事項について決定する権限は、排他的にフラミに任せられている。これはとりわけ、申立人にとり、彼がオーナーの1人である会社に敵対する組合により採られた措置を資金援助することに、フラミの資金が用いられることに耐えなくてはならないという状況を生み出している。

(39)　フラミは、1989年法により幾つかの機能を委ねられている。

しかし、同法10条は、タクシー監視委員会の設立を想定している。そして、この委員会の任務は、「公共賃貸用車輌に関し、組合の役割、ライセンスの授与そして取消しについての法律や規則の実施の監督及び監視、そして、タクシーステーションでのサービスの監督」である。

こうした状況では、当人権委員会は、何らかの有用性を有する監視・監督機関としてこれにフラミを加えることは、申立てられている干渉の必要性という点において決定的であると考えられるとは思わない。そしてまた、当委員会は、申立人がフラミの会員となるための要件を課すことを正当化し得る他の理由を、何ら告げられていない。とくに、たとえ現行法が、申立人のように反対しているタクシー営業者にフラミのような組合に加入することを強制しないとしても、フラミが会員の職業上の利益を守ることを妨げられるとは認定しない。

(40) このような状況下では、申立人がフラミの会員となることを受け入れなくてはならないという義務は、争われている利益間に適切な均衡を達成することを求めているという程度を超えるものとなるのであり、追求されている目的に比例していると見做されることはできないと認定する。それ故に、締約国の裁量の余地を考慮に入れても、問題となっている義務は、11条2項にいう「民主的社会において必要な」と考えられることはできない。

よって、本条約11条違反があったと結論する。

9-2　結社の自由(2)〔11条〕

【人権裁判所判決】

(41)　前述(26)の主張については、フラミが11条の守備範囲外にある公法上の結社と看做すには十分ではないとの、申立人及び人権委員会の主張に賛成する。確かにフラミは、適用され得る立法に規定された若干の程度においては、幾つかの機能を果し、かつその会員のみならず一般公衆のためにも貢献する（前述(11)、(12)参照）。しかしながら、関連規則の履行の監督の役割は、これに加えて、ライセンスを発行しかつ停止及び取消しを決定する権限を有した（前述(9)、(14)参照）もう1つの組織すなわち委員会に主に委ねられていた。フラミは、私法に基づいて設立され、その目的、組織そして手続を決めるに際し、完全なる自治権を享受していた。

　再度述べると、フラミの定款によると、その目的は、会員の職業上の利益を守り、職業タクシー運転手間の連帯を促進し、労働時間、賃金、運賃に関する要求の決定、交渉、提案などを行い、タクシーの台数の制限を維持しようと努め、当局に対し会員を代表することにある。それ故に、フラミは、優れて私法上の機関であり、従って11条の目的のための「結社」と考えられなくてはならない。

(42)　11条における労働組合を結成し加入する権利は、別個の権利というよりもむしろ結社の自由へのより広い権利の一側面であるから、フラミが11条のいう意味での労働組合と見做すことができるか否かについて判示する必要はない。

(43)　ヤング、ジェームズ及びウェヴスターの事件において、彼

㉑ シーグルヨンソン事件

等の会員である義務は、雇用者と組合間の協定を根拠とするものであった。しかるに本件申立人は、法律により義務を課せられたのである。1989年法5条と8条及び1989年規則8条により、申立人はライセンス取得条件を充たすためには、特定の結社——フラミ——の会員でなくてはならないのであり、また、この目的のために他の結社に加入することも結成することも不可能であった。その上、この条件を充たすことに失敗すると、ライセンスの取消しと罰金の支払い義務が必然的に伴うと規定されていた。私法上の結社に関するこうした性質の強制的会員制というものは、本条約締約諸国の大多数の法律には存在しない。反対に、ほとんどの国の国内制度は、何らかの方法で、結社に加入しない自由か果たまた脱退する自由という結社の自由の消極的側面を保証している。

この分野においては、国際レベルでもまた共通の根拠となる施策が出現している。人権委員会が述べているように、世界人権宣言20条2項に加え、1989年12月9日にE.C.加盟の11ヶ国により採択された労働者の基本的社会権に関する共同体憲章11条2項は、あらゆる雇用者も労働者も、いかなる個人的又は職業上の損害を被ることなく、職業上の組織または労働組合に加入する自由も加入しない自由も有していると規定する。その上、1991年9月24日、ヨーロッパ審議会の議員会議は、満場一致で、ヨーロッパ社会憲章5条にこの効果についての1節を挿入するべしとの勧告を採択した。

また、I.L.Oの統治機関の結社の自由委員会の運用によると、法律により課せられる組合の保全措置——特に組合員とな

9-2 結社の自由(2)〔11条〕

ることを強制することによる――は、87号条約(結社の自由及び団結の自由に関する)及び98号条約(団結及び団体交渉の権利の原則の適用に関する)と矛盾するであろう。

　この関係では、本条約は、今日の状況に照らして解釈されなくてはならない生きた文書である。従って、11条は、消極的な結社の自由を取り込むものとして解されなくてはならない。

(44)　現実には、1989年法が1989年7月1日に発効して初めて、会員であることが要件であることが明らとなった。申立人は、以来フラミの会員であることを強制され、さもなくばライセンスを失う危険を冒すこととなる。本件のような状況において、そうした形式の強制は、11条に保証されている権利のまさに本質を攻撃するものでありそれ自身その権利の干渉となる。

(45)　上記の点から、当人権裁判所は、申立てられている措置は11条1項に保証されている結社の自由への権利の干渉となるという点で、申立人及び人権委員会に賛成する。

　こうした干渉は、2項に定めた条件を充たさない限り11条違反を必然的に伴う。

(46)　では、こうした干渉は2項により正当化されるであろうか。

　本件申立ては、1989年法が発効した後に申立てられたのであり、異議が唱えられている会員となる義務は、「法律で定められ」ていてかつ正統な目的つまり人権委員会の認定によると「他の者の権利及び自由」の保護というもの、を追求していることに争いはない。

　他方、申立人及び人権委員会は、干渉が「民主的社会において必要」とする政府見解に対し論駁している。

(47)　政府は、独立した営業行為者としてのライセンス保有者の地位を念頭に置くと、フラミは、もしもその域内の全てのライセンス保有者が会員というわけでなかったならばそれが行う監督的機能を確保することはできないであろうから、会員であることは彼等とフラミの間の重要な関係を構成する。……こうしたことはフラミにより、より当を得た方法でかつ安価に行われてきたから、こうした機能を公的機関が引き受けることは適切ではなかろうと主張する。

(48)　しかし、まず第1に、非難されている会員たる義務は、法律により課せられているものであり、これの違反は申立人のライセンス取消しをもたらしかねない。それ故に、本条約締約国間には稀なかつ明らかに11条と矛盾すると考えざるを得ない強制という形式に、申立人は服したのであるということを、当裁判所は思い起こす。

　フラミは、その会員の職業上の利益のみならず公共の利益にも奉仕する役割をもつこと、及びここで問題となっている監督的権能の行使はこの組合の域内のライセンス保有者すべてが会員となることという義務により促進されてきているということに、疑いをはさみはしない。しかし、フラミの強制的会員ということが、こうした機能を果すために求められているということに納得しない。そもそも、第1に、関連規則の実施を監督する主な責任はタクシー監督委員会にある。また、第2に、会員であることは、関連の機能を果すために必要であろう義務や責任を実行するようライセンス保有者に強制する唯一の考えられる手段というわけではなかった。例えば、適用法規に規定され

9-2　結社の自由(2)〔11条〕

ているものの幾つかは、会員であることを必要とせずとも効果的に実行され得た。最後に、申立人の所信にもかかわらず彼に課せられた強制的会員制度というものが欠けていると、フラミの会員の職業上の利益の保護を妨げるであろう何らかの他の理由が存在するということは、認定されていない。

　よって、前述のような点を考えると、政府により例証された理由の数々は関連性を有すると考えることはできはするが、申立人のライセンスを失わせるという条件でかつ彼自身の所信に反しフラミの会員であることを強制するということが、「必要な」ということを示すに十分ではない。特に、アイスランド国の自由裁量の余地にもかかわらず、申立てられている措置は追求されている正統な目的と比例していない。

(49)　その結果として、11条違反が存在する（8対1）。

(50)　なお、9条及び10条の違反については、審理する必要がなく、また、13条の違反については、判決する必要がない（全員一致）。

【個別意見】

(51)　11条の条文は、いわゆる消極的結社の自由を保証したものと解されることはできない。その条文は、そうした保証について、明示の言及をしていない。

(52)　本件は、11条に明示的に保証されている典型的な結社の自由は、特に消極的結社の自由とは異なるということを示している。本条約に保証される自由は、元来政治的自由及び活動の根拠の1つであった。以来、この自由の保護の下に、労働組合及

び組合員の運命の改善を目的とした活動は発展してきた。

(53) 思うに、消極的結社の自由は、積極的結社の自由と比べ非常に独特でありかつ明白に区別できるから、本条の法的解釈にはその範囲に消極的結社の自由を含むことはできない。従って、何らの違反は認定されない。

9-3 結社の自由(3)〔11条〕

㉒ ヤング、ジェームズ及びウェヴスター事件
―― Young, James and Webster v. U.K.
(Application Nos. 7601/76, 7806/77) ――

Judgment of 13, August, 1981, A. 44.

【事　実】

(1) 申立人は、英国鉄道の従業員であった。1975年同鉄道の雇用者と3職業別労働組合との間にクローズド・ショップ協定が締結され、これら組合のどれかの会員となることが雇用条件とされた。しかし、申立人はこの条件を充たすことを拒否し、1976年そのために解雇された。申立人のうち、3人ともに個々人が組合会員については選択の自由を有すべきと考え、また2人は組合の政策及び活動に、1人は組合の政治的協力関係に、反対した。

(2) 申立人の解雇当時、労働組合及び労働関係法（1974）は、従業員が真にいかなる組合の会員になることも宗教上の信念から反対するのでない限り、クローズド・ショップの組合に加入することを拒否したための解雇は正当なものと見做されるべきだと規定していた。

9-3 結社の自由(3)〔11条〕

本件申立人の会員要件を履行しない理由がこのカテゴリーに該当しないので、不当な解雇に対する救済手段(補償、場合によっては再雇用又は再就任)は、彼等には供されなかった。

(3) ヤング及びジェームズ氏は1976年7月26日に、ウェヴスター氏は1977年2月19日に、各々人権委員会に申立てた。

【人権裁判所判決】

(4) 当裁判所での弁論のかなりが、11条は、労働組合を結成し及び加入する権利を含む結社の自由のみならず、積極的な意味での結社や組合に加入することを強制されないという「消極的権利」をも暗に保証しているのか否かに、集中していた。

(5) 当裁判所としては、個人の申立てに端を発する法廷手続において、一般的状況を見失うことなく、具体的事件により引き起こされた争点にできる限りその注意を限定しなくてはならない。従って、本件では、本条約との関連でクローズド・ショップ制といったものを見直すとか、この制度が生み出すであろう強制のあらゆる結果又は形態に関し意見を表明することは、求められていない。

(6) 本件では、クローズド・ショップ制を、本条約との関係で審理しなくてはならないわけではない。あくまでも、申立人に対するこの制度の影響を審理する。

(7) たとえ強制会員制度に反対の一般規則が本条約に含まれていなかったとしても、だからといって、特定の労働組合へ加入せよとの強制のすべてが11条と適合するわけではない。なぜならば、このことは本条項が保証しようとしている自由のまさ

㉒ ヤング、ジェームズ及びウェヴスター事件

に本質と衝突するであろうから。

　生活の糧を失うことを含む解雇の脅しは、最も深刻な強制の形の1つであるが、本件では、特定の組合に加入することに何らかの義務を導入する以前に雇用された従業員に対し、これは直接向けられた。こうした状況下では、こうした強制の形は、11条により保護される自由のまさに本質と衝突する。そして、この理由だけでこの自由への干渉が存在する。

(8)　当裁判所は、クローズド・ショップ制については審議しない。ここではもっぱら、本件における申立人の扱いは、「他の者の権利及び自由の保護のために、民主的社会において必要か」否かを考える。

　多くのクローズド・ショップ協定は、既存の非組合従業員に特定組合に加入することを要求していない。そして、組合員の大多数は、強固な理由から組合に加入することを拒絶している人たちが解雇されるべきだということに賛成してはいないことは、統計からも明らかである。そして、1975年には、英国鉄道従業員の95％以上が既に特定の組合のいずれかに属していたのだから、たとえ法律が、申立人のように反対している非組合従業員を特定組合に加入するよう強制することを許容できないものとしたとしても、鉄道組合が組合員の利益を守るために努力することを妨げられはしないと認定する。

(9)　申立人が被った損害は、含まれている相反する利害間の適切なバランスの達成の要求を超え、追求されている目的に比例していると見做され得ないから、11条違反が存在すると結論する（18対3）。

9-4 結社の自由(4)〔11条〕

㉓ レクヴェーニ事件
—— Rekvényi v. Hungary
(Application No. 25390/94) ——

Judgment of 21, April, 1999, 6 B.H.R.C. 554

【事　実】

(1) 申立人は、警察官独立労働組合の事務局長であった。

(2) 1993年12月24日、1949年の憲法条項を修正した憲法修正法（憲法40条B項(4)）が公布された。この憲法40条B項(4)は、軍隊、警察及び治安警察のメンバーが、いかなる政治的団体に加わることも、また、いかなる政治活動に従事することも、禁じている。

(3) 1994年3月9日、警察官独立労働組合は、憲法裁判所に対し、この修正法は、警察官の憲法上の権利を侵害しかつ一般的に認められた国際法の諸原則に反するし、また、議会において違憲の方法で採択されたとして、訴え出た。

(4) 1994年4月11日、憲法裁判所は、裁判所自身には憲法自体の条項を無効とする権限はないとして、この憲法上の訴えを却下した。

9-4　結社の自由(4)〔11条〕

(5)　1994年4月20日、人権委員会に申立てられた。

【申立人主張】

(10条違反について)

(6)　憲法40条B項(4)に含まれる政治活動に従事することの禁止は、本条約10条（または、14条と共にでの）に違反し表現の自由への権利に対する正当化されない干渉となる。

　本件の争点となっている禁止は、受け入れ難い一般的特徴を有するものであり、恣意的解釈になりがちである。政治活動に対する一般的な憲法による禁止は、政治的性質をもつ幾つかの活動を許している下位の立法と矛盾する。「政治活動」という概念は、ハンガリーの国内法には定義されていないから、ある活動がその禁止に該当するかどうかの予測は可能ではない。

(11条違反について)

(7)　憲法40条B項(4)に規定されている結社に加入することの禁止は、11条（又は、14条と共にでの）に保証されている結社の自由への権利を侵害している。

【政府主張】

(10条違反について)

(8)　申立人が、10条に含まれる保証に頼ることができる点は争わない。また、当該禁止が、10条における申立人の権利行使の干渉であることも否定しない。しかし、結果として生ずる干渉は、10条2項により正当化される。

(9) 当該干渉が「法律によって定められ」ていたか否かについて述べる。

　1994年警察法及び1995年規則は、本条約10条2項と適合するようなやり方で、警察官による政治活動の規制を十分詳しく定義し規定された法的枠組みを提供している。

(10) そもそも、ハンガリーの法システムにおいては、憲法の幾つかの条項は、それらの細かい内容を完全なものとしかつ説明を加える下位の立法と共に読むことによってのみ適切に解し得るというのが実際の運用である。

　なお、今日における立法技術は、しばしば上位法に用いられている一般概念の定義を下位法にまかせている——この立法の手法は、少なくとも大陸法システムにおいては稀ではなく、原則として人権委員会及び同裁判所によって不可とされたことはない——。

(11) いかなる場合でも、憲法裁判所は、憲法と他の立法間の潜在的矛盾を裁定する権能を有している。

(12) その上、1994警察法の採択以前及び以後に実施された立法そして1995年規則は、予見性の要件を満たしている。従って、問題となっている規則は、発効後はいつでも「法律によって定められた」ものである。

(13) 次に、「正統な目的」にあたるかである。

　問題となっている憲法条項は、警察を非政治化することを目的としていた。そしてこの時期ハンガリーは、全体主義体制から複数政党民主主義へと移行していた。支配政党への警察の過去の関与故に、この規制は、無秩序を防ぐのみならず国家の安

9-4 結社の自由(4) 〔11条〕

全及び公共の安全を守る目的に貢献する（なお、この点に関しては、申立人は何ら言及しなかった）。

(14) では、この規制は、「民主的社会において必要」であろうか。

　行政における一般的パージを行うことなく複数政党制へ平和裡に徐々に移行していくためには、特に警察を非政治化することそしてそのメンバーの政治活動を規制することが、必要であった。こうしたことにより、国民は、警察をもはや全体主義体制の支援者とは見做さずむしろ民主主義の守護者と見做すに違いない。

　（なお、この点に関し、申立人は何らの意見も述べなかった。）

（11条違反について）

(15) とにかく、結社の自由に対する当該規制が11条2項第1段により正当化されないとしても、最後の段が十分な正当化を提供する。

　また、警察を非政治化したいという望みは、恣意的であるという意味での「不法な」と見做されることはできない。この点に関しては、10条に関する議論を繰り返す。

【人権委員会意見】

(16) 10条違反が存在した（21対9）が、11条違反は存在しなかった（21対9）。10条と共にでの14条違反についての申立人の主張は、審理する必要はない（25対5）、また、11条と共にでの14条違反は存在しなかった（22対8）。

㉓ レクヴェーニ事件

【人権裁判所判決】

(10条違反について)

(17) 政治的性質の活動を行おうとすることは、政治的議論の自由が表現の自由の特別の一面をなす限りにおいて、10条の守備範囲となることは勿論である。実際、政治的議論の自由は、民主的社会のまさに中心的な概念である。

その上、10条による保証は、軍人や公務員にまで広げられる。そして、警察官に関して異なる結論となる理由を見い出さない。また、この点につき、出廷した両当事者も争っていない。

と同時に、申立人の政治活動に加わる権利を削ぐことにより、当該禁止が申立人の表現の自由の行使への干渉となることも、争われていない。また、当裁判所も、申立人の表現の自由への権利を干渉していたと認定する。

(18) そこで、そうした干渉は、「法律によって定められ」ていて、10条2項に規定される追求される正統な目的のいずれかに該当し、かつ、そうした目的を達成するために「民主的社会において必要」であることが示されなければ、10条違反を生じさせる。

(19) まず、当該干渉は、「法律によって定められた」ものであるかどうかについて述べる。

確立した当裁判所の判例法によると、「法律によって定められた」という表現から出てくる要件の1つは、予見可能性である。であるから、もしもある規範が、市民が己れの行為を十分

9-4　結社の自由(4)〔11条〕

規律することができるような正確さで規定されていなければ、それは「法律」とは見做され得ない。──もしも必要ならば、適切な助言によって──市民は、置かれた状況下で合理的である程度に所定の行動が必然的に伴うであろう結果を予見することができなくてはならない。もっとも、経験からそこまではできないということはわかっているから、それらの結果が絶対的な確実さで予見できる必要はないが。

確実性は非常に望ましいとはいえ、過度の硬直性をもたらすかもしれない。そして、法律は、状況の変化に歩調を合わせることができなければならない。従って、多くの法律は、必然的に多少は漠然としているし、また、解釈と適用は運用の問題であるといえる。

国内立法に求められている正確さのレベルは、──いずれにせよ、あらゆる不測の事件に備えることはできないが──対象とすることが意図されている分野及び名宛人とされている人の数及び状態によって、問題となる文書の実質的内容にかなりの程度頼るものである。

なお、憲法規定の一般的性格から、それらに要求される正確さのレベルは、他の立法へのそれより低いであろう。

(20)　「政治活動」という包括的表現を含む憲法40条B項(4)は、解釈を必要とするのであり、また、引用された様々な法律や規則に含まれる補足的な条項と共に読まれるべきである、との政府の主張を書き留めておく。何度も当裁判所の判例法に述べられているように、国内法を解釈し適用するのはまず第1に国内当局である。申立人により引用された反対の効果については何

㉓ レクヴェーニ事件

らの国内実例もないので、政府により主張された詳細な条項は、憲法の一般的表現と矛盾するものと判示することはできない。その上、問題の憲法修正の採択は、1990年規則の失効という結果にならなかった。従って、非難されている回りくどい文章が公布されたとき、それは有効であった。その結果、幾つかの種類の政治活動に関して警察官が参加することを許し──時として許可により──あるいは一部規制するという条項の枠組みが、当時存在していたと思われる。

(21) これらの条項の表現に関する限り、政治活動を巻き込むことを必然的に伴う行為を、絶対的な正確さで定義できないということは避けられない。従って、1990年規則が──1994年警察法及び1995年規則のように──平和的な集会への参加とか、報道機関に声明を出すとか、ラジオやテレビへ出演するとか、出版するとか、警察官の利益を代表し保護する労働組合や結社などに加入するといった、潜在的に政治的側面を持つ行為や活動を行うことに条件を規定することは、受け入れられると思われる。

(22) こうした状況下において、これらの条項は、申立人が己れの行為をそれに応じて規律することができるほどに十分明白であると、当裁判所は納得する。時として警察官は、ある所定の行為が、──1990年規則の背景に反し──憲法40条B項(4)と衝突するかどうかを確実に判断することは可能ではなかろうということは認めたとしても、上司からの事前の助言とか裁判所の判決という手段による法律の明確化を求めることは、行う余地がある。

9-4　結社の自由(4)〔11条〕

(23)　こうした点を考慮し、当裁判所は、当該干渉は、10条2項の目的にかなう「法律によって定められ」ているとの判断を下す。

(24)　次に、「正統な目的」にあたるかについて。

　本件において、警察官を含む幾つかのカテゴリーの公務員に課された政治活動を禁ずるという義務は、その役務を非政治化しそれによってハンガリーの複数政党制民主主義の強化と維持に貢献することが、意図されている。また、かなりの締約国が警察の幾つかの政治活動を規制しているのであって、ハンガリーだけがそうしているわけではない。

　警察官は、市民の行為を規則で取り締まるための強制力を付与されている。そして最終的には、警察は国家のために働いている。従って、国民には、警察との接触の際に、政治的争いから超然とした政治的に中立の警察官と対峙することを期待する権利が与えられている。

(25)　社会における警察官の重要な役割が、その政治的中立性が侵食されることにより妥協させられることはないということを確保したいという願望は、民主主義の諸原則と適合するものであると当裁判所は考える。

　警察の支配政党への直接の関与に大きく依存していた全体主義体制の経験の故に、この目的は、ハンガリーにおいては特別の歴史的重要性を負っている。

(26)　従って、問題となっている規制は、国の安全及び公共の安全の保護と無秩序の防止という10条2項の述べるところの正統な目的を追求した、との結論を下す。

㉓ レクヴェーニ事件

⑵⑺ では、「民主的に必要な」ものであったのであろうか。

社会における警察の役割を心に留めて、当裁判所は、政治的に中立な警察を持つことは、いかなる民主的社会においても正統な目的の1つであると認めている。とはいえ、幾つかの締約国では、その特別の歴史の故に、民主主義の強化と維持を保証するために、警察官の政治活動特に政治的議論を行う自由を国内当局が規制することでこの目的を達成するという、憲法上の安全策を有することが必要だと考えるかもしれない。

よってここで判断を下すべきは、本件において課された特定の規制は、「民主的社会において必要な」ものと見做し得るか否かである。

⑵⑻ 1949年から1989年の間、ハンガリーは一党支配の下にあった。その政党のメンバーであることは、多くの社会分野において、体制への個人の関与の表明の1つとして期待された。この期待は、軍隊と警察においては、公言されさえした。そこでは、勤務につくもののほとんどが党のメンバーであったことが、支配政党の政治的意志が直接に実施されるであろうということを保証した。これがまさに、警察の政治的中立性に関する規則が防ごうと意図している悪習である。

⑵⑼ この分野における国内当局に委ねられている裁量権について考えるに、特にこの歴史的背景から、政党政治の直接の影響から警察を守るためにハンガリーにおいて採られた関連措置は、民主的社会において「差し迫った必要」に答えるものと判断できる。

⑶⑼ 申立人の表現の自由についての規制の範囲については、一

9-4 結社の自由(4)〔11条〕

見したところでは憲法40条B項(4)の表現は争点は政治活動の絶対的禁止であると示唆しているかもしれないが、警察官には、実際には政治的意見とか好みを表現するための幾つかの行動をとる権利があることが、関連法の検討からわかる。特に、役務のために課せられた規制に時には従うとはいえ、警察官は、選挙予定について意見を述べ、候補者を売り込みまた推薦し、選挙運動の会合を準備し、国政議会選挙、地方選挙、市長選挙に投票しまたは立候補し、レフェレンダムに参加し、労働組合や結社等に加わり、平和的な集会に参加し、報道機関に声明を発表し、ラジオやテレビ番組に出たり政治についての著作を出版する権利を有している。

こうした状況においては、申立人の表現の自由の行使に対する規制としてここで非難されているものの範囲及び影響は、過度とは思えない。

(31) 前述の考慮に照らし、当裁判所は、追求される正統な目的の達成のために採られた手段は、不均衡なもの（比例していない）ではないとの結論に達した。

従って、申立人の表現の自由に対する非難されている干渉は、10条違反ではない。

（11条違反について）

(32) その自律的役割及び申立ての独特の範囲にもかかわらず、本件においては、11条は10条に照らして検討されなくてはならない。なんとならば、10条により確保されるべき「個人の意見の保護」は、集会及び結社の自由の1つであるから。

㉓ レクヴェーニ事件

㉝　11条の最後の段は——それは疑いもなく本件に適用される——、警察の構成員による結社の自由への権利の行使に対し、「合法的な制限」を課す権利を国家に与えている。

　この段における「合法的」という表現は、本条約が特に9条2項、10条2項及び11条2項に見い出される「法律によって定められた」という同じまたは似た表現を用いて他でも言及しているものと、まさに同じ合法性の概念にそれとなく言及していると考える。よって、10条との関係で前述（⑲参照）したように、本条約における合法性の概念には、国内法との一致を仮定することは別として、国内法の中に、予見可能性とか一般的に恣意性がないことといった質的要件を当然のこととして含んでいる。

㉞　申立人が、当該規制の国内法における根拠を批判している限りにおいて、特に疑問点をはっきりさせる必要があるならば、国内法を解釈し適用するのは第一に国内当局であるという点を繰り返しておく。

　本件では、憲法40条B項(4)に含まれている警察官が政党の会員になることを禁ずるということは実際明日であり、そして、4年程前に導入された下位法がこの禁止の範囲に影響を及ぼし得るということに疑いがあるようには見えない。こうした状況では、申立人が自己の行為を規律することができるに十分なほどその法的立場は明白であり、予見可能性の要件は従って充たされたと結論する。その上、申立人の結社の自由の行使に課せられた規制は恣意的であると判決する根拠は見い出せない。

9-4 結社の自由(4)〔11条〕

争われている規制は、必然的に、11条2項の言うところの「合法的な」ものであった。

(35) 最後に、問題となっている干渉が、11条2項の第2段により、2項の最初の段に列挙されている合法性以外の諸条件に服することからどこまで除外されるかという争点については、本件においては解決させる必要はない。

10条に関連して以前述べた理由（(24)、(25)、(27)、(28)、(29)参照）により、いかなる場合においても、申立人の結社の自由に対する干渉はそれらの条件を満たしたと、当裁判所は考える。

(36) 要するに、本件干渉は、11条2項により正当化されたと見做し得る。従って、本条約11条違反は存在しなかった。

(37) よって結論として、

① 全員一致で、10条違反は存在しなかったと、判決する。

② また、11条違反は存在しなかったと、判決する（16対1）。

③ 全員一致により、10条又は11条と共にでの14条違反は存在しなかったと、判決する。

10-1 非差別(1) 〔14条〕

> ㉔ **ベルギー警察全国労働組合事件**
> —— **National Union of Belgian Police v. Belgium**
> (Application No. 4464/70) ——
>
> Partial Decision of the Commission on 28, May, 1971.
> Final Decision of the Commission on 8, Feb. 1972.
> Yearbook, Vol. 15 (1972) 288
> Judgment of 12, April, 1975. A. 19.

【事　実】

(1) 申立人である労働組合は、ブラッセルに本部を置いている。これは、1921年6月27日法にいう非営利団体の形式をとっている。この種の団体は、民事上の行為能力を有する。

(2) 申立人である組合は、階級に関係なく地方（県）の警察官も含む市警察の全員に、門戸が開かれている。但し、検察当局に所属する刑事警察と憲兵隊という2つの国家警察の各々のメンバーは、現時点ではこの組合には属していない。

　なお、この組合は警視及び副警視も含み、1974年末において市警察に勤務している12,000人程の警察官の約半数を代表している。

10-1 非差別(1)〔14条〕

(3) そのメンバーが市の公務員として分類される市警察は、刑事警察としてとの機能と同様に、行政的及び犯罪抑制的性格の機能を任せられている。行政的及び犯罪抑制的義務の行使においては、市警察は直接に市当局に従属し、市長の命令系統の下に置かれる。他方、刑事警察としての機能を果すについては、国家当局にのみ、とりわけ司法当局に従属する。

(4) 2つの国家警察は、市警察とははっきりと異なる。憲兵は、それ自体行政警察の義務（治安の維持）と刑事警察としての義務の双方を付与されているが、それらに加えて、一定の状況下においては軍事義務を遂行することができ、かつ軍の指揮系統に置かれる。それに対し、検察当局に所属する刑事警察は、もっぱら犯罪捜査を行う警察としての任務を持つ。

(5) 市警察官は、1974年現在で、市職員（約89,000人）の13％程になり、全ての市職員及び県職員の10％以下となる。なお、憲兵と刑事警察は、1970年6月現在で、各々13,392人と827人を数えた。

(6) 当該組合定款によると、申立人組合の「目的は、特に労働組合活動による、ベルギーの警察官の権利及び職業上の利害に関するあらゆる事柄の、研究、保護、発展、改善及び増進に、直接あるいは間接に関連するあらゆる行為」である。

(7) 結社の自由は、ベルギーにおいては、憲法20条により認められかつ1921年5月24日法によりあらゆる分野に保証されている。その上、ベルギーは、結社の自由及び団結権の保護に関するILO87号条約（1951年7月13日法により国内法化）及び団結権及び団体交渉権についての原則の適用に関するILO

㉔ ベルギー警察全国労働組合事件

98号条約（1953年11月20日法により国内法化）の締約国である。これらの様々な条項は、特に、自由に労働組合を結成する権利、労働組合に加入または加入しない権利、労働組合のメンバーが自由に組合代表を選出する権利及び労働組合が自由に執行部を組織する権利を、保証している。

　従って、ベルギー法においては、労働組合にとり、設立し、組織し、勧誘し、宣伝するという事は自由であるというのがルールであるが、使用者として行動する公的機関と労働組合が協議することもまったく同じというわけではない。絶えず増加している相手方と交渉しなくてはならないということを避けるために、公的機関は、現実には、労働組合の代表という考えに基礎を置いた交渉相手選抜のための決まった一定の基準を有している。

　なお、この原則は、民間における使用者と使用人間の関係を処理する幾つかの法律にも、導入されている。

(8)　なお、検察当局に所属する刑事警察については、政府は、この警察に属する者に限定された各組織に対して、協議の恩典を確保している（1956年2月21日勅令）。政府は、現実には、これらの組織は3つの大きなベルギー労働組合連合に加盟していると述べている。

　憲兵に関しては、1975年1月14日法16条2項は、憲兵隊メンバーは憲兵だけで構成された職業別組合にのみ加入できる、と規定する。そして、憲兵の全国職員組合は、その構成員を代表する唯一の組織として認められている。

(9)　労働組合と市及び県当局の関係に対し適用される一般的規

10-1　非差別(1)〔14条〕

則は、存在しない。市当局はもしそうしたいならば、労働組合協議機関を設立することは自由である。さもなくば、組織化された協議というものは存在しない。とはいえどこであれ労働組合は、代表について何らの条件を附すことなく、メンバーのために要求を行いあるいは代表することができる。

　それに対し、監督当局である内務省と市及び県職員の間の関係については、立場は非常に異なる。このレベルにおいては、労働組合協議機関が、1961年7月27日法により導入された。

(10)　1961年7月27日法

　本法は、県及び市機関に特に関連する立法上の既得権を侵すことなく、県及び市職員の職員構成、採用及び昇進基準、年金及び給料等級に影響を与える変更を導入する。

　同法9条には、以下のように書いてある。

　コミューン法84条及び1961年2月14日法71条1項同72条に基づいて国王により作成された一般的取決めは、……県及び市職員を最も良く代表する組織の代表と協議した後、布告される。……そうした協議の様式は、国王により決定される。……

　なお、同法2条は、ベルギーにおける3大政治労働組合連合に属する代表のみが、その協議機関のメンバーの資格があると、明記している。

(11)　前述9条に規定する協議の様式は、1961年10月23日勅令により決定された。この勅令により、前述9条に示されている目的に関するあらゆる提案に関し、意見を述べる責任のある労働組合勧告委員会が、内務省に所属するものとして設立され

た。
(12) 協議は、2点において重要である。

第1に、政府は、代表する組織の意見を求める義務がある。第2に、代表する組織が何らかの決定がなされる前に自分たちの意見を明らかにすることができるよう、政府は協議の過程においてその提案を代表する組織に知らせる。

なお、協議機関は、あらゆる規則制定文書——法律、勅令、省令又は通達——の準備のために設けられる。

(13) もしもある組織が代表として認められないならば、その組織は、協議手続からは除外される。もっとも、監督機関へ訴えを起こし、そこで審議されるよう求め、そこに事件を付託し、メンバーのために代表して行動するであろうが。

(14) 代表として認められた労働組合による協議の様式は、1961年10月23日勅令により初め決められた。この勅令は、同2条に挙げられた4大労働組合連合（後の統合により3つになった）の代表者のみが労働組合委員となる、内務省に所属する労働組合協議委員会を設立した。

なお、政府によると、これらの組合は、約1,500名の警察官をメンバーとしている。

そこで申立人組合は、コンセイユ・デタに対し、この勅令の取消し宣言を求めて出訴した。しかし、1964年10月15日のコンセイユ・デタでの審理の日に、争われている条項を取消す1964年10月12日勅令が官報により公布され、事件はコンセイユ・デタの事件簿からはずされた。

(15) 1966年8月2日勅令「県及び市職員を最も代表する組織と

10-1 非差別(1)〔14条〕

協議する方法を創設する勅令」が公布され、問題の労働組合の協議機関が再編成された。

　同勅令によると、取消された勅令と同じ表現で協議のための勧告委員会は設立された。しかしながらその委員資格は、数及び代表選出方法の両方において、根本的に異なった。委員はもはや特定の労働組合により指名されるのではなく、「県及び市職員を最も代表する組織」により指名される。

　ここにいう「最も代表する」組織とは、「県及び市のすべての職員に門戸を開き、かつ、そうした職員の職業上の利益を守る組織が、職員を最も代表する組織であると見做される」（同勅令2条2項）。

⒃　1966年9月22日、申立人組合は、内務大臣に対し、上記勅令の実施において、県及び市の職員を最も代表する組織の1つとして、自分たちを考慮するよう要求した。

　これに対し、1967年2月14日の手紙で、内務大臣は、以下のように返答した。「貴殿の提出された資料からは、貴殿組合は、必要とされる条件、すなわち県及び市のすべての職員に門戸を開いていなくてはならないこと、かつそうした職員の職業上の利益を守らなくてはならないこと、を満たしているようには思えない。」

⒄　上記内務大臣からの回答に先だつ1966年10月25日、申立人組合は、コンセイユ・デタに対し、1961年7月27日法9条に矛盾するとして、1966年8月2日勅令の取消宣言を求めた申立てを行った。

　それによると、申立人は、当該勅令は、上記法律に規定され

㉔ ベルギー警察全国労働組合事件

ていない差別的様式をその法律に付け加えるものであり、権限踰越の行為でありかつ権限の乱用であるから無効であると考えた。

(18) この申立てに対する返答として、内務大臣は以下のように申立てた。
 (a) 1961年7月27日法9条1項は、明白に、県及び市職員を最も代表する組織の代表と協議する、と規定している。
 (b) コンセイユ・デタ立法部は、当該勅令に先だって出した意見 No. L. 9438/2 において、「あらゆるカテゴリーの職員メンバー」を含む組織を、最も代表する組織として考えることへの反対は存在しない、という見解を表わしている。
  これより、コンセイユ・デタ立法部の意見では、「最も代表する」組織の定義を、同法に従いすべての職員に門戸を開く組織と考えていることから、申立ては根拠不充分であると内務大臣は演繹した。

(19) そこで申立人組合は、以下のような主張を行った。
 「労働組合」という表現は、特定の規則に従い職員のすべてまたは一部の職業上の利害を守る組織、という最も広い意味に解されるべきである。申立人組合を、1961年7月27日法9条1項に規定される協議に加わることを禁ずることは、問題の勅令が同法に反するのみならず、結社の自由及び労働組合の自由を保証しているベルギー法に違反するから不法である。

(20) 1969年11月6日判決 (No. 13.773) において、コンセイユ・デタは以下のように述べ、申立てを却下した。
  公務員を代表する組織との政府による協議は、問題となって

10-1 非差別(1) 〔14条〕

いる組織があらゆるカテゴリーの職員を網羅する場合のみ有用であり得る……。争われている勅令は、制定法の意図に反しない。

　コンセイユ・デタは、労働組合の自由への違反に関する議論については、争われている条項は、警察官に特定の労働組合に加入せよとかあるいはいかなる組合にも加入するなとは強制しないから、この自由は尊重されていると回答した。その上、公益事業における組織に関する限り、国王は、職員を全体として最も代表する組織との協議に限定し得るのであり、また、この手続は何度も制定法上確認されていると指摘した。

(21)　なお、後に出された1969年8月20日勅令は、1966年8月2日勅令に規定された勧告委員会を廃止したが、同勅令2条2項に規定される最も代表する組織による協議は残した。

(22)　1970年3月5日、申立人組合は、ヨーロッパ人権委員会へ申立てを行った。

【申立人主張】

（部分的決定が出された審理において）

(23)　申立人の訴えは、以下のように要約される。
- ベルギー当局は、申立人組合の発展を妨げることにより、ヨーロッパ人権条約17条とともに、11条及び14条に違反している。
- 労働組合を結成する権利には、組合活動を行う権利及びその活動を拡張する権利を必然的に伴う。
- もしも何らかの差別的措置によって、国家がある労働組合か

ら他の組合には与えられている権利を奪うならば――本件では、協議という様式からある組合を除外することにより――、それは人々に他組合に加入することを奨励し、それにより差別された組合の犠牲の上に他組合の発展を促進する。
・本件では、1961年7月27日法9条に規定されている権利すなわち問題となっている分野において最も代表する組織の代表者との協議は、労働組合にとり非常に重要なものである。
・組織は代表されるべきだという、協議についての法律に規定されている条件に関する限りは、ヨーロッパ人権条約違反は存在しない。
・他方、もし前述の法9条が、県及び市のすべての職員に門戸を開いている最も代表される組織を要求するものと解すべきだとすれば、そしてそう解されることが望ましいとすれば、それは労働組合としての申立人組合に不満を抱かせかつ協議に加わる権利のある労働組合に加入する傾向を助長するであろうから、差別的行為である。

(24) よって、ベルギー政府に対して、申立人による申立ては十分根拠があると認め、ヨーロッパ人権条約に対する前記違反を止めるための行為を至急採り、申立人に対し、市職員を最も代表する組織の1つとして労働組合協議に加わることを許すよう、人権委員会が命令することを求める。

(最終的決定が出された審議において)

(25) 1966年8月2日勅令は、労働組合の自由の行使を妨げ、かつ政治的意見を基にした差別となる。

10-1　非差別(1)〔14条〕

申立人組合は、市警察官の大部分を含み、定期的に政府から相談を受けてきた。しかるに、1961年7月27日法9条を履行しての同年10月23日勅令及び同法を施行する1966年8月2日勅令の公布後は、勧告委員会は異なった構成となっている。同委員会メンバーは、指定された労働組合により選ばれるのではなく、「県及び市職員を最も代表する組織」により選出される。なお、「最も代表する」組織の一員であるという基準は、1966年の勅令2条2項に述べられている。

ここに政府が、それによって協議の恩典を政治的職業労働組合にのみ与え非政治組織を排除することを望んでいることは、明白である。

(26)　主な政治的労働組合に協議の便宜を制限することにより、政府は2点においてヨーロッパ人権条約11条を侵害している。

まず、申立人組合の自由な発展を妨げ、かつ人々に政治的組合に加入するよう奨励している。なぜならば、政府から相談を受けない労働組合は、他の組合と同じように活動することはできないから。

次に、政治的またはその他の意見によるいかなる差別も禁じている14条にもまた違反しているのであり、結果として、11条及び14条違反は本件において分離することはできない。

(27)　1966年勅令は、1961年7月27日法に規定されていない差別的要素を含んだ代表の基準を、規定している。政府が、申立人組合が協議にこれ以上加わることを否定する意図を有し、そしてこのやり方により申立人組合のメンバーに政治的労働組合の1つに加入するよう圧力を用いていることは、明白である。

㉔ ベルギー警察全国労働組合事件

　勿論、すべての労働組合とは協議しないという単なる事実が、それ自体労働組合の自由の侵害ではない。
　ここで申立人としては、使用者及び労働者の組織の自由に関するILO委員会により審理された事件を付記する。そこでは、当該委員会は、労働組合の権利が侵害され得るためには以下の2条件が存在していなくてはならないとした。第1に、平等代表委員会（equi-representative Committee）からある労働組合を排除するための理由は、客観的に認定されるものであるが、代表が欠けたという状況でいる場合である。第2には、この不参加は別にしても、その組合の他の権利や政治的活動は、現実に、ILO 87号条約10条のいうところの組合員の利益を促進しかつ守ることを可能とするような、そうしたものでなくてはならない。
　しかるに、これらの条件は本件ではどちらも存在していない。ここでの問題は、平等委員会のメンバー資格の問題ではなく、単に労働組合勧告委員会のメンバー資格の問題である。

(28)　代表の基準は、本件では客観的に評価されはしなかった。組合員の数は重要ではあるが、唯一の判断基準ではない。
　そもそも本件では、規定されている基準には組合員の数は考慮に入れられていない。考慮するのは、その組合が県及び市職員のすべての職種に門戸を開いているかどうかということが全てである。ベルギーで勧告委員会のメンバーとして適当であると承認されている組合の中には、警察官を少しだけ含むものが2つあるが、他方申立人組合は、警察官の大多数をそのメンバーとしている。政府は、県及び市職員のためのシステムとは実

431

10-1 非差別(1)〔14条〕

質的に異なる代表システムを、導入している。

(29) 警察官は、他の公務員とまったく同じ地位に置かれることはできない。政府が、国家当局の支配下にある2つの他の警察、すなわち検察当局に所属させられる刑事警察（1956年2月21日勅令）及び憲兵（1975年1月14日法）については、特別な職業として考慮していることを指摘する。

(30) 従って、ヨーロッパ人権条約11条、14条及び17条違反が存在した。よって、当申立てが受理されることを求める。

【政府主張】

（部分的決定が出された審理において）

(31) 申立人組合は、国内裁判所において、訴えている個別の行為を争っていない。すなわち、同組合を最も代表する組織の1つと認めないとする内務大臣の決定を、そしてその結果として同組合は26条にいう意味での救済措置を尽していない。

(32) 申立人組合は、コンセイユ・デタに対する申立てにおいて、勅令はヨーロッパ人権条約条項に関し無効であると宣言することを求めることに根拠をおいていなかった。

（最終的決定が出された審理において）

(33) 第1に、申立人組合は自由に設立されたのであり、いかなる者もその会合を禁ずるとかその組合に誰かが加入することを妨げるという意図は、有していない。第2に、1961年7月27日法に基づく1966年8月2日勅令に規定されている代表の基準は、客観的なものである。よって、申立ては明白に根拠不十

分である。

(34) 1966年8月2日勅令は、県及び市職員を最も代表する組織との協議の方法を規定している。この勅令は、1969年8月20日勅令により修正されたが、この修正は本件にまったく影響しない。

最も代表する労働組合の1つとして考えられかつ協議に加わるためには、労働組合は、県及び市のすべての職員に門戸を開きかつ彼等の職業上の利害を守らなくてはならない（1966年8月2日勅令2条）。

(35) ベルギーの立法は、労働組合の自由という原則を認めている（例えば、憲法20条及び結社の自由を保護する1921年5月24日法1条参照）。その上、1951年7月13日法は、結社の自由と労働組合を組織する権利の保護に関する国際条約を承認した。

労働組合法は、幾つかの変化を経験してきている。上記の立法は、いずれも労働組合の自由についてのみ関係しているのに対し、後に制定されたベルギー法の幾つかは、労働組合と政府間の協力について規定し、また、労働組合に勧告的機能を与えている。なおこの関係では、他の国々同様、ベルギーは、勧告的機能を与えるに際し、あらゆる労働組合に対し代表の基準を適用する。

ここで、代表の基準は問題となっているテーマにより変わるから、ベルギーの立法において労働組合に適用される代表の基準の、実際の例を幾つか提出する。例えば、国家公務員の場合、1955年6月20日勅令は、政府や省庁による労働組合の承認を規定する。そして、省庁による承認は、省庁の1部あるい

10-1 非差別(1)〔14条〕

はすべての職員の職業上の利害を守りかつ省庁に組合の定款のコピーと組合員のリストを送る組合に、与えられる。

(36) ベルギーにおける労働組合の自由は、設立の自由、組合員になる自由、そして宣伝の自由を含む。

しかしながら、労働組合が公共部門に足場を確保し勧告機能を得た時には、次のようなルールに従うようになる。第1に、組合は、その主な活動すなわち当局と交渉し懲戒問題において組合員を守る等を行うことを可能にする、既に述べた承認という手続きが存在する。なお、いかなる労働組合も、そうした承認を得れるであろう。第2に、もしも労働組合が交渉や協議に参加したいと望むならば、充たされなければならない代表の条件が存在する。

(37) 下位の公的機関（県及び市）の場合には、協議は、1961年7月27日法9条により規定される。

最も代表する労働組合は、以下の事柄について相談を受けなくてはならない。

　　——職員の定員、職員の採用及び昇進の条件
　　——給料、家族手当て、休暇等
　　——市の役務による様々な仕事に関する給料水準

こうした協議の詳細は、1966年8月2日勅令により運営される。また、幾つかの勅令が、1961年法に従って公布された。なお、これら勅令はすべて、県及び市両方の職員に関係しているのであって、例えば警察官のみに関係しているわけではない。

(38) 申立人組合のみが市警察官を代表しているわけではなく、

警察官は他の組合にも属している。また、警察官は、県及び市職員の10％に満たないのであって、県及び市職員の少数派である。

　申立人組合は、国による憲兵隊及び刑事警察のメンバーに対する扱いが市警察のメンバーに対するものと異なると、その矛盾を訴える。しかし、この矛盾は外見だけのものである。憲兵は、1957年12月2日法の対象である。そしてまた、刑事警察は特別の責任を持っているのに対し、市警察は行政警察である。

(39)　憲兵隊のメンバーが一般労働組合に加入することを禁じている規則は、ヨーロッパ人権条約11条の範囲を越えないとする人権委員会の見解（Application No. 2977/66, Decision of 22, May, 1969）を引用する。本件で問題となっている制限は、それほど規制するものではない。市警察のメンバーが、他の労働組合に加入することを妨げるという問題は存在しない。

　ヨーロッパ人権条約11条2項には、労働組合の代表に条件を設けることに反対するものは、何も含まれていない。従って、申立人組合のメンバーである公務員による労働組合の権利の行使に、正統な規制を設けることは可能である。

(40)　労働組合は、県及び市職員に対し門戸を開いていなくてはならないという条件は、恣意的なものではない。これは、労働組合の価値観を実現させる効果的な運営を確実にすることを、意図している。規則は、差別的ではない。それは、客観的かつ一般的である。何にせよ、申立人組合は、その定款を修正することでこの条件を充たすことができる。

10-1　非　差　別(1)〔14条〕

【人権委員会意見】

（部分的決定）

(41)　当該申立ては、申立人組合を最も代表する組織の1つとして協議の委員会に含めることを拒否する内務大臣に代表されるベルギー国の決定に対し向けられている、というのは事実ではある。しかしこの決定は、1966年8月2日勅令を根拠としたのであり、また大臣は裁量の余地が残されていない勅令の文言の下では代替案を有さなかった。

　申立人組合は、1966年10月25日に、コンセイユ・デタへの申立てで勅令の合法性を争い、勅令が無効であるとの宣言を求めた。しかしこの申立ては、1966年11月6日に与えられた判決により、言い換えれば1967年2月14日の大臣の決定を知らされる前に、却下された。従って、この大臣の決定に対するコンセイユ・デタへの更なる申立ては、コンセイユ・デタは何にせよ1966年8月2日勅令の合法性に対する決定に従わなくてはならないであろうと申立人は推測し得るから、余分であった。

(42)　従って、たとえ26条にいう救済措置の1つとして考えられるとしても、被告政府により主張される救済措置は、申立人組合を満足さすことはできない（なお、前述(31)参照）。従って、結果的に、申立人組合が尽さなくてはならない措置ではないと結論できる。

　この点に関する被告政府による反論は、従って却下されるべきである。

㉔ ベルギー警察全国労働組合事件

⑷3 ヨーロッパ人権条約26条の目的のためには、下級裁判所に対する当委員会へのいかなる訴えも、少なくとも実質的にはあらかじめ権限ある上級裁判所に係属されたものでなくてはならないと何度も述べてきている。国内的救済措置を尽すというルールは、一般的に認められている国際法における見解によると、もしも国内立法により与えられるすべての司法手段が、被告国に対し国際レベルでなされる訴えに合致する効果的かつ十分な方法を規定することにより合理的な見込みを提供するならば、それは用いられなくてはならないということを原則として要求している。従って、26条のいうところの申立人に利用できる国内的救済措置を尽すだけでは十分ではないのであり、申立人はまた、侵害されたと訴えている権利について上級司法当局に訴えなくてはならない。

⑷4 指摘されている事件において、申立人組合は、コンセイユ・デタに事件を申立てるとき、1966年8月2日勅令により作られた結社の権利の自由な行使に対する障害と、大きな政治結社と単一部門に組合員が限定されている職業別組織間における勅令による差別について、幾度となく注意を喚起した。また、政府の行為は権限踰越であると主張し、既述の勅令の合法性を攻撃した。

⑷5 従って、当委員会は、以下のように結論する。

コンセイユ・デタへの申立てにおいて、申立人組合は、実質的には11条、14条、17条を根拠として申立てを行ったから、国内的救済措置を尽すという点に関しては26条を充たしている。従って、被告政府による、国内的救済措置を尽すことに失

437

10-1 非差別(1)〔14条〕

敗したという根拠による不受理の訴えは、この点に関しては許されるべきではない。

よって、被告政府の、26条を根拠とした申立て不受理の異議は、却下する。

【最終的決定】

(46) ・「立法者」として行動しようと、あるいは「使用者」として行動しようと、国家は、11条1項の義務を負う(全員一致)。
・協議する権利そしてより一般的には団体での交渉の自由は、11条1項に該当する労働組合の重要かつ本質的でさえある要素である(8対5)。
・ベルギーの労働組合の協議に関し争点となっている規則は、11条1項違反とはならない(全員一致)。
・異なるカテゴリーの組合間における、ベルギーの立法により導入された異なる取扱いは、事件の事情により正当化されかつ14条と11条をひとまとめにしたものと矛盾しない(全員一致)。

(47) 申立人組合により提起された問題、特に労働組合に適用する限りにおいての結社の自由の概念の解釈に関連する問題は、事件について本案審理を求めるに十分な複雑かつ重要なものである。

結果として、本件申立ては、ヨーロッパ人権条約27条2項のいうところの明白に根拠不十分とは考えられ得ない。

よって、申立ては受理する。

㉔ ベルギー警察全国労働組合事件

【人権裁判所判決】

（11条違反について）

⒅ 人権委員会の多数意見は、相談される権利を含む労働組合活動というものの本質的な構成要素は、11条1項に該当するという。

　当裁判所は、11条1項は、結社の自由の1つの形態あるいは特別の側面として労働組合の自由を提示しているとはいえ、この条項は、政府により相談される権利といったような政府による労働組合のあるいはそのメンバーのいかなる特別な扱いも保証しないと考える。この権利は、11条1項に言及されていないのみならず、全締約国が一般に国内法あるいは実務運用に組み入れるとも、また、労働組合の自由の効果的な享受に欠くことができないとも言うことはできない。従って、ヨーロッパ人権条約6条に具体化される「裁判所の権利」（The Golder Case, Judgment of 21, Feburary, 1975. A. 18, p. 18 参照）とは区別され、ヨーロッパ人権条約により保証された権利に必ずしも固有の要素ではない。

⒆ 加えて、労働組合の問題は、ヨーロッパ審議会の枠組みの中で作られたもう1つの条約、つまり1961年10月18日のヨーロッパ社会憲章に詳細に扱われている。同憲章6条1項は、締約国に、「労働者と使用者間の共同協議を促進すること」を義務づける。そして、ここに用いられている表現を注意深く読むと、憲章は協議の真の権利を規定してはいないことがわかる。また、同20条は、批准する国に、6条1項の保証を引き

10-1　非差別⑴〔14条〕

受けないことを許す。従って、そうした権利は、ヨーロッパ人権条約11条1項より黙示的に引き出されると仮定することはできないし、また、そうであるとしたら付随的に、1961年の憲章は、この分野において後戻りしたと認めることになるであろう。

⑸⓪ とはいえ、労働組合のメンバーは、その利益を守るために労働組合は耳を傾けられるべきであるという政府（あるいは使用者）への権利を有しているといえる。疑いもなく11条1項は、各締約国に対し、この目的に向かって用いられる手段について、自由な選択権を残している。協議はこれらの手段の中の1つであり、他にも手段はある。

　当条約が要求していることは、国内法において、労働組合が11条と矛盾しない条件で、メンバーの利益の保護のために努力することができるとされるべきだということである。

⑸① 申立人の組合が政府に対し様々な行動、例えば、組合員の利益を守るために訴えをおこしたり代表したりするというようなものを採ることができるという事実は、誰も争わない。また、申立人組合は、組合が採る手段が政府により無視されるとは、何ら主張していない。こうした事情においては、内務大臣が1961年7月27日法に基づいて申立人に相談しないという事実のみでは、それ自体が11条1項違反とはならない。

⑸② 従って、11条1項違反は存在しないと認定するので、11条2項について考慮しない。

（11条に関連しての14条違反について）

㉔ ベルギー警察全国労働組合事件

⑸ 当裁判所は、11条1項違反は認定しないが、申立人より訴えられている取扱いの違いは、11条と14条をひとまとめにして考えたものに違反するかどうかを確かめなくてはならない。

⑸ 14条は独立の存在ではないが、当条約及び議定書の他の規範的条項にとり補完的なものである。14条は、そうした条項に定義されている権利や自由の享受に際してのあらゆる差別から、類似の状況に置かれた個人または個人の集団を保護する。従って、本来問題となっている権利又は自由を記している条項の要件と適合する措置も、14条と共に解釈するとき差別的性質のものであるとの理由でこの条項を侵害するかもしれない。つまり、あたかも14条は、どんな性質の条項であれ権利や自由を規定する条項の各々の不可欠な部分となっているかのようである（The Belgian Linguistic Case, Judgment of 23, July, 1968. A. 6, pp. 33-34 参照）。

こうした考慮は、特に、条項に具体化された権利及び国家のそれに対応する義務が明確に定義されず、かつ、その結果国家が権利の行使を可能かつ効果的にするための手段について広い選択権を有するところに、適用される。そして、当裁判所が既に ⑸⓪ に述べているように、11条1項は、この種の権利を宣言している。

⑸ 当裁判所は既に、申立人は幾つかの他組合と比べると不利であると認定している。そして不利となる係争物すなわち協議は、疑いもなく原則として11条1項より締約国の裁量に任されるのである。しかしそれは上記において ⑸⓪ 当裁判所が解

441

10-1 非差別(1) 〔14条〕

釈したように、すなわち組合がその組合員の利益を守るために意見を聞いてもらうという権利は、この条項により保証される権利の行使の1様式である。実際に、ベルギーは、国家公務員と同様県及び市職員との関係においても、協議のシステムを設けている。国家は、労働組合による組合員の職業上の利益を守るための集団行為による行動や発展を可能とする手段の1つとして、協議を選ぶのである。従って、14条は、この文脈では関連性がある。

(56) しかしながら、あらゆる差異が差別になるわけではない。前述の Belgian Linguistic 事件において（A. 6, p. 34 参照）、人権裁判所は以下のように述べた。

「14条は、認められた権利や自由の行使における取扱いの、あらゆる差異を禁じているわけではない。」「取扱いにおける所与の差異が14条に違反するか否かについて為されるべき決定を可能とする基準」を確認することに注意を払い、「もし差異が客観的かつ合理的な正当化事由を有していないならば、取扱い平等の原則は破られるし、また、そうした正当化の実体は、通常民主的社会において有力な諸原則を斟酌して、考慮中の措置の目的及び結果に関連して評価されなくてはならない。」そして、「条約に規定されている権利の行使における取扱いの差異は、正統な目的を追求するものでなくてはいけないだけではない。採られた手段と実現すべく追求される目的の間に合理的な比例関係が存在しないことが明確に認証されるとき、14条はまた侵害される。」

(57) 争点となっている取扱いの差異がこの種の差別的性格をも

㉔ ベルギー警察全国労働組合事件

っているかどうかを調べることは、当裁判所の義務である。とはいえ、そうすることで当裁判所は、「条約により規律される事柄について、適切であると考える措置を選ぶ自由を残している権限ある国内当局の役割を引き受けることはできない。当裁判所による審理は、当条約の要求するところとこれらの措置の適合性のみに関係する。」(前述 A.6, p.35 参照)。

(58) 申立人組合は、県及び市職員の全てに門戸を開いている3組合のように、市警察の利害に関する提案につき職員のすべての職種に関係するか特に警察に関係するかにこだわることなく内務大臣から相談される組織ではない、と訴えている。

上記において当裁判所が指摘したように、1966年8月2日勅令は、この点に関して、申立人組合のような「職種を基礎とした」組織の権利を害するような不平等な取扱いを引き起こしている。

政府は、「労働組合の無秩序状態を避けることを望みかつ県及び市職員全員の職業上の利害に十分な考慮を払い、筋が通っていてかつバランスのとれた職員に対する政策を保証すること」を主張した。

これは本来正統な目的の1つであり、政府は、上記勅令2条2項の基礎となる他の悪意ある下心を持っていたと考える理由は、当裁判所にはない。特に、3大労働組合がすべて政治的に傾いていることを理由に、これら労働組合に対し、この事柄に排他的な特権を与える意図が当局にあったことを示すものは存在しない。その上、もしも政治的偏向なしに、すべての県及び市職員に門戸を開きかつ彼等の職業上の利害を守る労働組合が

443

10-1　非差別(1)〔14条〕

存在するかあるいは存在しようとしたならば、争点となっている条項は、内務大臣に対し、その組織ともまた協議することを強要するであろう。

(59)　申立人組合が、「政府自身が、刑事警察の労働組合活動を分離し続け、かつ憲兵のみを代表する組織として1つの職種を基礎とした政治的組合を認めているときに、市警察に関係する事柄について労働組合組織の分裂を避けることが一般的利益であると政府が主張することは、いかにして可能か」理解することは難しい、と述べているのは正しい。

　しかしながら、当裁判所の意見では、11条及び14条は、県及び市職員に、そして特に市警察のために、検察当局に所属する刑事警察及び憲兵隊メンバーを含む国家公務員のために活動中の協議システムに類似したシステムを設立するよう、ベルギー政府に義務を負わせてはいない。

(60)　次に、申立人組合のメンバーが、1961年7月27日法に基づき相談されている労働組合のメンバーと比べ不利な状態に置かれていることが、原則としてのみならず(58)、(59)目的においてもまた正当化されるかどうかを、考えることが残っている。

　協議が全ての県及び市職員にとり利益となる一般的性質の問題を網羅する限りは、答えは明らかであるように思われる。この点に関しては、1966年8月2日勅令2条2項に含まれる措置は、実現されることが求められている正統な目的を達成するための適切な手段である。

(61)　最後に、申立人組合に、例えば警視や副警視の任命についての条件というような市警察のみに関係する事柄に関し相談さ

れる権利を否定されるというようなことにより、11条及び14条をひとまとめにして考えたものに反して、差別が結果として生ずるか否かという問題を審議しよう。

　こうした特有の事柄は、義務的な協議事項のほんの一部にすぎない。その上、もしも労働組合を基礎としたものに一緒にすることとなると、協議の権利を有しないであろう他の様々な部門の県及び市職員に関しても、各々特有の問題が生じるかもしれない。従って、1966年8月2日勅令2条2項に規定されたルールを、意味がないとして例外を作る義務があるとは政府が感じなかったことは、理解できる。

　労働組合との関係において適切であると思える措置を規定する政府の裁量権の限度を政府は越えたという結論を、このルールの画一的性質といえども正当化しはしないと考える。

　申立人が被った不利益は、政府により追求される正統な目的との関連では過度のものであるということは、明確には立証されていない。従って、比例性の原則は、損なわれていない。

(62) 結論として、
　① 11条違反は存在しなかった（全員一致）。
　② 11条と14条をひとまとめにして考えても、違反は存在しなかった（10対4）。

　【個別意見】

(63) 全体としては多数意見に賛成だが、(60)及び(61)の結論には従いかねる。

(64) 多数意見が(58)で述べているように、本件で争点となってい

10-1 非差別(1)〔14条〕

る規則を制定することにより、ベルギーが達成しようとしていること——「労働組合の無政府状態を避けかつ「県及び市職員全ての職業上の利害に十分な考慮を払い、筋が通っていてかつバランスのとれた職員に対する政策を保証する」——は、それ自体は正当な目的である。この点については多数意見に賛同する。とはいえ、問題となっている目的の追求は、幾つかのカテゴリーの職員の特別の職業上の利害を考慮に入れることを除外していないというだけでなく、むしろ要求していると思われる。確かに多数意見の言うように、1996年8月2日勅令2条2項に含まれている措置は、協議が県及び市職員全員の利害についての一般的性質の問題をカバーしている限りは、そうした目的を達成するための適切な手段の1つであるということは認めるが、市警察に特有の事柄に関してはそうだということはできない。

(65) こうした事柄は、数多くありかつ重要である。3で述べられているように、市警察は、行政的及び犯罪抑制的警察の機能と刑事警察の機能という、2つの本質的に異なった機能を合せもっている。

こうした異なる機能のまさに性質を理由として、市警察は他の県や市職員の立場とは根本的に異なった立場にある。市警察のメンバーの職業上の利害は、他の職員の利害と常に一致するわけではなく、場合によっては全く異なるように思われる。

責任ある当局は、しばしば市警察にのみ有効な規則——例えば、警視又は副警視の資格に関する1965年4月12日勅令及び1965年5月18日大臣通達——を定めたり、県及び市職員全員

に一般的に適用される規則に市警察に関して例外を設けているところをみると、このことを十分気づいている。

(66) 従って、ヨーロッパ人権条約11条及び14条をひとまとめにしたものにより拘束される義務を遵守するために、政府はそうした特別の事柄に関しては、主に利害を有する人々により成り立つ申立人の組合に相談しなくてはならない。

1966年8月2日勅令2条2項により制定された画一的でかつ融通のきかない基準により、彼らの職業上の利害の保護に関し申立人組合のメンバーが被った不利益は正当化され得ない。これは、1961年7月27日法により相談される労働組合のメンバーと比べ、必然的に差別を伴うこととなる。

㉕ ペトロヴィッチ事件

10-2 非差別(2)〔14条〕

㉕ ペトロヴィッチ事件
—— **Petrovic v. Austria**
(Application No. 20458/92) ——

Decision of the Commission on 5, July, 1995.
Judgment of 27, March, 1998. 4 BHRC 232

【事　実】

(1) 申立人は、1950年生れのオーストリア人男性で、ウィーンに住んでいる。1989年2月27日に、連邦政府に勤める公務員であった妻が出産した時、申立人は大学生であり、パート・タイムの仕事をしていた。そこで、申立人が子供の世話をするため育児休暇をとる一方、妻は仕事を続けた。

(2) 1989年4月25日、申立人は親の育児休暇手当てを請求した。しかし、同年5月26日、地方雇用局は、1977年失業給付法26条1項は、母親のみが子供が産れた時にそういった手当てを請求し得ると規定していることを根拠として、申立人の請求を却下した。

(3) 同年6月14日、申立人は、この決定に対しウィーン地域雇用局に訴え出た。ここで、申立人は、失業給付法の規定による

10-2 非差別(2)〔14条〕

と男は親の育児休暇手当てを付与される権利がないから、この条項は差別的であり従って違憲であると主張した。

(4) 同年7月4日、地域雇用局は、地方雇用局が述べた（前述(2)参照）と同じ理由により、申立人の訴えを却下した。

(5) 同年8月18日、申立人は憲法裁判所に提訴した。ここで申立人は、再び、失業給付法26条1項は、平等の原理及びヨーロッパ人権条約8条に矛盾するから違憲であると主張した。

(6) 1991年12月12日、憲法裁判所は、この訴えは成功する見込みはないということを理由として、受理しないとの判決を下した。憲法裁判所は、その判例法に言及し、26条1項は、申立人の憲法上の権利を侵害せず、かつ、ヨーロッパ人権条約8条または12条に反しないと判示した。そしてそれに加えて、たとえ最近の制定法上の修正（失業給付法26条は、1989年12月12日連邦法により修正された。後述(8)を参照のこと）を考慮しても、立法府には社会に変化を与える新しい規則を採択するためのにある程度の時間というものが与えられているとして、申立人の訴えは理由がないとした。

〔関連国内法〕

(7) 1977年失業給付法26条1項によると、子供の出産後、最長1年間の育児休暇をとりかつ出産給付（働いている母親に、出産後8週間支払うべき福祉手当て）を受ける資格があるならば、母親は親の育児休暇手当てに対する権利が与えられる。

(8) 前述26条は、1990年1月1日発効の1989年12月12日連邦法（Official Gazette 651/1989）により修正された。これによ

ると、父親は、もしも雇用中であるならば、子供の世話をする主な責任を有していてかつ子供と同居している場合には親の育児休暇手当てを主張し得ると規定されている。そして加えて、母親が、出産の結果としての親の育児休暇に対する資格がありかつその全部または一部を放棄するか、あるいは、親の育児休暇に対する資格がない場合であるならば子供の世話をすることが仕事のため妨げられるかの、いずれかでなくてはならない。

しかし、この新しい規則は、1989年12月31日以降に生れた子供に対してのみ適用されるのであり、1989年2月27日に子供が生れた申立人をカバーしない。

(9) なお、本件は、1992年8月8日、人権委員会に申立てられた。

【申立人主張】

(人権委員会における主張)

(10) 親の育児休暇手当ては母親にのみ支払われることを理由としての、オーストリア当局による父親への手当て支給拒否は、ヨーロッパ人権条約8条と14条をひとまとめにしたものに反し、性に基づく差別なしに私生活及び家族生活を尊重される権利を侵害した。

また、憲法裁判所が、申立てを検討することを拒否したことは、ヨーロッパ人権条約13条違反となる。

(人権裁判所における補足主張)

(11) 子供の世話をするために親が働くことをやめることを可能

10-2 非差別(2)〔14条〕

とするいかなる財政的援助であれ、家族生活に影響を与えるのであり、従ってヨーロッパ人権条約8条に該当する。

(12) 親の育児休暇手当ての付与に関する父親と母親の取扱いの違いは、まったく正当化されない。この手当ては、出産後8週間になるまでかつ出産給付を受けとる権利が尽されるまで支払われないのであるから（前述(7)参照）、母親を保護しようという意図ではなく、——母親か父親かを問わず——非常に幼い子供の世話をするために休暇を取りたいと望む親を助ける意図であった。

【政府主張】

（人権裁判所における主張）

(13) 親の育児休暇手当ては、8条に該当しない。なぜならば、第1に、8条は、両親の一方が子供の世話をするために家に居ることができるように財政局援助を提供するための、いかなる一般的義務も含んではいない。第2に、親の育児休暇手当ては、家族生活の概念に含まれない福祉政策の事柄の1つである。

(14) 親の育児休暇手当ての支給方法についてヨーロッパ共通の基準というものは存在しないという事実は、母親にのみ当該手当てを支払うというオーストリアの立法による決定は、福祉政策に関し締約国に任せられた裁量権の範囲内であったことを意味する。

その上、問題の条項は、母親が幼い子供の世話をする主な役割を果していた当時における社会の考えというものを反映して

㉕ ペトロヴィッチ事件

いた。

【人権委員会意見】

(15) 特定の福祉給付に関しヨーロッパ共通の基準が欠けていることは、加盟国における社会保障制度のかなりの多様性というものを反映していた。しかしそれは、差別なく当該手当てを付与するという特別の手当制度を現に採用している国々の責任を解除するものではない。

とはいえここでは、取扱いの差異を正当化するような客観的かつ合理的な理由は何ら説明されていない。従って、申立人は、8条に保証されているように家族生活の尊重を受ける権利を行使するに際し差別されているといえる。

(16) よって、8条と14条をひとまとめにしたものの違反が存在し（25対5）、申立てを受理する。

【人権裁判所判決】

(17) 当裁判所は常に、14条はヨーロッパ人権条約及びその議定書の他の実体法上の条項を補完する、と判示してきた。同条項は、そうした他条項により保護される「権利や自由の享受」に関してのみ効果を有するのであるから、独立した存在ではない。14条の適用は、そうした条項の違反を前提とはしないけれども——そして、この点では自律的である——、争点となっている事実がそうした条項のどれかの守備範囲に該当しないならば、その適用の余地は存在し得ない（例えば、Schmidt v. Germany (1994), 18 EHRR 526 参照）。

10-2 非差別(2) 〔14条〕

それ故に、本件の事実が、8条にそして結果的には14条に該当するかどうかを決定しなくてはならない。

(18) 当裁判所は、人権委員会のいうように、8条は、締約国に対し問題となっている財政的援助を提供するいかなる積極的義務も課していないから、申立人への親の育児休暇手当ての付与の拒否は家族生活を尊重することに失敗したことにはなり得ないと考える。

とはいえ、国家により支払われるこの手当ては家族生活を促進することを意図され、そして親の休暇と共に両親の一方が子供の世話をするために家に居ることを可能にするものとして家族生活が形作られる方法に必然的に影響を与える。

(19) 当裁判所は何度も、不利な取扱いをうけた訴訟物が、保証された権利の行使形態の1つを構成する場合（例えば、The National Union of Belgian Police Case, A. 19）または、訴えられている措置が、保証されている権利の行使につながっている場合（例えば、Schmidt v. Sweden (1976), 1 EHRR 645 参照）はいつでも、14条が役目を勤めると述べている。

(20) 親の育児休暇手当てを付与することで、国家は、8条のいうところの家族生活の尊重を実行していることを誇示できる。従って、当該手当てはその条項に該当する。

14条は、──8条とひとまとめにして──適用され得ることとなる。

(21) 当裁判所裁判法によると、取扱いの差異は、もしも「客観的かつ合理的な正当化事由がない」ならば、つまり、もしも「正統な目的」を追求しないか又は「採用された手段と実現さ

㉕ ペトロヴィッチ事件

れるべく追求される目的の間に、合理的な比例関係」が存在しないならば、14条の目的からいって差別的である（例えば、Schmidt v. Germany (1994), 18 EHRR 527 参照）。

⑿ 当時親の育児休暇手当ては、出産後8週間が経過しかつ出産手当てに対する権利が尽されるや否や、父親にではなく母親にのみ支払われた（前述(7)）。このことが性を理由とした取扱いの差異となることに、争いはなかった。

⒀ 出産休暇及びそれに伴う手当ては、本条は母親が出産の疲れから回復し、もしも望むならば母乳で赤ん坊を育てることを可能にすることが意図されている。他方、親の育児休暇及びその手当ては、その後の期間に関連するものであり、子供を個人的に世話するために受益者が家に居ることを可能とすることが意図されている。

　子供との関係において母親と父親の間に存在するであろう差異に気づいているが、当裁判所は、この期間に子供を世話することに限り、両親共に「似た立場に置かれている」との仮定からスタートする。

⒁ 両性平等の促進は、今日ではヨーロッパ審議会加盟国における主な目標の1つであり、ヨーロッパ人権条約と矛盾すると見做される取扱いにおけるこうした差異については、非常に重大な理由が必要とされようというのは事実である。

　しかしながら、締約国は、他の点では似た事情の下における差異は法律上の異なった取扱いを正当化するか否か、また、どの程度まで正当化するかという点を評価する際、一定の裁量権というものを有している。裁量権の範囲は、事情、対象物そし

10-2 非差別(2) 〔14条〕

てその背景によって変わり得る。この点では、関連要素の1つは、締約国の法律間に共通の見解が存在するか否かということである。

(25) 当事者の選択により国家が母親か父親に財政的援助を与え、それによりその親が子供の世話をするために家庭に留まることが出来るようにする国家政策は、比較的最近のものである。

　この種の福祉施策——親の育児休暇のような——は、元々は母親を保護し彼女らが幼い子供の世話をすることが出来るようすることを意図していた。そして、徐々に社会が、子供を育て上げる責任を男性と女性の間にもっと平等に分担させる方向へと進んだので、締約国は、育児休暇への権利の付与のように父親にも広げた施策を導入したのである。

(26) この点に関しては、1989年に法律を制定した父親への育児休暇を付与したので、オーストリアでも同じように進展した。また同時に、手当てへの有資格条件は1990年に父親にも広げられた（前述(8)参照）。

　従って、法律の制定がすべての点において漸進的であるこの領域におけるヨーロッパ社会の進展を反映して、漸進的なやり方での導入を行ったオーストリアの法律を批判することは、難しいように思われる。

(27) この分野については、未だ締約国の法システム間には非常に大きな不均衡が残っている。父親に親の育児休暇への権利を付与する施策は、今や大部分の締約国により採用されている一方、親の育児休暇手当てについてはそうではなく、非常に数少ない国のみが父親にこれを付与しているだけである。

㉕ ペトロヴィッチ事件

(28) 従って、オーストリア当局による申立人への当該手当付与の拒否は、許された裁量権を超えていない。よって必然的に、訴えられている取扱いの差異は14条のいうところの差別的なものではない。

　　結論として、
8条と14条をひとまとめにしたものの違反は、存在しなかった（7対2）。

〈著者紹介〉
初川　満（はつかわ・みつる）
1949 年、岡山県津山市に生れる。東京大学法学部卒業。
1982 年より、ロンドン大学（L.S.E.）大学院にて国際公法を学ぶ。
後、R. Higgins 教授に師事し国際人権法を研究
ロンドン大学高等法律研究所（I.A.L.S.）を経て、1989 年 4 月より帝京大学専任講師
1996 年 4 月より横浜市立大学国際文化学部助教授、1998 年同教授
論文：「戦後日本外交と人権」（国際法学会編『日本と国際法の100年』第 4 巻「人権」、2001年）
「社会権規約2条2項（非差別条項）の即時性についての一考察」（世界人権問題研究センタ 研究紀要第 4 号、1999年）
その他多数
人間の法的権利（ポール・シガート著）（訳、1991年・信山社）
国際人権法概論（1994年・信山社）
ヒギンズ国際法（ロザリン・ヒギンズ著）（〔訳〕1998年・信山社）
二十一世紀の人権（編著、2000年・信山社）

ヨーロッパ人権裁判所の判例

2002年（平成14年）8月20日　第1版第1刷発行　3056-0101

訳著者　初　川　　　満
発行者　今　井　　　貴
発行所　信山社出版株式会社
〒113-0033　東京都文京区本郷 6-2-9-102
電　話　03（3818）1019
FAX　03（3818）0344
henshu@shinzansha.co.jp

Printed in Japan

Ⓒ初川満，2002．印刷・製本／東洋印刷・和田製本工業
ISBN4-7972-3056-8 C3332　3056-0101-080-020
NDC分類 329.003

R本書の全部または一部を無断で複写複製（コピー）することは、著作権法上の例外を除き禁じられています。複写を希望される場合は、日本複写権センター（03+3401+2382）にご連絡ください。

国際人権法学会編
国際人権1〜13　2,000円〜2,500円続刊
　　国際私法学会編
国際私法年報1999創刊1号〜
　　2001創刊3号　　2,500円〜3,500円続刊
　　高村ゆかり　亀山康子編集
京都議定書の国際制度　3,900円
　　－地球温暖化交渉の到達点－
　　栁原正治編　内田久司先生古稀記念
国際社会の組織化と法　14,000円
　　栁原正治編著
不戦条約（上）43,000円
不戦条約（下）43,000円
　　高桑　昭著
国際商事仲裁法の研究　12,000円
　　芹田健太郎著
永住者の権利　3,689円
　　畑野　勇著
外国人の法的地位　7,200円
　　石黒一憲著
グローバル経済と法　4,600円
国際摩擦と法　2,800円

ヒギンズ著　初川満訳
ヒギンズ国際法　6,000円
初川満著　6,000円
国際人権法概論　6,000円
人間の法的権利
　　初川満訳著
ヨーロッパ人権裁判所の判例
　　久保田洋著　安藤仁介先生序
入門国際人権法　3,000円
　　廣瀬善男著
力の行使と国際法12,000円
国連の平和維持活動3,000円
主権国家と新世界秩序　4,200円
日本の安全保障と新世界秩序　4,200円
　　カール・シュミット著
　　ヘルムート・クヴァーリチュ編
　　新田邦夫訳
攻撃戦争論　9,000円
　　黒沢　満編
新しい国際秩序を求めて　6,311円
　　ボガート著　栗林忠男訳
国際宇宙法　12,000円
　　　中野　進著
国際法上の自決権　4,854円
国際法政策学　6,000円

スガナミH著　臼杵英一訳
国際社会論　6,000円
　　稲原泰平著
国際法講義案Ⅰ　2,000円
国際法講義案Ⅱ　2,000円
宇宙開発の国際法構造　6,777円
新国際法体系論　6,500円
　　五十嵐二葉著
テキスト国際刑事人権法総論　1,500円
テキスト国際刑事人権法各論　2,900円
　　高野幹久著
現代国際関係法の諸問題　3,500円
　　広部和也・荒木教夫編
導入対話による国際法講義　3,200円
　　板寺一太郎著
外国法文献の調べ方　12,000円
　　郷原資亮監訳
定期傭船契約　26,000円
　　伊藤　剛著
ラーレンツの類型論　9,800円